品读传世经典
提升文学素养

国学文化
经典导读

窦学欣 \ 编著

前言

提起国学，大概我们每个人都能说出一二，但是缺乏系统的概念，不过庆幸的是，古代先贤们早已将国学化为文字，同时整理成一册册流传千古的作品，成为今天我们拥有的独一无二的民族文化。如今，随着中国国际影响力的提升，中国文化越来越受瞩目，孔子学院在国际上遍地开花，就是一个明显的例证。而外国人为了了解中国，也都已经开始孜孜不倦地研究国学。身为中国人的我们，更没有理由对国学熟视无睹和一知半解。

郭沫若曾经说过："胸藏万汇凭吞吐，笔有千钧任翕张"，学国学不仅可以培养青少年良好的课外阅读习惯，也可以帮助其拓展视野，丰富语言积累。

那么如何来学国学呢？根据不同的方法，国学有以下几种分类，如从学科来分，有哲学、史学、宗教学、文学、礼俗学、考据学、伦理学、版本学等；从思想内容来分，有先秦诸子、儒道释三家等，其中以儒家占据主导地位；按国学大师章太炎《国学讲演录》所分，有小学、经学、史学、诸子和文学等；而以《四库全书》来分，则有经、史、子、集四部。本书即是参照《四库全书》的方法进行分门别类，同时再加以全面深入的分析介绍。

每部作品分为"内容概要""阅读指南"和"作者介绍"三大板块。其中,"内容概要"提纲挈领地呈现作品精要;"阅读指南"教你如何全方位深入了解作品;"作者介绍"帮助读者了解作者信息、创作环境和时代背景。这三大板块从不同侧面帮助你更全面更深入地了解和学习国学经典精髓。

国学渗透,书香相伴。让国学进入生活,让经典滋润心灵,这正是本书的文化传承目的。让我们把散落的国学"珍珠"串成一条精致的"项链",让我们在经典的滋养中为习惯铺路,为生命奠基。

目录
Contents

第一卷 经部

诗经
内容概要 003
阅读指南 003
作者介绍 004

尚书
内容概要 005
阅读指南 005
作者介绍 006

周礼
内容概要 007
阅读指南 007
作者介绍 008

仪礼
内容概要 008
阅读指南 009
作者介绍 010

礼记
内容概要 010
阅读指南 011
作者介绍 011

周易
内容概要 012
阅读指南 012
作者介绍 013

左传

内容概要 014

阅读指南 014

作者介绍 016

公羊传

内容概要 016

阅读指南 017

作者介绍 017

谷梁传

内容概要 018

阅读指南 018

作者介绍 019

论语

内容概要 020

阅读指南 020

作者介绍 021

尔雅

内容概要 022

阅读指南 023

作者介绍 023

孝经

内容概要 024

阅读指南 024

作者介绍 025

孟子

内容概要 025

阅读指南 025

作者介绍 026

第二卷　史部

通史

史记

内容概要 029

阅读指南 029

作者介绍 030

通志

内容概要 031

阅读指南 031

作者介绍 032

断代史

汉书

内容概要 033

阅读指南 033

作者介绍 034

三国志

内容概要 037

阅读指南 037

作者介绍 038

后汉书

内容概要 035

阅读指南 035

作者介绍 036

晋书

内容概要 039

阅读指南 039

作者介绍 040

宋书

内容概要 041

阅读指南 041

作者介绍 041

南齐书

内容概要 042

阅读指南 042

作者介绍 043

北齐书

内容概要 043

阅读指南 044

作者介绍 045

梁书

内容概要 045

阅读指南 046

作者介绍 047

陈书

内容概要 048

阅读指南 048

作者介绍 049

魏书

内容概要 049

阅读指南 049

作者介绍 050

周书

内容概要 051

阅读指南 051

作者介绍 052

隋书

内容概要 053

阅读指南 053

作者介绍 055

南史

内容概要 056

阅读指南 056

作者介绍 057

北史

内容概要 058

阅读指南 058

作者介绍 059

旧唐书

内容概要 060

阅读指南 060

作者介绍 061

新唐书

内容概要 062

阅读指南 062

作者介绍 063

旧五代史

内容概要 064

阅读指南 064

作者介绍 065

新五代史

内容概要 066

阅读指南 066

作者介绍 067

宋史

内容概要 068

阅读指南 068

作者介绍 069

辽史

内容概要 070

阅读指南 070

作者介绍 071

金史

内容概要 072

阅读指南 072

作者介绍 074

元史

内容概要 074

阅读指南 075

作者介绍 075

明史

内容概要 076

阅读指南 076

作者介绍 077

清史稿

内容概要 078

阅读指南 078

作者介绍 079

政事史

资治通鉴

内容概要 080

阅读指南 080

作者介绍 082

续资治通鉴长编

内容概要 083

阅读指南 083

作者介绍 084

制度史

通典

内容概要 085

阅读指南 085

作者介绍 086

文献通考

内容概要 086

阅读指南 086

作者介绍 087

唐会要

内容概要 088

阅读指南 088

作者介绍 088

宋会要

内容概要 089

阅读指南 089

作者介绍 089

太平寰宇记

内容概要 090

阅读指南 090

作者介绍 091

大明一统志

内容概要 091

阅读指南 092

作者介绍 092

大清一统志

内容概要 093

阅读指南 094

作者介绍 094

读史方舆纪要

内容概要 095

阅读指南 095

作者介绍 096

三山志

内容概要 097

阅读指南 097

作者介绍 098

吴郡志

内容概要 099

阅读指南 099

作者介绍 099

新安志

内容概要 100

阅读指南 100

作者介绍 101

剡录

内容概要 102

阅读指南 102

作者介绍 102

嘉定赤城志

内容概要 103

阅读指南 103

作者介绍 103

齐乘

内容概要 104

阅读指南 104

作者介绍 104

朝邑县志

内容概要 105

阅读指南 105

作者介绍 105

长安志

内容概要 106

阅读指南 106

作者介绍 107

泾县志

内容概要 107

阅读指南 108

作者介绍 108

第三卷　子部

孔子家语
内容概要 111
阅读指南 111
作者介绍 112

荀子
内容概要 113
阅读指南 113
作者介绍 114

新语
内容概要 114
阅读指南 115
作者介绍 116

盐铁论
内容概要 116
阅读指南 117
作者介绍 117

新序
内容概要 118
阅读指南 118
作者介绍 119

新书
内容概要 119
阅读指南 120
作者介绍 120

法言
内容概要 121
阅读指南 122
作者介绍 122

申鉴
内容概要 123
阅读指南 123
作者介绍 124

潜夫论
内容概要 124
阅读指南 125
作者介绍 125

中论
内容概要 126
阅读指南 127
作者介绍 128

中说
内容概要 129
阅读指南 130
作者介绍 130

帝范
内容概要 131
阅读指南 132
作者介绍 132

家范
内容概要 133
阅读指南 133
作者介绍 134

张子全书
内容概要 134
阅读指南 134
作者介绍 135

二程遗书

内容概要 136

阅读指南 136

作者介绍 137

童蒙训

内容概要 137

阅读指南 138

作者介绍 138

近思录

内容概要 139

阅读指南 139

作者介绍 140

大学衍义

内容概要 141

阅读指南 141

作者介绍 142

小学集注

内容概要 143

阅读指南 143

作者介绍 143

管子

内容概要 145

阅读指南 145

作者介绍 146

邓析子

内容概要 147

阅读指南 147

作者介绍 148

商君书
内容概要 148
阅读指南 149
作者介绍 149

韩非子
内容概要 150
阅读指南 150
作者介绍 151

折狱龟鉴
内容概要 152
阅读指南 152
作者介绍 153

洗冤录
内容概要 153
阅读指南 154
作者介绍 154

棠阴比事
内容概要 155
阅读指南 155
作者介绍 156

道家

老子注
内容概要 157
阅读指南 157
作者介绍 158

道德经
内容概要 158
阅读指南 159
作者介绍 160

列仙传
内容概要 161
阅读指南 161
作者介绍 162

云笈七签
内容概要 162
阅读指南 162
作者介绍 163

神仙传
内容概要 164
阅读指南 164
作者介绍 164

玄真子
内容概要 165
阅读指南 166
作者介绍 166

道藏目录详注
内容概要 167
阅读指南 168
作者介绍 169

兵家

六韬
内容概要 170
阅读指南 170
作者介绍 172

孙子兵法
内容概要 172
阅读指南 174
作者介绍 174

吴子

内容概要 175

阅读指南 176

作者介绍 177

司马法

内容概要 178

阅读指南 179

作者介绍 179

尉缭子

内容概要 180

阅读指南 181

作者介绍 182

三略

内容概要 183

阅读指南 183

作者介绍 184

武备志

内容概要 185

阅读指南 186

作者介绍 187

纪效新书

内容概要 188

阅读指南 188

作者介绍 189

农家

齐民要术

内容概要 190

阅读指南 190

作者介绍 191

农书

内容概要 192

阅读指南 192

作者介绍 193

农桑辑要

内容概要 194

阅读指南 194

作者介绍 195

农桑衣食撮要

内容概要 196

阅读指南 196

作者介绍 197

救荒本草

内容概要 198

阅读指南 199

作者介绍 199

农政全书

内容概要 200

阅读指南 200

作者介绍 201

野菜博录

内容概要 202

阅读指南 202

作者介绍 202

医家

灵枢经

内容概要 203

阅读指南 203

作者介绍 204

针灸甲乙经

内容概要 204

阅读指南 205

作者介绍 206

金匮要略

内容概要 207

阅读指南 207

作者介绍 208

伤寒论

内容概要 208

阅读指南 209

作者介绍 210

肘后备急方

内容概要 210

阅读指南 211

作者介绍 211

巢氏诸病源候论

内容概要 212

阅读指南 212

作者介绍 213

千金方

内容概要 214

阅读指南 214

作者介绍 215

天文算法

周髀算经

内容概要 216

阅读指南 216

作者介绍 217

新仪象法要

内容概要 217

阅读指南 217

作者介绍 218

九章算术

内容概要 219

阅读指南 220

作者介绍 221

太玄经

内容概要 222

阅读指南 222

作者介绍 223

三命通会

内容概要 223

阅读指南 224

作者介绍 224

画品

内容概要 225

阅读指南 225

作者介绍 226

历代名画记

内容概要 228

阅读指南 229

作者介绍 230

书品

内容概要 226

阅读指南 226

作者介绍 227

法书要录

内容概要 231

阅读指南 231

作者介绍 231

唐朝名画录
内容概要 232
阅读指南 232
作者介绍 234

画史
内容概要 234
阅读指南 235
作者介绍 235

图绘宝鉴
内容概要 236
阅读指南 236
作者介绍 237

学古编
内容概要 237
阅读指南 238
作者介绍 239

考古图
内容概要 239
阅读指南 239
作者介绍 240

墨子
内容概要 241
阅读指南 241
作者介绍 242

慎子
内容概要 243
阅读指南 243
作者介绍 244

公孙龙子
内容概要 245

阅读指南 246

作者介绍 247

鬼谷子
内容概要 247

阅读指南 248

作者介绍 249

吕氏春秋
内容概要 250

阅读指南 250

作者介绍 251

淮南子
内容概要 252

阅读指南 252

作者介绍 253

颜氏家训
内容概要 254

阅读指南 254

作者介绍 256

长短经
内容概要 257

阅读指南 257

作者介绍 257

白虎通义
内容概要 258

阅读指南 258

作者介绍 260

容斋随笔
内容概要 261

阅读指南 261

作者介绍 262

日知录

内容概要 262

阅读指南 263

作者介绍 264

第四卷　集部

楚辞章句

内容概要 267

阅读指南 267

作者介绍 268

楚辞集注

内容概要 270

阅读指南 270

作者介绍 271

楚辞补注

内容概要 269

阅读指南 269

作者介绍 269

离骚图

内容概要 272

阅读指南 272

作者介绍 273

古诗纪
内容概要 274
阅读指南 274
作者介绍 275

古诗源
内容概要 276
阅读指南 276
作者介绍 277

玉台新咏
内容概要 278
阅读指南 278
作者介绍 279

乐府诗集
内容概要 279
阅读指南 280
作者介绍 281

古谣谚
内容概要 281
阅读指南 282
作者介绍 282

全唐诗
内容概要 283
阅读指南 284
作者介绍 284

唐诗三百首
内容概要 285
阅读指南 285
作者介绍 286

宋诗钞
内容概要 287
阅读指南 287
作者介绍 288

千家诗

内容概要 289

阅读指南 289

作者介绍 290

花间集

内容概要 291

阅读指南 291

作者介绍 292

诗 文 评

文赋

内容概要 293

阅读指南 293

作者介绍 295

文心雕龙

内容概要 299

阅读指南 300

作者介绍 301

诗品

内容概要 295

阅读指南 295

作者介绍 297

二十四诗品

内容概要 302

阅读指南 303

作者介绍 304

文章流别论

内容概要 298

阅读指南 298

作者介绍 298

文镜秘府论

内容概要 305

阅读指南 305

作者介绍 306

六一诗话

内容概要 307

阅读指南 307

作者介绍 308

石林诗话

内容概要 309

阅读指南 310

作者介绍 311

沧浪诗话

内容概要 312

阅读指南 312

作者介绍 314

唐才子传

内容概要 315

阅读指南 315

作者介绍 317

文史通义

内容概要 317

阅读指南 317

作者介绍 319

饮冰室诗话

内容概要 320

阅读指南 320

作者介绍 321

第一卷·经部

诗经

内容概要

《诗经》原来被称作《诗》或者《诗三百》,西汉时期被奉为儒家经典,并开始使用《诗经》这个名称,一直沿用至今。

《诗经》主要分为《风》《雅》《颂》三个部分。《风》即是《国风》,属黄河流域的民间歌谣,包括《卫风》《郑风》《齐风》《魏风》《唐风》《陈风》《桧风》《曹风》等,共十五国风。《风》也是三百篇中最富有思想意义和艺术价值的篇章。

《雅》分为《大雅》和《小雅》,是周人所谓的正声雅乐。《大雅》多是由贵族成员创作的,《小雅》多是个人创作。

《颂》分为《周颂》《鲁颂》和《商颂》,是朝廷和贵族宗庙祭祀的乐歌。

就此三部分而言,《国风》的内容更为丰富,而且表述的感情也更为真实可感,是《诗经》中最具有代表性的部分。

阅读指南

《诗经》是我国最早的一部诗歌总集,其内容丰富、繁杂,所表现出的主题也呈多样化趋势。

其中,《风》这一部分主要阐述的是恋爱、婚姻等内容,比如恋爱中男女之间微妙的情感变化,或者婚姻中的点滴日常,也有恋人离别时的忧愁苦闷等。

《雅》这一部分虽然多为士大夫阶层所做,但也包含着一些类似于风谣的主题。比如一些批评政治的诗歌,像《瞻》《十月之交》等等。此外,战争和徭役也是《雅》所表现的一个主题,比如,《小雅》中的《采薇》《杜》等篇。在《大雅》中,很多诗歌比较全面地描述周氏族的兴衰,如《生民》《公刘》《绵》《大明》等,算得上是周氏族的史诗。

《颂》这一部分主要是歌颂祖先的丰功伟业,体现对君主的奉承等内容。此外,主要是祈求丰收的乐歌，如《周颂》中的《丰年》《噫嘻》等。

《诗经》不只内容吸引读者，其创作手法也可圈可点。《诗经》的创作手法可分为赋、比、兴三类。赋，就是直接描述相关的人和事，以及随之产生的情感；比，是指假借事物喻示男女情事；兴，就是托物兴起，抒写情志。

宋人李仲蒙解说：叙物以言情，谓之赋，情尽物也；索物以托情，谓之比，情附物也；触物以起情，谓之兴，物动情也。举例来说，在《关雎》中，有一句至今流传甚广的诗："关关雎鸠，在河之洲"，就是用了"比"的表现手法，假借河洲上雎鸠的关关啼鸣比喻人求偶的心理和行为；"窈窕淑女，君子好逑"一句，用的是"赋"的手法，直接点明了淑女、君子是为佳偶的主题；而以"关关雎鸠，在河之洲"引出"窈窕淑女，君子好逑"，即是采用了"兴"的表现手法。

在句式上，《诗经》多为四言，如《关雎》，但这并不是绝对的，也存在其他句式，二言至九言的各种句式都有，如"缁衣之宜兮，敝予又改为兮"，即是五言和六言夹杂而作，这样读起来朗朗上口，显得韵味十足。

作者介绍

《诗经》没有唯一的作者，是在很长一段时间内由多人创作的。关于《诗经》的来源说法不一，有的说是孔子从流传下来的古诗中摘选、整理出来的；有的说是天子为了考察民风而让采诗官从民间收集而来的；还有的说是天子为考察民风，下令让诸侯、公卿献诗而来的。大多数人更认同第二种说法。

按照第二种说法，传说采诗官是一位叫尹吉甫的内史。他是当时的军事家、诗人、哲学家，被尊称为中华诗祖。关于尹吉甫，历史上还流传有这样的记载：他前后辅助过三代帝王，后周幽王听信谗言，杀了他。不久知道错杀，便给他做了一个金头进行厚葬。为了防止盗墓，修建了真真假假十二座墓葬于湖北省房县东部。

尚书

内容概要

《尚书》是中国最古老的皇室文集,是中国第一部上古历史文献和部分追述古代事迹著作的汇编。

《尚书》又被称为《书》和《书经》,分为《虞夏书》《商书》和《周书》。战国时期被统称为《书》,到了汉朝之后改为了《尚书》,也就是"上古之书"的意思。

据文献记载,《尚书》原有100篇,比今天我们见到的《尚书》要多出一些篇章,但有些篇章后来散失了。现在的《尚书》只有58篇。其中的33篇与汉代传本文字大抵相同,另外25篇经宋代以来的考异争论总体认为是东晋人的伪作。

《尚书》使用了"典"、"训诰"、"誓"、"命"这四种记录形式。具体来说,"典"主要记录各朝的规章制度;"训诰"用于记录君臣和权臣之间的言论和祭祀之词;"誓"记录的是君主和诸王的誓师之词;"命"记录的是君王任命官员、赏赐诸王的敕令。

总的来说,《尚书》全文记录的是虞、夏、商、周四朝统治者的政治活动、军事活动、哲学思想及相关的司法、刑罚等内容,是历代统治阶级所看重的政治学著作。

阅读指南

《尚书》记录的是上古时代的重要历史,比如在《尧典》中记述了尧、舜的相关事迹,阐述了原始社会末期氏族制度的解体;《禹贡》是我国最早的地理志,它不但记录了大禹治水的故事,还记录了很多山川河流的方位及脉络,而且还详细地记录了当时各地地理的划分情况。

商朝和周朝两朝的历史是《尚书》的主要内容。比如《汤誓》《微子》和《盘庚》等篇记述了商汤王朝从兴起、昌盛到衰亡的过程;从《牧誓》到《顾命》等十五篇阐述的是西周早期的历史,涉及周文王、周武王、周成王到周康王各个时期的重要事件。《吕刑》《费誓》和《问候之命》等篇主要记载了周建国及之后所采取的各项巩固措施，包括武王伐纣、平定内乱、周公辅政等。

由于《尚书》所记载的年代跨度大、内容翔实，所以它成了人们研究上古历史及商周历史的重要资料。

在语言的表达风格方面，《尚书》较为艰涩，但也体现出了较强的文采。比如，在《盘庚》中，就有"若火之燎于原，不可向迩"这样的生花妙笔，形象地描绘了反对迁都者煽动人们的行为；又比如"若乘舟，汝弗济，臭厥载"等生动贴切的比喻，把那些坐观国家衰弱的腐败之臣描绘得入木三分。另外，在《尧典》等篇中，还常以诗歌点缀，或者掺杂着神话描述，体现出了较为浓厚的文学色彩。

作者介绍

关于《尚书》的作者，一直难以考证。就目前通行的《尚书》而言，有今文和古文之分。今文《尚书》是秦朝博士伏生所授，古文《尚书》为东晋梅赜所授。梅赜（zé），字仲真，东晋汝南（今湖北武昌）人，曾任豫章内史。

后来经过考证，古文《尚书》很有可能是伪造的，但对此也存在一定争议。不管如何，人们对于《尚书》的学术价值，还是抱以肯定态度的。

周礼

内容概要

《周礼》还叫作《周官》或《周官经》,是儒家的经典之一。儒家把《诗》《书》《礼》《易》《乐》《春秋》作为六经,《周礼》是包含在《礼》中的一部。

《周礼》中主要包含的是通过官制来表达治国方案方面的内容。《周礼》以天官冢宰、地官司徒、春官宗伯、夏官司马、秋官司寇、冬官司空分掌邦政,称为"六官"或"六卿"。通俗点说就是:天官主管宫廷,地官主管民政,春官主管宗族,夏官主管军事,秋官主管刑罚,冬官主管营造。可以说,这些内容涉及了社会生活的方方面面,这在上古文献中是非常罕见的。

《周礼》中记载的礼的体系是古籍中最为系统的,既包括祭祀、朝觐、封国、巡狩、丧葬等国家大典,又包括用鼎制度、乐悬制度、车骑制度、服饰制度、礼玉制度等具体的规制,还包括各种礼器的等级、组合、形制、度数的记载。很多制度都在本书中有所体现,所以显得尤其宝贵。

阅读指南

孔子认为,《礼》教,可以使人"恭俭庄敬",孔子还说过:"不学礼,无以立。"在孔子看来,不学礼,便没有立足社会的依据。因此,必须"立于礼"。礼所包括的范围很广,从国家的典章制度,直至个人的行为准则。

由于我国早在夏、商、周时就进入了奴隶社会,而周为奴隶社会的鼎盛时代,所以《周礼》是中国最早和最完整的官制记录,也是世界古代一部最完整的官制记录。

《周礼》的许多礼制,影响百代。如从隋代开始实行的"三省六部制",其中的"六部",就是仿照《周礼》的"六官"设置的。唐代将六部之名定为吏、户、礼、兵、刑、工,作为中央官制的主体,为后世所遵循,一直沿用到清朝灭亡。

《周礼》中,关于针对官员和百姓所采取的儒法兼融、德主刑辅等方针,不仅仅显示了非常成熟的政治思想，而且也展现了统治者驾驭百官的管理技巧。此外，书中体现出的管理府库财物的措施，是非常严密细致的，充分体现了高超的运筹智慧。在本书中，有许多至今犹有生命力的、可以借鉴的制度。历史上每逢重大变革之际，多有把《周礼》作为重要的思想资源，从中寻找变法或改革的思想者，如西汉的王莽改制、六朝的宇文周革典、北宋的王安石变法等，无不以《周礼》为圭臬。清朝末年，国家处于内忧外患的交逼之下，为了挽救当时颓败的局势，孙诒让作《周官政要》，由此可以看出《周礼》所蕴含的治国之道是十分值得称道的。

《周礼》为何人所作，何时成书，历来也是有争论的。古文经学家认为，它是周公旦所作。

周公，姓姬名旦，是周文王第四子，武王的弟弟，曾两次辅佐周武王东伐纣王，并制作礼乐。因其采邑在周，爵为上公，故称周公。他是西周初期杰出的政治家、军事家、思想家、教育家，被尊为"元圣"和儒学先驱。

仪礼

《仪礼》，是我国春秋战国时代一部关于汉族礼制内容的汇编，共有17篇，为儒家十三经之一。内容包括周代的冠、婚、丧、祭、乡、射、朝、聘等各种礼仪。

也就是说，《仪礼》是一部礼仪制度章程，让人们知道在什么场合应该穿什么衣服、应该站在什么位置或者坐在什么方向等等。

不过，这些礼仪主要是围绕士大夫等达官贵人所展开的，与普通百姓的礼仪规范有着较大差别。据《仪礼》载，天子、诸侯、大夫、士日常所践行的礼有：士冠礼、士昏礼、士相见礼、乡饮酒礼、乡射礼、燕礼、大射礼、聘礼、公食大夫礼、觐礼、士丧礼、丧服、既夕礼等等。由于《仪礼》文字艰涩，内容枯燥，所以治史者对它望而生畏，而且是"三礼"中成书较早的一部。

阅读指南

古代的中国，由于宗教意识不太发达，所以汉民族的祭祀等原始宗教仪式并没有发展成为正式的宗教。这一点，是和其他一些民族有所不同的。也正是因此，汉民族的各种仪式等就转化成了礼仪、制度，以这种形式来约束世道人心。

虽然在《仪礼》中所记载的礼仪方面的内容带有明显的阶级烙印，但并不能说所有的礼节都是阶级社会的产物，其中有些形式是从氏族制时期传袭下来的礼俗。所以通读该书，不仅能了解周鲁各国贵族生活的一些侧面，还可以从中窥探远古的史影。

举例来说，冠礼就是由远古氏族制时期的成丁礼变化而来的。根据当时的习俗和习惯，年轻的男女要在连续几年内接受一定程度的训练，以此获得必要的知识、技能和坚强的毅力。到了奴隶制社会，冠礼成为贵族在本族中举行的"成丁礼"了。贵族袭用了传统的形式，又赋予新的内容，举行这种冠礼的目的是：巩固贵族组织，加强宗法制度，从而有利于对人民的统治。成员们的权利和义务也都以此为中心。这就和氏族公社的成丁礼有着本质的不同了。

再比如，关于乡饮酒礼，据论证，它是由氏族聚落的会食制度发展而来的。这一礼节主旨在于尊长和养老。后来，乡饮酒礼就变成在基层行政组织中分别贵族长幼等次的礼节了。

由此可见，《仪礼》中不仅反映了周代贵族冠婚丧祭、饮射朝聘的生活，而且它还保留了一些远古礼俗的外壳。

从语言风格来讲，《仪礼》的文字较为晦涩，让人感觉枯燥难懂。但是只要能够认真地研读，讲求点方法，懂得其中的内容还是不难的。特别是借助以前学者的学习经验和研究成果，那对阅读就更有帮助了。

作者介绍

关于作者说法不一,以前人们说这书是周公姬旦做的,后被证实不大可信。在《史记》和《汉书》中,都认为《仪礼》是出自孔子之手。

孔子本人是位礼学大家,《史记》上说孔子从小就好礼:"为儿嬉戏,常陈俎豆,设礼容。"他特别留意各代各国的礼,曾"适周问礼",注意采集搜访。他编辑的《礼》,是传授弟子们的一项重要课程。这门课程不光是讲授,尤其重视实习。《礼记·射义》上说"孔子射于矍相之圃,盖观者如堵墙"。这是在演习"乡饮酒礼"。他在鲁国是这样,周游列国也是这样,《史记·孔子世家》上说,"孔子去曹适宋,与弟子习礼于大树下"。可见他颠沛造次都不忘"礼"。

礼记

《礼记》流传至今的有39篇《大戴记》和49篇《小戴记》,我们现在说的《礼记》是《小戴记》。其内容主要是记述先秦的礼仪制度,对《仪礼》进行阐释和记录孔子与其弟子的言论等。其中,《礼运》篇讲述了大同社会的政治原理,康有为著的《大同书》其理论渊源就在这里。

《礼记》中的《学记》讲的是教育方面的原理。《礼记》中的《大学》讲的是"修身、齐家、治国、平天下"一套完整的社会政治原理。《礼记》中的《中庸》讲的是宇宙观和人生哲学。《大学》《中庸》两篇被宋代的朱熹从《礼记》中抽出来,与《论语》《孟子》合编为"四书"。

阅读指南

这部 9 万字左右的著作内容广博，门类杂多，涉及政治、法律、道德、哲学、历史、祭祀、文艺、日常生活、历法等诸多方面，几乎包罗万象。

其庞杂的内容大体上可分为以下几个方面：有专记某项礼节的，体裁跟《仪礼》相近，如《奔丧》《投壶》等；有专说明《仪礼》的，如《冠义》《昏义》等；有杂记丧服丧事的，如《檀弓》《曾子问》《丧服小记》等；有记述各种礼制的，如《王制》《礼器》《郊特牲》《玉藻》《明堂位》等篇；有侧重记日常生活礼节和守则的，如《曲礼》《内则》《少仪》等篇就是；有记孔子言论的，如《坊记》《表记》《缁衣》等，这些篇大都是托名孔子的儒家言论；有结构比较完整的儒家论文，如《礼运》《学记》《祭义》《经解》《大学》《中庸》；此外还有授时颁政的《月令》，意在为王子示范的《文王世子》。

作者介绍

《礼记》本非一人所作，据考《礼记》中的《大学》等篇系孔子的弟子曾子所做，《中庸》是子思所做，其余则由其弟子以及弟子的弟子等多人完成。

曾子（公元前 505 年—公元前 435 年），春秋末期著名思想家、教育家，16 岁拜孔子为师，勤奋好学，颇得孔子真传。

子思（公元前 483 年—公元前 402 年），是孔子的嫡孙，为春秋时期著名的思想家。受教于孔子的高足曾子，孔子的思想学说由曾子传给子思，子思的门人再传给孟子。

周易

内容概要

《周易》又称为《易经》，由"经"和解说的"传"构成。有时候，《易经》也专指《周易》中的卦爻辞。《周易》包括六十四卦的卦爻辞，即《周易》的经文部分，以及解释这些卦爻辞的传文部分。

《周易》中的"经"分为"上经"、"下经"两部分，共有六十四卦。这六十四卦是由乾、坎、艮、震、巽、离、坤、兑这八卦两两相覆而来。每一卦包括卦画、标题、卦辞、爻辞四部分。其中，每个卦画都有六爻，爻分阴（--）、阳（—），阳性用"九"表示，阴性用"六"表示，从下向上排列成六行。六十四个卦画共有三百八十四爻。标题与卦辞、爻辞的内容有关。卦辞较为简单，一般在爻辞之前用以说明题意。爻辞是各卦内容的主要部分，根据有关内容按六爻的先后或逻辑层次安排。

《周易》中的"传"特指的是"十翼"，共有十篇，所述的是解释经文的内容，就像经文的羽翼似的，因此而得名。这部分内容属于《易经》的哲学纲领，是学"易"必读的篇目。

阅读指南

因为《周易》是我国传统思想文化中自然哲学和人文实践的理论根源，所以它有着"大道之源"的称誉。也确是我国古代汉民族思想和智慧的结晶，同时也是古代帝王之学，政治家、军事家、商家的必修之术。

其内容包罗万象，内涵丰富，对华夏文明的延续和发展起到了重要作用。可以说，中国人的价值观、伦理道德观、审美意识等都起源于这本书。

在我们阅读《周易》的时候，应该注重理解里面基本的概念，以及其对于宇宙、社会、人生的看法。综合来看，《周易》有三大理论、三大法则和三大原则。

三大理论为：阴阳对立统一、五行相克制化和"天人合一"的宇宙观。

具体分析，关于阴阳对立统一指的是，阴阳是天地、万物的总起源，任何事物都有既对立又统一的阴阳两个面，互生互换，这是辩证的思想。关于五行相克制化指的是，金、木、水、火、土，大自然的所有事物都由这五种要素构成，它们之间是相互制约、相互生成的关系，这是变化的思想。关于"天人合一"的宇宙观，指的是《易传》中所说的"大人"，也就是实现了"天人合一"境界的人，这是《易传》的价值理念。

三大法则分别是：理、象、数。

具体来说，理即易理。书中所包含的哲理，是探讨宇宙人生的变和不变的原因。象即卦象、爻象。《易经》中用卦象、爻象来表示万物的特征和特性。数指的是现象中的数理。《易经》通过研究它的变化过程，来预测万事万物的因果关系。

三大原则，即简易、不易、变易。

简易指的是宇宙万物原本简易而平凡。不易指的是宇宙万物自有其所遵循的必然规律，这是永恒不变的真理。变易指的是宇宙万物的变化、发展和自我否定。

《易经》这部中国古代乃至世界古代论述辩证法的经典，历经种种坎坷和考验，或褒或贬，时衰时兴，至今依然有着蓬勃的生命力。

在我们阅读这部著作的时候，只有通晓了上面所述的这些道理，明白生活中隐藏的哲理，才能将书中的思想熟练地运用于思维辨析和情境判断中。

作者介绍

自古以来，人们对于《周易》一书的作者就有着不同的说法。有人说是伏羲这位古代传说里中华民族的人文始祖画卦、周文王作篆辞、孔子作传而形成。但这种说法并不是很可靠。据现代的学者研究认为，《周易》中的"经"大约成于殷商之际，是殷商时期卜辞官员所辑录的关于古人占卜情况的书。《周易》中的"传"的成书要晚，大约在春秋战国至秦汉之际由多人合作而成。

相传伏羲人首蛇身，与女娲以兄妹相婚，然后生儿育女。随后，他根据天地万物的变化，发明创造了占卜八卦，还创造了文字，由此结束了"结绳记事"的历史。伏羲制定了人类的嫁娶制度，实行男女对偶制，用鹿皮为聘礼。并以所养动物为姓，或以植物、居所、官职为姓，以防止乱婚和近亲结婚，使中华姓氏自此起源，绵延至今。

周文王姬昌（公元前 1152 年—公元前 1056 年），姬姓，名昌，周朝奠基者。周文王是中国商代末年西方诸侯之长。相传西伯在位 50 年，已为翦商大业做好充分准备，但未及出师便先期死去。他是很有作为的创业主，勤于政事，重视发展农业生产，礼贤下士，广罗人才，拜吕尚为军师，问以军国大计，使"天下三分，其二归周"。

左传

内容概要

《左传》，又被称为《左氏春秋》和《春秋左氏传》，共 35 卷。《左传》是我国古代最早的一部叙事详尽的编年史著作。一直以来，人们把《左传》看作是注解《春秋》的史书，并把它和《公羊传》《谷梁传》合称为"春秋三传"。但也有人认为它是一部独立的著作，和《春秋》没有关系。

书中的记事文本可分为三大类：第一类是标有明确时间的简短文字，应该是出自史官之手，可信度较高。第二类是没有标记时间的记载，而且夹杂着一些零散的故事，可能是源自私人的记录，有一定的史料价值。第三类则是长篇记载，这一类记事主要是杜撰的，没有太高的史料价值。

里面的内容主要取材于王室档案、鲁史策书、诸侯国史等。所记载的史实基本是以《春秋》鲁十二公为次序，包括诸侯国之间的聘问、会盟、征伐、婚丧、篡弑等。凡此种种，都对后世史学和文学产生了重要的影响。

阅读指南

作为编年史，《左传》是我国现存最早的、最完备的编年体史书，也是儒家经典之一。

从史学角度来看，《左传》中包含着丰富而翔实的史料，无论社会风貌、典章制度，还是会盟聘问、攻伐征战都有涉猎。全书通过对齐桓公、晋文公和楚庄王等诸侯霸业的描写，集中反映了当时诸侯之间的斗争。又通过对鲁季孙氏、齐田成子等人与公室之间的明争暗斗及郑子产改革的阐述，深刻地揭示了当时社会的内部变革。这些都是春秋时期历史的主要内容，也是先秦历史的重要组成部分，为后世的历史研究提供了宝贵的资料。

除此之外，《左传》还具有另外一个历史意义，那就是它开创了以编年体写史的先河，确立了编年体史书的地位。这种写作形式拓展了我国文学发展的道路，与后来司马迁开创的纪传体写史并列为我国史书撰写的两大主流形式。

虽然《左传》并不是文学著作，但其极高的文学性却不容小觑。比较以前任何一种著作，它的叙事能力表现出惊人的发展。许多头绪纷杂、变化多端的历史大事件，都能处理得有条不紊，繁而不乱。其中关于战争的描写，尤其写得出色。

在本书中，作者将每一场战役都放在大国争霸的背景下展开，对于各国之间的组合变化、战前策划、交锋过程、战争影响等，都用一种简练而又展现文采的文笔写出。不仅如此，本书行文精炼、严密而有方。这种叙事能力，无论对后来的历史著作还是文学著作，都是具有极重要意义的。

另外，从叙事手法上来看，《左传》也是独具特色的。其结构主要是按时间顺序交代事情发生、发展和结果。倒叙和预叙手法的运用，也是其叙事的重要特色。倒叙就是在叙事过程中回顾事件的起因，或者交代与事件有关的背景等。如"宣公三年"先记载了郑穆公兰之死，然后回顾了他的出生和命名：其母梦见天使与之兰，怀孕而生穆公，故名之兰。

除了倒叙，《左传》中还有插叙和补叙，性质和作用是与倒叙类似的。这些叙述，常用一个"初"字领起。预叙即先叙出将要发生的事，或预见事件的结果。

可以说，《左传》是中华文明的瑰宝，它在文、史两方面都取得了杰出的成就。因此，历代研究者们都将它与《史记》并称，尊为历史散文之祖。

 **作者介绍**

《左传》的作者，有人认为是左丘明，这也是目前最为可信的。有些学者则认为是战国初年的一些学者汇编而成的。

左丘明（约公元前502年—约公元前422）都君人，姓丘，名明，因其父任左史官，故称左丘明。东周春秋末期鲁国都君庄（今山东省肥城市石横镇东衡鱼村）人。春秋末期史学家、文学家、思想家、散文家、军事家。与孔子同时或者比孔子年龄略长些。曾任鲁国史官，为解析《春秋》而作《左传》。

左丘明知识渊博，注重个人德行修养。在鲁国任史官期间，他尽职尽责，并积极参与政治，为当时世人所推崇。晚年时，他因为身患眼疾而辞官归乡，此后不久便完全失明。后因病重，逝世于故乡。

公羊传

 **内容概要**

《公羊传》又被称作《春秋公羊传》或者《公羊春秋》，是专门解释《春秋》的一部典籍，其起讫年代与《春秋》一致，即公元前722年至公元前481年。本书对于史实的阐述非常简略，并且着重阐释《春秋》所谓的"微言大义"，采用问答的方式来进行解读。

《春秋公羊传》重点在于阐释《春秋》中的微言大义从而在叙事方面有所疏略。汉儒总结其有"三科九旨"之说，谓春秋上本天道，中用王法，而下理人情。天道者，一曰时，二曰月，三曰日；王法者，一曰讥，二曰贬，三曰绝；人情者，一曰尊，二曰亲，三曰贤。

实际上，《公羊传》训释《春秋》，存在很多牵强附会之处，甚至有当代学者称它"不是空话,便是怪话"。

尽管如此,由于《公羊传》中所表述的"大一统"思想,迎合了封建统治者加强中央集权的需要,所以公羊学屡兴不绝。尤其到了西汉,公羊学发展到极盛之期,董仲舒成了公羊学大师。另外,东汉何休著《春秋公羊传解诂》也是关于《公羊传》的权威之作;唐代徐彦又著《春秋公羊传注疏》,则意在为何休的《解诂》作注;晚清公羊学越发兴盛,到康有为这里达到了高峰。他借孔子改制之说,构建起崭新的"公羊三世"观,即"据乱世,升平世,太平世",成为戊戌变法运动的思想基础。

阅读指南

《公羊传》有着独特的理论色彩,其中主要包括两点"政治性和变易性"。

首先,政治性主要提倡的是"改制",所谓"改制",就是改变社会的政治、经济等制度。书中认为"大一统"是正确的理念,只有实现"大一统",才能够拨乱反正,为后世的君王立法。

其次,《公羊传》中讲到的"所见异辞,所闻异辞,所传闻异辞",后来经过董仲舒的理解阐述,把春秋十二公划分为"所见世"、"所闻世"、"所传闻世"。至少可以证明的一点是,春秋时期长达二百四十二年的历史,也是可以按照一定的标准划分成为不同的阶段。由此可以体现出《公羊传》的另一特点,即"变易性"。

关于《公羊传》中的"三世说","所见世"的意思就是"太平世,夷狄进至于爵,天下远近大小若一";"所闻世"意思是"升平世,内诸夏外夷狄";而"所传闻世"即"据乱世,内其国外其夏"。

根据"三世说"的理论,人类的历史发展是有一定的规律可循的,也就是从开始的"据乱世",社会动荡的时期,过渡到后来的相对稳定"升平世",国家有条不紊地发展,人们的生活有所保障,而后进入一个理想的"太平世",国家繁荣兴旺,百姓安居乐业。在"据乱世—升平世—太平世"这样的历史循环中,也蕴藏着向前发展的轨迹,也就是一个系统的"进化"过程。

作者介绍

《公羊传》最初并没有专门的作者,它只是口耳相传留存下来的东西。直到公羊高的玄孙公羊寿（汉景帝时人）方与齐人胡毋子合作，将《春秋公羊传》定稿"著于竹帛"。所以《公羊传》的作者，班固《汉书·艺文志》笼统地称之为"公羊子"，颜师古说是公羊高，《四库全书总目》则署作汉公羊寿，说法不一。但比较起来把定稿人题为作者更合理一些。

谷梁传

内容概要

《谷梁传》又叫《谷梁春秋》《春秋谷梁传》，是为《春秋》做注解所著，为儒家经典之一。

《谷梁传》以语录体和对话文体为主，用这种方式来注解《春秋》，是从战国时期到汉朝演变的重要文献。据后人考证，《谷梁传》书中曾引用公羊子的话并加以辩驳，因此认为成书要较《公羊传》为晚。

在本部著作中，着重宣扬了儒家思想中礼义教化和宗法情谊，这些为缓和统治集团内部矛盾和稳定封建统治都起到了极大作用。因而也深受统治阶级的重视。

阅读指南

同是解释《春秋》的著作，《左传》主要是阐述史事，属于一部史书，而《谷梁传》则和《公羊传》不同，它们都是以自问自答的方式来解说《春秋》的旨意的。同样也是一部阐明儒家思想的经书。

《公羊传》主要强调尊王攘夷、大一统的思想，它所看重的是《春秋》的微言大义，和现实政治是密切配合的；《谷梁传》则较为谨慎，认为应该信以传信，疑以传疑，主张贵义而不贵惠，信道而不信邪，成人之美而不成人之恶，它属于以文义来阐发《春秋》的经文。

另外，和《公羊传》所不同的是，《谷梁传》的另一个突出特点是强调礼乐教化，力主仁德之治，而这恰恰适应了西汉后期统治阶级的政治需要。

在《谷梁传》中，称引古礼的地方随处可见，比如《隐公元年》载："礼，赗人之母则可，娟人之妾则不可。"《隐公二年》云："礼，妇人谓嫁曰归，反曰来归，从人者也。"《桓公三年》："礼，送女，父不下堂，母不出祭门，诸母兄弟，不出阙门。"

《谷梁传》力主仁德之治，它是以重民思想为出发点的，书中指出："民者，君之本也。"它认为，那些昏君暴主应该败亡出奔，这样才会使"民如释重负"。

此外，在注重宗法情谊的同时，《谷梁传》还强调尊王思想。尊王思想的存在，也是《谷梁》学兴盛一时的一个原因。

《谷梁传》对于史学发展的意义，更重要的是在历史思想方面产生的影响。《谷梁传》主张"著以传著，疑以传疑"，指出历史家应遵从忠实记载史实的原则，并能够将这一原则贯彻到自己的著作之中。

作者介绍

传说中，孔子的一个叫子夏的弟子，先是将这部书的内容口头传给谷梁俶（亦名谷梁赤，字元始），然后由谷梁赤把它写成书记录了下来。但实际上，这部书的口头传说早在西汉时期就已经存在了。

谷梁赤，战国时期的经学家，山东省菏泽定陶人。相传为子夏弟子。谷梁赤是子夏的学生，子夏晚年居家著书授业，离谷庄颇近。后谷梁学成，封鲁为吏，著书立说。

论语

内容概要

《论语》是一部语录体散文集,是儒家经典之一。它较为集中地反映了孔子的思想。全书共 20 篇,492 章。

《论语》的内容,大部分记录的是孔子回答弟子们的提问所表达出的言论,也记录了孔子对当时国君、公卿大夫等人问题的回答,还有孔子的弟子们对其他人提出问题的回答。

《论语》首开语录体体裁,其篇章结构乃至段与段之间没有时间或内容方面的必然联系。全书分为《学而》《为政》《里仁》《公冶长》《阳货》《尧曰》等,篇名取篇首的两三个字,这不过是为了记述方便,并没有实际意义。

阅读指南

孔子是《论语》描述的中心。书中不仅有关于他的仪态举止的静态描写,而且有关于他的个性气质的传神刻画。书中体现了孔子因材施教的教育风格,他对于不同的对象,考虑其不同的素质、优点和缺点、进德修业的具体情况,给予不同的教诲。表现了诲人不倦的可贵精神。

南宋时,朱熹将《论语》与《孟子》《大学》《中庸》合称为"四书"。到了明清两朝,规定科举考试中八股文的题目必须从四书中选取,因而当时的读书人把《论语》奉为"圣典"。几千年来,《论语》深邃的思想影响了一代又一代中国人的言行风貌、风俗习惯,因此,要充分了解中国古代社会,就必须熟读《论语》。

在品读《论语》的过程中,要体会孔子关于其核心主张"仁"的精神和境界,关于鬼神、怪力的观点,在读到教书育人方面的时候,也要体味语录体语言的启发性、凝练性、哲理性和深邃性。

在孔子看来,做人要重视仁德,那么什么是"仁"呢?就是通过约束自己的言行以提高自己的道德水准，达到礼的要求，而且要坚持不懈，不断进步，才能向"仁"无限靠近。孔子认为，"仁"是道德的最高标准，求仁是人生的根本原则。孔子还要求弟子们全面提升自己的素质，除了做到仁德以外，还要做到忠、孝、义、信等，还要修习礼、乐、射、御、书、数六艺。

不仅如此，孔子认为在政治生活中也要做到"仁"。当权者要讲究信用、爱护人民，不能残酷剥削百姓，要善待百姓，采取富民政策。在国家的治理方面，要注重招揽贤才，教育百姓，确定法则。

对于鬼怪等迷信的看法，孔子虽然不否定其存在，但对其所持的态度是怀疑的，他主张"敬鬼神而远之"。相对于这些天命怪力事件，孔子更加注重人的主观努力，讲究"知其不可为而为之"，这体现了儒家的进取精神。

对于功利钱财，孔子主张重义轻利，但并不完全否定功利，而是要通过正当的方法来获取，正所谓"君子爱财，取之有道"。

就孔子的一生来说，他最受后人敬仰的要数在教育事业上所作出的贡献了。他不但打破了贵族对教育的垄断，更留下了"有教无类"的教育原则和一套行之有效的教育方法。他提出的启发式教育和因材施教等方法，注重学生独立思考、研究能力的培养等，对于当今的教育依然有很强的指导意义。

阅读《论语》，我们会发现其语言通俗易懂，很口语化，在辑录方面还吸收了语言凝练典雅的特点，因此，《论语》普朴实无华而又深入浅出，言简意赅而又隽永有味。在整部著作中，运用了大量的排比、并列、对偶等修辞手法，句式长短相宜，显得活泼又有气势。总体来讲，《论语》的语言风格耐人咀嚼，回味无穷。

《论语》不仅对于中国社会形成了长达两千多年的影响，而且很早就流传到了海外，作为中国文化的代表性著作，在世界范围内都产生了重大影响，被誉为东方的"圣经"。

作者介绍

《论语》由孔子的弟子及再传弟子编纂而成。

孔子（公元前551年—公元前479年），名丘，字仲尼，春秋时期陬邑（今山东曲阜）人，中国古代著名的思想家、教育家、儒家学派的创始人。

年幼时的孔子就表现出聪明好学的劲头，20岁的时候已经有非常渊博的知识了，30岁左右已经很有名气，并开始招收门徒，传授文化知识。

孔子毕生致力于研究为政和为人之道，却一直郁郁不得志，直到50岁才被任命为中都宰、小司空，后升为大司寇，兼管丞相事务。

后来，浪迹多年的孔子重新回到了鲁国，然后开始一边讲学，一边整理古代文化典籍，编校了诗、书、礼、易、春秋等典籍。公元前479年，孔子因承受不了得意门生都先他而去的打击去世。孔子终其一生没有自己的著作，他的弟子们把他平时的言行整理记录下来，构成了我们读到的这部《论语》。

尔雅

内容概要

《尔雅》现行的版本共有19篇，每一篇的题目都以"释"字打头，紧跟的下一个字则描述本篇中所要处理的材料和性质。全书收词语4300多个，分为2091个条目。

这些条目按类别分为"释诂"、"释言"、"释训"、"释亲"、"释宫"、"释器"、"释乐（yuè）"、"释天"、"释地"、"释丘"、"释山"、"释水"、"释草"、"释木"、"释虫"、"释鱼"、"释鸟"、"释兽"、"释畜（chù）"。

从内容的类别来看，可以分为六类。

第一类：专门解释字义词义的，有《释诂》《释言》《释训》；

第二类：有关人事和生活用器名称的，为《释亲》《释宫》《释器》《释乐（yuè）》；

第三类：有关天文的，《释天》；

第四类：有关地理的，《释地》《释丘》《释山》《释水》；

第五类：有关动物的，《释鸟》《释兽》《释畜》《释虫》《释鱼》；

第六类：有关植物的，《释草》《释木》；

阅读指南

《尔雅》是我国第一部按义类编排的综合性辞书，是疏通包括五经在内的上古文献中词语古文的重要工具书。"尔"是"近"的意思（后来写作"迩"），"雅"是"正"的意思，在这里专指"雅言"，即在语音、词汇和语法等方面都合乎规范的标准语。《尔雅》的意思是接近、符合雅言，即以雅正之言解释古语词、方言词，使之近于规范。

《尔雅》被认为是中国训诂学的开山之作，在训诂学、音韵学、词源学、方言学、古文字学方面都有着重要影响，其中的今话是汉代的话。

由于《尔雅》在文字训诂学方面的巨大贡献，自它以后的训诂学、音韵学、词源学、文字学、方言学乃至医药本草著作，都基本遵循了它的体例。后世还出了许多仿照《尔雅》写的著作，被称为"群雅"，由研究《尔雅》也产生了"雅学"。

《尔雅》后16篇相当于百科词典。在汉代，儿童在完成识字阶段的教育后，要读《论语》《孝经》和《尔雅》这3部书。尽管用今天的标准来看，《尔雅》的知识容量相当有限，但是在古代已经非常可观了。所以有人说，《尔雅》是我国古代的百科全书。

作者介绍

《尔雅》最早著录于《汉书·艺文志》，但没有记载作者的姓名。对于它的作者历来说法不一。有的认为是孔子门人所作，有的认为是周公所作，后来孔子及其弟子作过增补。

根据史料推测，《尔雅》的成书上限不会早于战国时期，因为书中所用的材料，有的来自《楚辞》《庄子》《吕氏春秋》等书，而这些书是战国时代的作品。《尔雅》的成书下限不会晚于西汉初年，因为在汉文帝时已经设置了《尔雅》博士，到汉武帝时已经出现了《尔雅注》。最初成书应该在战国末年，是由当时的一些儒生汇集各种资料编辑而成。后来经过代代相传，各有增益，才成为了今天我们所见到的《尔雅》。

孝经

《孝经》,全书共18章,以孝为中心,比较集中地阐述了儒家的伦理思想。书中指出,孝是所有德行的根本,人的所有行为,没有能离开孝的。它肯定"孝"是上天所定的规范,"夫孝,天之经也,地之义也,人之行也。"

本书是第一次将孝与忠联系起来的著作,认为"忠"是"孝"的发展和扩大,并把"孝"的社会作用推而广之,认为"孝悌之至"就能够"通于神明,光于四海,无所不通"。

《孝经》也系统而详细地规定了对于实行"孝"的要求和方法。它主张把"孝"贯穿于人的一切行为之中,"身体发肤,受之父母,不敢毁伤",是孝之始;"立身行道,扬名于后世,以显父母",是孝之终。它把维护宗法等级关系与为封建专制君主服务联系起来,认为"孝"要"始于事亲,中于事君,终于立身"。

另外,根据不同人的身份差别,《孝经》还规定了行"孝"的不同内容:天子之"孝"要求"爱敬尽于其事亲,而德教加于百姓,刑于四海";诸侯之"孝"要求"在上不骄,高而不危,制节谨度,满而不溢";卿大夫之"孝"要求"非法不言,非道不行,口无择言,身无择行";士阶层的"孝"要求"忠顺事上,保禄位,守祭祀";庶人之"孝"要求"用天之道,分地之利,谨身节用,以养父母"。

除此之外,《孝经》将道德规范和法律(刑律)联系起来,认为"五刑之属三千,而罪莫大于不孝"。书中指出,要借助国家法律的权威,来维护宗法关系和道德秩序。长期以来,《孝经》都被看作是"孔子欲作,垂范将来"的经典,它对于传播和维护封建社会伦理、社会秩序均起到了积极而巨大的作用。

● 作者介绍

传说中本书为孔子所作,但到南宋的时候有人怀疑是后人附会而成的。到了清代,纪昀在《四库全书总目》中指出,该书是孔子"七十子之徒之遗言",成书于秦汉之际。

孟子

● 内容概要

《孟子》一书7篇,分别是《梁惠王》《公孙丑》《滕文公》《离娄》《万章》《告子》《尽心》。每篇又分成上、下两个部分。

本书是战国时期孟子的言论汇编。书中记录的是孟子的言行,包括孟子和其他诸家思想的争辩,也包括对弟子们的言传身教、游说诸侯的内容。表达了孟子的治国思想(仁政、王霸之辨、民本、格君心之非,民为贵社稷次之君为轻)和政治观点,大约成书于战国中期。

● 阅读指南

孟子的学说以性善论为出发点,主张德治。以为人生来就具备仁、义、礼、智四种品德。人可以通过内省去保持和扩充它,否则将会丧失这些善的品质。在社会政治观点方面,孟子突出仁政、王道的理论。仁政就是对人民"省刑罚,薄税敛"。

南宋时朱熹将《孟子》与《论语》《大学》《中庸》合在一起称为"四书"。自从宋、元、明、清以来,都把它当作家传户诵的书。就像今天的教科书一样。《孟子》是四书中篇幅最大的一本,有三万五千多字。

《孟子》所蕴含的理论,不但纯粹宏博,而且文字本身也非常雄健优美。整个行文气势磅礴，感情充沛，极其富有感染力。

同时，本书的语言也平实浅近，明白晓畅，同时不乏精炼准确。从散文的体例来看，《孟子》一书在论辩方面见长，具有很强的艺术表现力，因此也更具文学散文的性质。其中的论辩文，巧妙地运用了逻辑推理的方法，孟子得心应手地运用类比推理，往往是欲擒故纵，反复诘难，迂回曲折地把对方引入自己预设的结论中。

孟子（约公元前 372 年—公元前 289 年），名轲，字子舆，战国中期鲁国邹（今山东邹县东南部）人，距离孔子的故乡曲阜不远。

有人认为孟子曾师从子思，子思是孔子的孙子，从时间上来推算，这种说法是比较可疑的。《史记》中的说法则是，孟子师从的并非子思，而是子思的学生。这种说法从时间上推算更合乎实际，大多数人都比较推崇这种说法。

孟子是著名的思想家、政治家、教育家，作为孔子学说的继承者，他也是儒家重要的代表人物。

据史书记载，孟子学成之后，便以士的身份游说诸侯，试图推行自己的政治主张，到过梁（魏）国、齐国、宋国、滕国、鲁国。当时几个大国都致力于富国强兵，争取通过武力的手段实现统一。而他继承了孔子"仁"的思想并将其发展成为"仁政"思想，被称为"亚圣"。

第二卷・史部

◎通史

史记

内容概要

《史记》，是中国第一部纪传体通史，又称为《太史公记》《太史公书》《太史公传》。全书共130卷，记载了上起中国上古传说中的黄帝时代（约公元前3000年），下至汉武帝元狩元年（公元前122年）共3000多年的历史。

《史记》分为本纪、表、书、世家、列传五个部分，以历史上的帝王等政治中心人物为编撰主线，各种体例分工明确。其中，本纪12卷，记载了历代帝王的言行政绩和重大历史事件；表10卷，用表格来呈现世系、人物和史事；书8卷，为礼乐、天文、经济、水利等方面的专题史；世家30卷，记录历朝诸侯贵族的活动和事迹；列传70卷，是其他各阶层有影响人物的生平事迹和少数民族的传记。本纪、世家、列传三部分，均以人物为中心来记载历史，在全书中占有大部分篇幅。

在撰写人物方面，《史记》往往分为两个部分，前面的正文部分介绍人物的生平，主要包括正史所记载的事件和轶事；正文后面是作者的评论或感想，通常以"太史公曰"开头，内容以作者评论题材人物的性格和行事为主，少数为作者的个人经历，或论述资料收集的过程。

阅读指南

作为中国历史上第一部贯通古今、网罗百代的鸿篇巨著，《史记》全面而深刻地反映了古代大社会面貌，也代表了中国古代史学方面最为辉煌的成就。

在《史记》之前，史书的体例往往是以时间为次序的编年体和以地域来划分的国别体。而《史记》则开历史之先河，第一次使用了以人物传记来反映历史内容的纪传体。纪传体这种体例对后世的史书创作有着深远的意义和影响，所以《史记》被列为中国的第一部正史。

此后，虽说历代正史都没有断绝修撰，但都毫无例外地沿袭了《史记》的本纪和列传这两部分。

《史记》的内容包罗万象，融合了古今各类知识、各家各派文化，诚如作者司马迁在自述编写宗旨时所说的"究天人之际，通古今之变，成一家之言"。这种通史体裁为后世树立了范本，至今仍然影响着史学的研究和写作。

在《史记》的撰写方面，司马迁把帝王将相和游侠刺客一并写入史书，并按照人物的真实地位安排进本纪或世家，按照历史的本来面目撰写历史，既不溢美，也不苛求。正是因为作者这种难能可贵的实事求是精神，才使得《史记》成为考究我国西汉以前历史的最重要、最权威的典籍，具有极高的史料研究价值。

不光在史学方面有着如此之高的价值，而且从文学创作角度来说，《史记》也是一部很优秀的文学著作。它采取了《诗经》和《楚辞》中的语言表达形式，并借鉴了战国散文的那种酣畅淋漓的表达风格，充分体现了大一统王朝中各种文学传统的融汇形式。这让《史记》的文字魅力得以彰显。

当然，由于客观的历史局限性使然，《史记》也存在某些缺点和不足。比如，西汉的统治阶级十分重视天人感应学说，在这种背景和氛围中，司马迁又师从董仲舒，自然摆脱不了这种影响。因此，司马迁在《六国年表序》中论述秦统一天下的原因时，认为这是"天所助焉"，王朝的兴废更替由"天命"而定；在专门记载占星术的《天官书》中，还经常将各种特殊自然天象和人事相联系。这些都表明司马迁仍然没有完全摆脱天命论和天人感应神学思想的影响。

作者介绍

司马迁（公元前145年—公元前190年）西汉时期历史学家。他从小就受到良好的教育，10岁开始学习古文，20多岁时开始漫游于江淮和中原地区，之后返回长安出任郎中，后又奉命出使巴、蜀以南地区，在此过程中，他开阔了胸怀，增长了见识，为日后撰写《史记》打下了坚实的基础。

元封三年（公元前108年），司马迁出任太史令，接触到大量的图书文献和国家档案。太初元年（公元前104年），司马迁开始撰写《史记》。天汉二年（前99年），司马迁因为替战败投降匈奴的李陵辩护而身陷囹圄。这次灾祸让司马迁的身心均受到了巨大的摧残，但因为没有完成《史记》写作，他抱着强烈的憾恨忍耐了下来。三年后，司马迁被赦出狱，做了只有宦官才能充任的中书令，但他与命运不屈抗争，最终于太始四年（公元前91年）前后将《史记》全部创作完毕。

通志

内容概要

《通志》是以人物为中心的纪传体中国通史。全书共有200卷，其中包括本纪18卷、年谱4卷、二十略52卷、世家3卷、列传115卷、载记8卷。

其中，纪传部分主要摘抄自前代的正史，然后稍微加以连缀而成，后妃、宗室、世家三部分，性质和列传相近，篇幅也差不多，后人把它归入列传。总序和二十略是全书的精华。除礼、器服、选举、刑等略外，其余各略都有新意。

从体例来看，作为纪、传、谱、略、载记五种体例构成的史书，《通志》实际上是继承《史记》的传统体裁，只是将"表"改为了"谱"、将"志"改成了"略"。

阅读指南

阅读本书，我们会感受到它在修通史、注重史实、典章制度的相依因联系方面是非常看重的。这也体现了一定的会通思想。所谓"会通"，就是指综合整理各种史料，然后根据年代的先后进行编排，探其源流，理出各种事物从古到今的发展过程。

在本书中，还体现出作者对于割断史事联系写断代史的思想的反对。在作者看来，史家应重视实际和学习一些自然方面的知识，并用实际的观察来核实史书的记载。作者主张用治军那样严整的"类例"方法来治学，认为史家修史要有独到的见识。

作者编著这部500多万字巨著的方法，是值得后人重视和借鉴的。作者先是从各个专门的学问入手，然后通过对史料的考订和实践的调查，把所有的史料"会通"起来。这种求真务实的治学态度，是作者在史学史上所作出的重要贡献之一。

可以说，《通志》的体例和编纂方法，在我国史学发展史上有过一定的影响。清乾隆年间所修的《续通志》和《清朝通志》，就是根据《通志》的体例和编纂方法修成的。甚至马端临的《文献通考》以及《九通》中的其他著作，在体例上也吸取了《通志》的成果。

当然，《通志》的体例和编纂方法也并非完美无缺，而是存在不少缺点的。比如，二十略的体例虽有所创新，但从《通志》的整体来说，它仍然没有突破正统的旧史的格式；在史料的考订方面，也难免有主观片面的臆断。另外，《通志》虽在校雠学、音韵学、文字学等方面都提出了独到的见解，但未能在各方面都达到这样的水平。

由于时代和阶级的局限，《通志》还存在一定的立场观点方面的问题。例如，《通志》所记载的有关农民起义的史料很少，而且对于农民起义都称"反"称"盗"。他说："黄巾赤眉，连山亘谷，四方之盗，如云而起。"此外，作者还存在着地理史观、宿命论以及复古主义思想等。但是，综观得失，作者都不失为一位有贡献的封建史学家，他在史学方面，特别是历史编纂学方面的贡献是应当给予肯定的，而且《通志》这部巨著对于后代史学的发展也起过一定的作用。

作者介绍

郑樵（1103年—1162年），字渔仲，宋兴化军莆田（今福建莆田）人。从16岁开始，郑樵就专心学习，闭门读书。后来科举考试没能得中，于是隐居到夹漈山继续读书和讲学。这样过了30年的时间，被人尊称为"夹漈先生"。

据史料记载，郑樵很喜欢著作书籍。他的一生著作颇丰，有《氏族志》《动物志》《图书志》等80余种。但其代表作，还是这部包罗各代历史的《通志》。

◎ 断代史

汉书

内容概要

《汉书》是我国第一部纪传体断代史，有纪、表、志、传，没有世家。凡是《史记》列入世家的汉代人物，《汉书》均写入"传"。《汉书》这种体裁上的改动是符合历史事势变化的，是合理的。《汉书》沿袭了《史记》的体例，但做了一些改动，也有了一些创新。在纪的部分，《汉书》不称"本纪"，而改称为"纪"，在《史记》的基础上，《汉书》增立《惠帝纪》，以补《史记》的缺略；在《武帝纪》之后，又续写了昭、宣、元、成、哀、平等6篇帝纪。

在表的部分，《汉书》立8种表，其中6种王侯表是根据《史记》有关各表制成的，主要记载汉代的人物事迹。

《汉书》将《史记》的《律书》《历书》并为《律历志》，《礼书》《乐书》并为《礼乐志》，改《史记·平准书》为《食货志》，改《史记·封禅书》为《郊祀志》《天文志》，《河渠书》为《沟洫志》。

《汉书》还创设了刑法、五行、地理、艺文四志。各志内容多贯通古今，而不专叙西汉一朝的历史。

阅读指南

《汉书》主要有四大特点，分别是真实性、广泛性、亲民性和详尽性。

《汉书》较为真实地记述了西汉一朝的政绩及其盛衰变化，从一统功业的角度对于各时期所取得的成就进行了热情称颂。

《汉书》广泛评述了各类人物在西汉政治中的作用，论述了汉代的兴衰是由于众多文臣武将及智谋极谏之士，在中央和地方的各种事务中竭其忠诚，做出贡献。

《汉书》详细记述了中国古代尤其是汉代的政治典制，表现了西汉文化的发展规模及重要价值。

从文学方面讲，作为一部历史散文，《汉书》有着足以令人称道的独特之处。作者班固是汉代著名的辞赋大家和诗人，爱用古字和骈句，因此《汉书》在散文中熔铸了诗赋的语言，倾向排偶，重辞藻，文字不仅典雅富丽，而且严整凝练，讲究韵味。这使得《汉书》的行文更为简洁，文字却不免艰深难懂，与《史记》平畅的口语化文字形成了鲜明的对照。

在思想方面，《汉书》的封建正统观念较为浓厚，大多站在朝廷的立场上来记史、评判，写史时多有避讳，其对统治集团的残酷、腐朽、荒淫的揭露批判远不如《史记》广泛深刻。这与作者深受儒家思想的熏陶，又是奉旨修史，缺乏司马迁那样深刻的见识和批判精神有关。总的来说，在批判性方面，《汉书》比《史记》逊色不少。

作者介绍

班固（32年—92年），字孟坚，东汉时期扶风安陵（今陕西咸阳东北）人，出身于官宦世家。他从小聪明过人，博览群书，知识丰富。

54年，班固的父亲班彪病逝，班固被迫中断学业回到原籍扶风安陵守丧。随后，他在父亲遗稿《史记后传》的基础上，利用家藏的丰富图书，正式开始编写《汉书》。

62年，有人告发班固"私修国史"，班固因此入狱，但由于获得了汉明帝的赏识，随后又被任命为兰台令史，负责典校图籍、治理文书。前后历经二十多年，到82年时，《汉书》才编写完成。

92年，东汉朝廷发生了一场政变，汉和帝利用宦官势力，将窦宪一党一网打尽。班固受其株连而被免官，被仇家洛阳令种兢逮捕入狱而死。

后汉书

内容概要

《后汉书》是一部记载东汉历史的纪传体史书,全书包括10纪、80列传及8志,记载了上起东汉光武帝建武元年(25年),下至汉献帝建安二十五年(220年),共195年的历史。

《后汉书》虽然有纪、列传和志,但没有表。关于王侯公卿等人物散见于纪和传中。八十列传大体是以朝代顺序和以类相从的方法进行编撰的。例如列传第一至第三,为两汉之际的风云人物;第四至第十二,是光武时代的宗室王侯和二十八将;王充、王符和仲长统三人,并不是同时代的人,但因他们均轻利禄善属文,行为类似,所以合传。

《后汉书》的列传前多有序,每个人物传记展开前多有提要,用简洁、准确的语言概括人物性格,可以使读者"未见其人、先会其神",对所传记人物有一个总体的印象。

阅读指南

《后汉书》结构严密,体例完备,内容丰富,有条不紊地叙述了东汉的历史兴亡大势,错落有致地描绘出东汉的社会民情和人物百态,它有着很高的史学价值。

作者运用自己高超的史学技巧,既继承了《史记》《汉书》的纪传体体例,又对全书进行了细致的整体规划,巧妙整合史实,使其所述既有照应,又不重复烦冗,井井有条地再现了东汉一代的社会、民情和人物百态的历史风貌。

此外,《后汉书》根据东汉一代历史的具体特点,在纪、传、志的编次上做了一些改进。在《后汉书》中,纪的最后一篇是《皇后纪》,改变了《史记》与《汉书》将皇后列入《外戚传》(吕后除外)的写法。东汉从景帝开始,连续有6个太后临朝,《后汉书》这样改动符合史实,准确地反映了这一时期的政治状况。

从文学角度来看，《后汉书》中除了有较多的四字句、对偶句之外，还出现了四、六字句相间、对偶工整的标准骈体形式。这几种特点体现在《后汉书》的序、论、赞部分。书中的叙事语言，乃至人物的对话，也追求骈俪化。

《后汉书》行文中还常见语言的韵律美。尤其是传记末尾的"赞"，均为韵律整齐、和谐优美的四字句，作者范晔自称其"殆无一字空设"，足见其锤炼之功。

作者介绍

范晔（398年—445年），字蔚宗，南朝刘宋顺阳（今河南淅川东）人。他出身于士族家庭，从小勤奋好学，多才多艺，不但广泛涉猎经史，而且工于书法、通晓音律、善写文章。从17岁出仕，范晔历任彭城王刘义康府冠军右军参军、尚书外兵郎、吏部尚书郎、左卫将军、太子詹事等职务，可谓官运亨通。

范晔独自完成了《后汉书》纪、列传的写作，又和谢俨共同完成了《礼乐志》《五行志》《天文志》等内容。

后来，范晔因牵涉谋立彭城王刘义康案下狱而死，谢俨毁了与他合作的"志"稿，后人因为范晔对西晋司马彪的《续汉书》进行过称赞，便将司马彪的志拿来补到了《后汉书》中。

三国志

内容概要

《三国志》主要记载的是魏、蜀、吴三国鼎立时期的史事,属于纪传体国别史。全书共有65卷、36万字,其中《魏书》30卷,《蜀书》15卷,《吴书》20卷。

虽然书名为"志",但书里面却只有纪和传,而没有志。魏书有本纪、列传,蜀、吴二书只有列传。

《三国志》尊魏为正统,为曹操、曹丕、曹睿分别写了《武帝纪》《文帝纪》《明帝纪》,而蜀、吴的君主,则只是立为"传",比如,记刘备、刘禅为《先主传》《后主传》,记孙权为《吴主传》等。

本书全面记述了三国时的史事和历史人物活动,是研究三国历史的重要史料。

阅读指南

《三国志》既不是《史记》那样的通史,也不是《汉书》那样的断代史,它在断代史中是别具一格的。这是因为作者为了适应当时三国鼎立的历史特点而开创的一种新的史书体例。也就是将魏、蜀、吴三国的历史分写成三部书。虽然名义上,作者是尊魏为正统,但实际上却是以魏、蜀、吴三国各自成书,视三方为互相独立的国家,地位是相同的,从而如实地记录了三国鼎立的局势。这种"三国并叙"的体例在一定程度上影响了后世史书的编写。唐初李延寿著《北史》《南史》,实际上就是仿照其体例而稍作变动;元代修宋、辽、金三史的时候也深受《三国志》体例的影响。

在这部书的创作过程中,作者取材审慎,剪裁得当,而且议论也颇有见地。书中指出,魏晋兴替的转折点是魏明帝之后幼主继位和曹爽伐蜀的失败,诸葛亮之死是蜀政变化的标志,孙权晚年残虐埋下了东吴败亡的伏笔等等。这些评论字字珠玑,一语中的,值得称赞。

此外,在人物的刻画方面,《三国志》也有可圈可点之处。它反映了魏晋时期士大夫中间流行的品题人物的风气。比如称诸葛亮为卧龙，评曹操是"超世之英杰"，刘备是英雄，孙权"有构践之奇英"，关羽、张飞、程普、黄盖是虎臣，陈震、董允、薛琮是良臣，张辽、乐进是良将。这些评论点出了各人的特点和地位，反映了当时的时代风气，也为后世文学创作提供了素材。

不过，由于史料的不足，在写人记事方面，《三国志》写得比较简略，以至于使得全书内容显得不够充实。比如曹操于196年在许下"屯田"，书中只是记录了"是岁……始兴屯田"；关于九品中正制，书中提到"制九品官人之法，群所建也"，具体内容不够详细。

陈寿（233年—297年），字承祚，西晋巴西安汉（今四川南充北）人。他出生于三国鼎立时期的蜀国，年少的时候跟着同地方的经史大师谯周学习，精读《尚书》《春秋》《史记》等古史，对史书的体裁和编纂方法进行了深入的研究。

太康元年（280年），西晋灭掉东吴，结束了分裂局面。这一年，陈寿48岁。他开始广泛收集三国时期的官私著作，撰写《三国志》。历时十余年终于完成此部作品。

晋书

《晋书》，是我国古代二十四史之一，共有132卷，其中包括叙例、目录各1卷，帝纪10卷，志20卷，列传70卷，载记30卷。后来叙例、目录都失传了，所以至今保存的只有130卷。

《晋书》中所记载的内容上至三国时期司马懿早年，下至东晋恭帝元熙二年（420年）刘裕废晋帝自立，以宋代晋。同时，本书还以"载记"的形式对十六国的政权状况进行了记述。

自唐太宗时期开始，我国就开始设立史馆修史，之后修成了六部正史，《晋书》便是其中的第一部。其实在唐代以前就有十八家晋代史书传世了，而实际上数量更多，达二十余家，除了沈约、郑忠、庾铣三家晋书已亡佚外，其余都还存在。由于唐太宗认为这些晋史都存在这样或者那样的缺陷，"制作虽多，未能尽善"，于是于贞观二十年（646年）下诏修《晋书》。

《晋书》是以南朝齐人臧荣绪所写的《晋书》为蓝本，同时参考其他诸家晋史和有关著作，"采正典与杂说数十部"，兼引十六国所撰史籍，从贞观二十年（646年）开始撰写，至贞观二十二年（648年）写成。

阅读指南

《晋书》同二十四史中的其他各史相比，主要有以下四个特点。

第一个特点是作者众多。据史料记载，写作《晋书》的作者共21人，而且都留下了姓名，有这样一支相对庞大的作者队伍，正是《晋书》能够超越以往各家晋史的重要原因。而这样的情况，在历代皇朝修史工作中也是极其罕见的。

第二个特点是体例的创新。前面提到，《晋书》中有"载记"三十卷。载记记述的是匈奴、鲜卑、羯、氐、羌等少数民族统治者建立的政权即"十六国"史事的形式,这是《晋书》在纪传体史书体例上的一个创造。

第三个特点是补旧史之不足。《三国志》有纪、传而无志。而《晋书》中的志,多从三国时期写起。关于曹魏屯田、兴修水利发展农业、经营西北,及晋朝占田制多有着墨。《食货志》讲东汉、三国时代的经济发展,可补《后汉书》、《三国志》之不足。

第四个特点是记载完备。在唐代之前的各种晋史,要么仅仅记录西晋一朝的史事,要么虽然兼记两晋史事,但是对十六国的史事却没有记述。这样一来,这些晋史都只能说是不够完备的晋史。与唐之前的各晋史相比,《晋书》的内容较为详尽且广博,纪传中收录的大量诏令、奏疏、书札及文章,虽冗长,但有多方面的史料价值。

当然,由于受时代和作者本身的局限,《晋书》还是存在其自身的缺点的,比如记述荒诞,史料取舍不够严谨等等。这些多是前代晋史著作中就已经存在的,比如《搜神记》《幽明录》中一些荒诞之谈,还有《干宝传》中记载干宝父亲的妾陪葬十多年后,开棺后仍能够复生之事,《晋史》也加以收录。

据历史学者考证,在修撰《晋书》时期,所能见到晋代文献很多,除各专史外,还有大量的诏令、仪注、起居注以及文集。但《晋书》的编撰者主要采用臧荣绪的晋书作为蓝本,并兼采笔记小说的记载,稍加增饰。对于其他各家的晋史和有关史料,虽曾参考,但却没有充分利用。

作者介绍

《晋书》由房玄龄等人负责监修,组织一批史家和学者共同编写而成。

房玄龄(579年-648年),齐州临淄(今山东省济南市章丘)人,为唐朝初年名相。

18岁那年,房玄龄考中本州进士,授羽骑尉。房玄龄在渭北投秦王李世民后,为秦王参谋划策,典管书记,是秦王得力的谋士之一。

唐太宗李世民即位后,房玄龄为中书令,后又陆续担任过尚书左仆射、梁国公、司空等职务。贞观二十二年七月廿四癸卯日,房玄龄病逝,谥文昭。

由于房玄龄善谋,而杜如晦处事果断,因此人称"房谋杜断"。后世以他和杜如晦为良相的典范,合称"房、杜"。

宋书

内容概要

《宋书》是一部记述南朝刘宋一代历史的纪传体史书，含本纪 10 卷、志 30 卷、列传 60 卷，共 100 卷。如今留存下来的个别列传有残缺，少数列传是后人用唐高峻《小史》《南史》所补。

《宋书》收录当时的诏令、奏议、书札、文章等各种文献较多，保存了原始史料，有利于后代的研究。该书篇幅大，一个重要原因是很注意为豪门士族立传。

阅读指南

由于作者家世显赫，属于仕宦之家，所以在书中也就带有其时代和阶级的特点。其中一个突出特点就是颂扬豪门士族，维护门阀制度。尤其是它收载了当时人的许多奏议、书札和文章，可以从中看出那个时期社会、政治、经济的一些实际情况。如卷八十二周朗传载周朗上书，讲到货调的危害，严重阻碍了当时生产力的发展。卷五十六孔琳之传、卷六十范泰传、卷六十六何尚之传所载关于改铸钱币的争议，反映了封建统治者如何在钱币改铸中加紧对人民的剥削。

不过，《宋书》仍然具有一定的史料价值。沈约家世，在宋、齐、梁三代，也都仕宦显赫。梁萧统文选载沈约奏弹王源文，对于一些士族地主"婚宦失类"的情况加以抨击。

作者介绍

沈约（441 年—513 年），出身于门阀士族家庭，历史上有所谓"江东之豪，莫强周、沈"的说法，家族社会地位显赫。祖父沈林子，宋征虏将军。父亲沈璞，宋淮南太守，于元嘉末年被诛。沈约孤贫流离，笃志好学，博通群籍，擅长诗文。

沈约先后担任过的职务有记室参军、尚书度支郎、著作郎、尚书左丞、骠骑司马将军等。后来，沈约帮助梁武帝萧衍谋划并夺取南齐，建立了梁朝。在萧衍看来，帮着组自己成就帝业的两个人中,其中之一就是沈约。所以,萧衍对沈约格外信任和器重,封他建昌县侯,官至尚书左仆射,后迁尚书令,领太子少傅。

沈约晚年的时候,与梁武帝产生嫌隙。十二年(513年),忧惧而卒,时年七十三岁。因生前与名道陶弘景相交,所以死后陶弘景悼好友沈约诗曰:"我有数行泪,不落十余年,今日为君尽,并洒秋风前",这应该是陶弘景痛苦心境的写照。

南齐书

内容概要

本书记述了南朝萧齐王朝自齐高帝建元元年(479年)至齐和帝中兴二年(502年),共23年的史事。全书60卷,但是到了《旧唐书·经籍志》著录这部书的时候,就只有59卷了。

在后来的书籍中,曾有学者表示,南齐书原有序录,因此后人推论应该就是南齐书佚失的一卷。萧子显虽然是以封建史臣的观点来修史的,但他以当代人记当代事,在《南齐书》里保留了一定数量的比较原始的史料。本书中,记载了关于统治者对人民的残酷压榨及统治阶级集团内部的倾轧残杀。

阅读指南

虽然《南齐书》只有60卷,部帙不大,而且包含的年代也很短,但是写就了8篇志,实属难得。在《南齐书》的有些传中,足可以看到作者在历史表述上的才华。比如,在《褚渊传》中,作者先写褚渊在宋明帝时受到信任,而在宋明帝临死的时候,则写了他也参与"谋废立",违背宋明帝的意旨;在《王晏传》中,作者先写其与齐高帝、齐武帝的密切关系,继而写其在齐武帝死后也参与"谋废立"的事等等。

在写这些事件和人物的时候，作者都不是直接发表议论，而是通过前后史事的对比来揭示人物的品格。对此，清代史学家赵翼这样评价说："此数传皆同一用意，不著一议，而其人品自见，亦良史也。"用顾炎武的话说，这种写历史人物的方法叫作"于叙事中寓论断"，司马迁写《史记》最善于运用这种方法。萧子显学习司马迁表述历史的方法，并取得一定的成就，被后代史学家称为"良史"，这是很自然的。

从行文来看，《南齐书》文字比较简洁，文笔流畅，叙事完备。当然，《南齐书》也有其缺点，比如，它同《宋书》一样，都宣扬神秘的思想、佛法的深远，又都过分讲究华丽的辞藻。这一缺点也是那个时代留下的印记。

作者介绍

萧子显（约489年-537年），字景阳，南兰陵郡南兰陵县（今江苏常州西北）人，其父豫章王萧嶷在南齐前期曾显赫一时，他本人在梁做到吏部尚书。虽说他还是梁朝统治集团中的上层人物，但这时他家的政治地位已经衰落下来。除了编写《南齐书》，萧子显还著有后汉书100卷、贵俭传30卷、文集20卷，不过遗憾的是，那些书都没有流传下来。

北齐书

内容概要

属纪传体断代史，共50卷，纪8卷，列传42卷。到北宋的时候，原本50卷的《北齐书》只剩下17卷是作者的原文，包括1卷帝纪和16卷列传。其余的部分都是后人根据唐代史家李延寿所撰《北史》抄补修成的。

本书名义上记载的是北齐的历史，但实际上记述的是从高欢起兵到北齐灭亡前后约80年的历史,也就是从北魏分裂前10年左右,到北魏分裂、东魏立国、北齐取代东魏,再到北齐亡国前后的历史史实。本书集中反映了东魏、北齐王朝的盛衰兴亡。

本书成书的时候原名叫《齐书》,后改名为《北齐书》是为了区别于南朝梁萧子显所撰的《齐书》。萧子显所著的《齐书》被称为《南齐书》。

阅读指南

作者本身经历过朝代更迭及由此造成的盛衰变化,这对于他总结政治得失的经验教训是很有利的。比如,作者在本书中集中揭露了以高洋为代表的北齐统治者的淫逸残暴,这应该说是北齐灭亡的教训所在。

原书的17卷中,记载了杜洛周、葛荣、韩木兰、柴览、卢仲延、田龙等数次各族人民起义的史实。这些记载虽稍简略,却是研究东魏、北齐时期有关农民起义的重要史料。这些史料在《北史》中多被删除,更可见其价值的珍贵。

在科学技术方面,本书记载了发明家信都芳和綦母怀文的事迹。也正是通过此书的记载,让我们了解到信都芳是对于算学精通的发明家,据说他为了发明的事经常废寝忘食。

通过本书,我们还知道了炼钢技术的发明在我国已经有了1500年的历史,比欧洲的炼钢法要早一千多年。

此外,本书在学术思想方面也有一定的价值。书中记载了佛、道二教在当时的流传情况,也反映了当时人们对这两种宗教的一些看法。可以说,书中所体现的思想材料是非常宝贵的。例如,书中的《杜弼传》反映邢邵反对佛教唯心主义的论辩,具有理论性质。邢邵继承范缜的唯物主义思想,对佛教生死轮回、灵魂不死等教义进行了批判。他说"人死还生,恐为蛇足",对生死轮回的说法加以否定。他继承东汉桓谭以来用烛与火来比喻形神关系的说法,指出"神之在人,犹光之在烛,烛尽则光穷,人死则神灭"有力地回击了佛教灵魂不灭的谬说。邢邵的思想在中国哲学史上占有一定地位。《北齐书》对此加以记述的意义则不言自明。

《北齐书》对于当时封建统治者的丑事有较多记载,这在唐初同时编写的各史中,是独一无二的。之所以如此,是因为隋唐两朝继承北周,北齐是一个被战败灭亡的割据政权,被认为是"僭伪",隋唐编写北齐史就相对地较少忌讳,同时也借此证明周灭齐是所谓"有道伐无道"。不仅如此,本书记录较多的揭露性内容,也和吸收王劭齐志的记载有关。据史料记载,王劭齐志叙事生动,语言通俗,这两点在本书中也仍旧有所体现。

作者介绍

李百药(565年-648年),字重规,定州安平(今属河北)人,唐朝史学家。其父亲李德林曾任隋内史令,预修国史,撰有《齐史》。隋文帝时代,李百药任东宫学士。隋炀帝时,李百药官至桂州司马,迁建安郡丞。后来,又做了礼部侍郎。此人人品耿直,曾经给唐太宗建言献策取消诸侯,得到了太宗的采纳。李百药还曾受命修订五礼、律令。到了贞观三年(公元629年),李百药奉旨撰写《齐书》,在其父亲所写旧稿的基础上,博采众长,用十年的时间写成了五十卷《齐书》,即后来改名的《北齐书》。

梁书

内容概要

《梁书》共有56卷,其中包括本纪6卷、列传50卷,没有表,也没有志。它主要记述了南朝萧齐末年的政治和萧梁皇朝(502年—557年)50余年的史事。

其中,有26卷的后论署为"陈吏部尚书姚察曰",由此表明这近半数的内容是出自姚察之手。作者撰写《梁书》,一方面继承了其父亲的遗稿,一方面还参考、吸取了梁、陈、隋历朝史家编撰梁史的成果。本书在写作风格上没有用当时流行的骈体文,而是以散文的形式进行记述,这也是该书的一大特点。

阅读指南

《梁书》中的 6 卷帝纪中，有 3 卷记述的都是梁武帝，这有利于全面了解梁朝的史事。历史上，侯景之乱算得上是一件大事，《梁书·侯景传》用长达 18000 字的篇幅详细记载了事件的经过。本书对于"海南诸国"的情况也做了比较详细的记载。这在以前的史书中是没有的。

《梁书》的不少传记里还记载了当时的门阀制度、崇尚佛教等社会特点。

虽然在思想上，《梁书》所值得称道的地方不多，但在对历史变化的看法上，一些观点还是很可取的。作者父子俩都是历经数朝的史学家，见证了梁、陈以至隋、唐历史的盛衰兴替、风云变幻，这些都促使他们进行认真的思考。书中阐述出的人事对于历史变化起着重要作用的观点，应该是他们思考的结果。书中对于政权兴替的解释，虽然使用了一些天意、历数等陈腐的词汇，但还是把落脚点放在了人事与人谋上。

《梁书》中英雄主义色彩相对比较浓烈，书中的观点是英雄创造了一个时代、一段历史。对于新的朝代中文人武士，其身上的才华胆识以及智谋策略也在书中加以赞扬。《梁书》在当时相比神意史观是有一定的进步意义的，但同科学的唯物史观还不能相提并论。

此外，《梁书》中的大量内容涉及阴阳灾异、图谶祥瑞，甚至有一些望气相面、因果报应、神怪异闻等理论，封建迷信意味深重，难免会让人产生腐朽庸俗的感觉。同时，书中宣扬道教、佛教等宗教迷信，也存在多种问题。

不仅如此，在记人记事方面，《梁书》也有颇多问题：时间误差、内容前后矛盾等等。例如《江革传》中讲何敬荣负责选拔人才，但是选拔上来的并不是符合要求的人，而《何敬荣传》中则说他明察秋毫，审时度势，善于选拔人才，非常称职，大肆对其进行赞扬。这样前后矛盾的记载让人不明所以，无所适从。

在行文手法上，《梁书》歪曲事实、避重就轻的痕迹也非常明显，对美好的事情歌功颂德，对坏的事情一带而过。比如像改朝换代这样的重大事件，必然会产生残忍血腥的杀戮，但这种事件却鲜有记载在书中，而对于一些权贵，书中却极力吹捧。与同时代撰写的《南史》相比，《梁书》错误百出的记载实在不能让人信服。

作者介绍

姚察（533年—606年），字伯审，南朝吴兴武康（今浙江杭州西北）人，先后在梁、陈、隋三朝做官，参与修史工作。

在陈朝的时候，姚察就开始撰写梁、陈的史书了，但是没有写成。到了隋文帝开皇九年（589年），姚察又奉旨继续撰写梁、陈朝的历史。据说，姚察"博极坟素，尤善人物，至于姓氏所起，枝叶所分，官职姻聚，兴衰高下，举而论之，无所遗失"。

应该说，在当时门阀风气很盛的时期，史学家所具备的这种学识和修养是很重要的。但是，姚察最终还是没能完成梁、陈二史，就在隋炀帝大业二年（606年）去世了。临终之前，他告诫儿子姚思廉一定要"续成其志"。

姚思廉（557年—637年），他继承了父亲遗志，为父亲守丧期满之后，就上表陈述父亲的遗愿，请求隋炀帝继续修撰二史。待隋炀帝下诏准许后，姚思廉便开始投入到此项工作中，并一直为之努力。唐太宗贞观三年（629年），姚思廉又受诏同秘书监魏徵同撰梁、陈二史。终于，在父亲所留遗稿的基础上，姚思廉进一步采择谢昊、顾野王诸家旧作，经编纂校注，于贞观九年（635年）修成《梁书》和《陈书》。这两部著作除了总论部分为监修魏徵所作之外，其余部分都是姚氏父子几十年心血的结晶。

陈书

内容概要

《陈书》，共有36卷，包括本纪6卷、列传30卷，和《梁书》一样，没有表和志。这部纪传体史书成书于贞观十年（636年），书中记载了从陈武帝即位到陈后主陈叔宝亡国前后33年间的史实。

《陈书》的内容相对简略一些，没有《梁书》那么充实。《陈书》的史料来源中，有一部分是陈朝的国史和姚氏父子所编的旧稿，还有一部分是《永定起居注》8卷，《天嘉起居注》23卷，《天康光大起居注》10卷，《太建起居注》56卷，《至德起居注》四卷等历史材料和他人撰写的史书。

阅读指南

本书无论从内容上，还是文字上，都比《梁书》差一些，这一方面反映了姚氏父子的史学功力不够深厚，另一方面也表明陈朝时期各方面状况处于日薄西山的状态。北宋人说：陈朝的特点就是苟且偷安，它没有什么"风化之美"、"制治之法"可以为后世效仿的。应该说，这句话比较真实地反映了当时的社会状况。

《陈书》中所记载的历史内容中，有一部分还是很有意义的。例如，唐朝的魏徵、宋朝的曾巩、清朝的赵翼都认为《陈书》在记述陈朝"其始之所以兴"、"其终之所以亡"方面，尤其是在揭示陈武帝的"度量恢廓，知人善任"和陈后主的"耽荒为长夜之饮，嬖宠同艳妻之孽"方面，还是有它的历史价值的。另外，《陈书·皇后传》记后主张贵妃干预朝政，"内外宗族，多被引用"；《江总传》记江总位当权宰，不持政务，只是天天同一些人陪着陈后主在后庭游宴，时人把他们称为"狎客"。这为后人了解陈朝末年的政治腐败，提供了生动的材料。

虽说《陈书》在总体上不如《梁书》，但它在编次上却有超过后者的地方，内容、结构等更加严谨、合理。这方面，也是《陈书》值得肯定的地方。

 **作者介绍**

作为史学家的姚察和姚思廉父子二人,都有着较为深厚的文字素养,在史文撰著方面,能够做到文字简洁朴素,力戒追求辞藻的华丽与浮泛。他们都继承了司马迁及班固的文风与笔法,在南朝诸史中是难能可贵的。

魏书

 **内容概要**

《魏书》,共124卷,包括12卷本纪、92卷列传和20卷志。由于部分本纪、列传和志的篇幅过长,又分为上、下卷或者上、中、下3卷,实际上共有130卷。

本书是一部纪传体史书,记载了公元4世纪末至6世纪中叶北魏王朝的历史。同时,《魏书》也是现存的叙述北魏历史最原始和比较完备的资料。书中记载鲜卑拓跋部的早期活动,在一定程度上反映了拓跋部的社会面貌,提供了由氏族、部落到国家发展过程的材料。

本书大部分内容都是根据当时使节和商贩们的记录和口传而写成的,只有第一百卷至第一百三十卷是国内少数民族和外国的列传。内容中,有些含有侮辱性的记载和传闻失实的地方,不过都基本上反映了当时我国东北、西北地区各族与中原地区的密切联系,以及中外经济、文化交流在逐步加强。

阅读指南

《魏书》有一个非常明显的特点,也是它的重要性之所在,即它是我国封建社会历代"正史"中第一部专记少数民族政权史事的著作。过去有一种说法,认为中国古代的史书是记载汉族的历史。

其实，这个看法并不是很妥帖的。自《史记》《汉书》开始，历代"正史"中都有少数民族历史记载的专篇。十六国时，出现了许多记述各个割据政权史事的专书，可惜大部分都失传了。《魏书》记述了我国北方鲜卑族拓跋部从4世纪末叶至6世纪中叶（即北魏道武帝至东魏孝静帝）的历史，内容涉及它的发展兴盛、统一北方、实现封建化和门阀化的过程，以及北魏、东魏与南朝宋、齐、梁三朝关系的历史；《魏书·序纪》还追叙拓跋氏的远祖至二十余代的史事，虽未可尽信，但却大致阐述了拓跋氏的历史渊源。

因此，研读《魏书》，对于认识我国历史是由多民族共同缔造的这一客观事实，必定会有很大的收获。

《魏书》的另一个特点，是它的作者在反映时代特点方面的自觉性。除了它的列传具有比《宋书》更突出的家传色彩以外，值得注意的是它的志。《魏书》的志，新增《官氏志》《释老志》两篇。魏收在《前上十志启》中说，这两篇志所记述的内容是"魏代之急"、"当今之重"。《官氏志》首记官制，后叙姓族，是反映北魏统治封建化、门阀化的重要文献。《释老志》记佛、道二教，以记佛教为主。它叙述了佛教在中国传播的过程，详细记载了它在北魏的兴衰史。重姓族，崇佛教，这正是当时的社会风尚和历史特点。

这两个特点，也可以看作是《魏书》的主要成就。

《魏书》的20卷志内容较为疏略，后世有学者这样批评地形志：貌似高古，然有详所不当详，略所不当略者。实际上，不仅地形志详略失当，其他诸如食货志和官氏志也有不妥之处。

此外，在纪传和志中，《魏书》还载入大量无关紧要的诏令、奏议，使得本书篇幅臃肿。值得一提的是，尽管如此，本书也保存了一些有价值的资料，例如李安世传载请均田疏，张普惠传载论长尺大斗和赋税疏等，这些都有助于人们了解北魏均田制和残酷剥削。

魏收（505年-572年），字伯起，北齐钜鹿下曲阳（今河北晋县西）人，历仕北

魏、东魏、北齐三朝。他15岁已能属文，显露才华。入仕后，曾任太学博士等职。26岁迁散骑侍郎，典起居注，并修国史，兼中书侍郎。在东魏，官至秘书监，兼著作郎，定州大中正。入北齐，任中书令，兼著作郎。

北齐天保二年（551年），魏收正式受命撰魏史。这距离他开始接触有关魏史的工作已有20年的历史了。他的年辈小于温子升、邢劭，而文誉齐名，世称"三才"。温子升死后，他与邢劭是北齐文坛两大派的领袖，"邢赏服沈约而轻任昉，魏爱慕任昉而毁沈约"，"各为朋党"，互相讥评。当时人祖孝徵评论说："任、沈之是非，乃邢、魏之优劣也。"

周书

内容概要

《周书》，共50卷，本纪8卷、列传42卷，记载的不仅仅是西魏及北周皇朝的史事，而且还兼顾了同时代的东魏、北齐、梁与陈等四朝的重大史事。关于帝位的更迭、重大的动乱都有详细的记载，这反映了当时我国历史发展的大势及纷繁的历史事件。

在贞观十年（637年）时，《周书》和《北齐书》《梁书》《陈书》《隋书》同时进呈皇家。

阅读指南

从内容上来说，《周书》所反映出的是当时的历史全貌，这也是本书的一大特点。我们从里面所记载的内容可以看出，这表现在《周书》所记内容兼顾了同时代的东魏与北齐、梁与陈等四朝的重大史事，如帝位更迭、重大动乱，皆一一载明，因而在一定程度上反映了当时全国历史发展的大势及纷繁的历史事件。因此从这个角度来说，《周书》的作者是有着开阔的历史视野的人。

从文字风格上来看，《周书》文笔简洁爽劲，深为后人所赞许。比如《王罴传》记王罴守荆州时与将士同甘共苦的精神，仓促间乃"袒身露髻徒跣"迎击敌人的气概，以及"老罴当道卧，貙子安得过"的决心，都写得简洁有力，人物形象跃然纸上。又如《韦孝宽传》记韦孝宽守玉壁之战，作者把他的机智、胆识和慷慨激昂的精神都写得栩栩如生，读来令人振奋。

另外，由于作者自身的家世及社会地位特殊（主编人令狐德棻的祖父令狐整是北周的大将军），所以其内容中，不但要竭力歌颂宇文政权的骨干人物，所谓"关右旧族"、"八柱国、十二大将军"，而且啧啧叹赏"今之称门阀者，咸推八柱国家"。

《周书》还存在着一定的不足，那就是在收集、考订史料方面也存在着问题。并且在有限的资料范围内，作者所做的考核、修订等工作也相对草率。年月记载有不小的出入，还有一些记事、记年等自相矛盾的地方。

虽然作为资料来说，《周书》存在诸多不完美之处，但这部书对于研究和了解这段历史还是有一定的资料价值的。

作者介绍

令狐德棻（583年—666年），宜州华原（今陕西耀县）人，唐初时就已经很有声望，曾经多次参与官书的编写。在武德五年（622年）时，令狐德棻任秘书丞之职，随后他向唐高祖李渊提出：梁陈和北齐还有记载保存，但由于隋朝末年的战乱，关于周书中要记载的隋朝文献遗缺了很多。现在能够拿到的看到的，还有一些可以凭信的史料。因此令狐德棻建议，修梁、陈、齐、周、隋五朝之史。高祖采纳其意见，并给每一史都委派了主持人。

多年之后，修史这项事业终究未能完成。直到贞观三年（629年），唐太宗李世民又下令修撰梁、陈、齐、周、隋五代史，周史由令狐德棻和秘书郎岑文本负责，德棻又推荐殿中侍御史崔仁师协助。终于在贞观十年的时候将本书编写完毕。

岑文本（595年—645年），字景仁，唐代宰相，南阳棘阳人，祖父名善方，仕萧察，吏部尚书。年少时的他就表现出了聪明明理、博览经史的人格和才学。在岑文本14岁时，其父亲岑之象遭诬入狱，冤不能申。他奔走呼告，为父洗雪。司隶命他作《莲花赋》，他一挥而就，受到赞赏，父亲的冤情也得以洗雪。

隋书

现行的《隋书》共85卷，分成两部分：其一是纪传部分，由唐朝诤臣魏徵主编，成书于唐太宗贞观十年（636年）；其二是史志部分，始修于贞观十五年（641年），成于唐高宗显庆元年（656年），是由长孙无忌监修的。《隋书》是现存最早的隋史专著，也是二十四史中修史水平较高的史籍之一。

阅读指南

首先需要说明，如果单纯从编纂质量来讲，《隋书》是相对较高的。当然，这并不是因为隋朝在各个朝代中有多么优秀，而恰恰是推翻它的唐朝统治者足够杰出，他们集齐了一大批学识渊博之士，如孔颖达、许敬宗、于志宁、颜师古和李淳风等。这些人在当时都是各自领域内的佼佼者，因而具有极大的影响力和权威性。唐朝的主要开创者李世民以学术水平作为衡量标准，不拘一格地起用和聘用各门各类的编纂者，自然让《隋书》的文学和史学质量得到了足够保障。

同时，李世民的开明，也是《隋书》质量较高的原因之一。众所周知，编订史书的朝代，基本都是前朝的推翻者，因而对前朝都会存在不同程度的"抹黑"，以此来美化自己建立的朝代，增强自己的"合法性"。但李世民却是一位开明的君主，他对于历史有足够清醒和客观的认识，对隋朝的态度也比较中和，这就为修史者的工作搭建了难得的"绿色通道"。

《隋书》质量较高的另外一个原因,是其编纂时间距离隋朝灭亡较近,编纂者不仅可以直接访问很多隋朝遗老,甚至本身就曾是隋朝的官员(唐朝基本全盘接收了隋朝的行政编制)。面对如此现成的和一手的资料,史官的工作会大量减少并格外简明,即便有人想要做一些"见不得光"的篡改,也会被当时的政治、社会和文化氛围所不容。

应该说,《隋书》的大部分内容都是直接引自隋朝时期的著作,如隋人王劭所撰的《隋书》八十卷,再如《开皇起居注》也有数十卷。当然,隋朝的历史只有短短20余年,君主不过前后两位(即杨坚和杨广),他们所做的事情都明摆着,这同样是唐朝史官无法做"手脚"的原因。此外,唐朝和隋朝在文化上一脉相承,两个朝代的统治者存在各种亲缘关系,唐朝的皇位又是由隋朝"禅让"而来,这些都为《隋书》质量较高奠定了基础。

事实上,《隋书》在编纂之初,李世民就为其定下了"以史为鉴"的指导思想。这是因为李世民极为重视隋朝灭亡的教训,希望能够总结出一套切实的经验,并借此来避免唐朝重蹈覆辙。为此,李世民特意指派魏徵做《隋书》主编,并且给了他极大的权限和自由。

魏徵是历史上有名的诤臣,他为人刚正不阿,做事泾渭分明,无论对人对己,基本不留回旋余地,这一点也很好地体现在了《隋书》的行文风格上。比如在写到隋炀帝弑父杀兄时,史官秉笔直书,在写到"玄武门之变"时,虽然在笔锋上有所收敛,但基本阐明了李世民杀死兄弟的史实。

《隋书》还有个可贵的地方,就是比起其他同类史书,对传统历史文化中比较隐晦的事情,也较少有回避的地方。比如唐朝的很多大臣,都是从隋朝接收而来,他们基本组成了唐朝的政治体系。但是按照儒家"忠臣不事二主"的观念,这些大臣(包括史官)在品格上都存在变节的嫌疑,因而对于《隋书》的修订而言,最好隐去不谈,但史官在编纂过程中显然是秉笔直书的。

当然,李世明能够做到光明磊落,却难免自己的臣子以权谋私,这也导致《隋书》中出现了一些不足之处。比如书中为房彦谦立了传记,而此人不仅官职卑微,而且德行也不出众，翻遍史书也没有值得称道的事迹，显然有些于情不符。事实上，房彦谦之所以能够在《隋书》中立传，只是因为他生了一个了不起的儿子——房玄龄，也就是唐太宗时期最重要的宰相，同时也是我国历史上有名的贤相。不过，相较于其他大部分史书，《隋书》在这方面的欠缺显然微不足道。

作者介绍

魏徵（580年—643年），字玄成，钜鹿郡（一说在今河北省巨鹿县，一说在今河北省馆陶县）人，唐朝政治家、思想家、文学家和史学家，因直言进谏，辅佐唐太宗共同创建"贞观之治"的大业，被后人称为"一代名相"。

贞观三年（629年），重修五朝史，由魏徵"总知其务"，并主编《隋书》。参与隋书编修的还有颜师古、孔颖达、许敬宗等人。贞观十年（636年），记载隋文帝开皇元年（581年）至隋恭帝义宁二年（618年）共38年历史。《隋书》的帝纪、列传和其他四朝史同时完成，合称"五代史"。

贞观十七年（643年），魏徵病死。官至光禄大夫，封郑国公，谥号"文贞"。魏徵的离去，让李世民伤心不已，他因此废朝五天。魏徵死后，李世民经常对身边的侍臣说："用铜镜可以端正自己的衣冠，以古史作为镜子可以知晓兴衰更替，以人作为镜子可以看清得失。我经常用这样的方式防止自己犯错，但现在魏徵去世，我少了一面镜子。"

南史

内容概要

《南史》共 80 卷,包含 10 卷本纪和 70 卷列传。本纪中含有《宋本纪》3 卷,《齐本纪》2 卷、《梁本纪》3 卷、《陈本纪》2 卷。列传中,除了专传外,还有九种"类传"。本书列传中上起宋武帝刘裕永初元年(420 年),下迄陈后主陈叔宝祯明三年(589 年)。记载南朝宋、齐、梁、陈四国 170 年史事。

《南史》属纪传体断代史,是中国历代官修正史"二十四史"之一。本书的编撰方法按朝代顺序、帝王在位先后,排列各朝帝王、宗室、诸王、大臣等纪传。

阅读指南

《南史》的编纂采取的不是编年体,而是将南朝各史的纪传汇合起来,删繁就简,以便阅读。列传中不同朝代的父子祖孙,均是以家族为单位合为一卷,这为后世人们了解门阀制度盛行的南北朝社会提供了更大的方便。

在本书中,对于各朝的正史多是以删节为主,不过也有应该删除而没有删除的,比如宋、齐、梁、陈四朝受禅前后的九锡文和告天之词等官样文章。还有过于追求简练而导致混乱不确切的,比如把都督某某几州诸军事、某州刺史的官衔,一律省成某某州刺史加都督。也有对原书史文没能很好领会而将重要字句给删掉的。

当然,《南史》中也有沈约《宋书》、萧子显《南齐书》等书中没有记载过的材料。虽然细微琐事较多,而且杂以神怪迷信,不过也不乏有意义的史料。

从文字风格上来说,《南史》文字简明,事增文省,这在史学史上是占据重要地位的。

由于作者自身的局限和时代的局限性,所以《南史》也存在一定的不足之处。比如由于作者突出门阀士族地位,过多采用家传形式等;再比如将不同朝代的一族一姓人物不分年代,集中于一篇中叙述,实际成为大族族谱。除此之外,《南史》中还含有大量的神怪迷信内容,被一些学者批评其甚是荒谬。

 作者介绍

李大师(570年—628年),南朝末期著名历史学家,字君威,相州人。李大师学富五车,对前朝历史颇为熟悉,尤其在评论当代时事上能够针砭时弊。李大师打算以《吴越春秋》为标准,采用编年体,把南北朝时期各朝记事重复、彼此孤立的断代史联系起来,撰写《南史》与《北史》,把南朝和北朝各代的历史,分别记载于这两部史书著作中。但是,后来由于一些因素,导致李大师编撰的计划一度中断。

隋朝末期,以窦建德为首领的农民起义爆发,推翻了隋朝建立起夏政权统治。李大师由于参加了此次起义,被任命为礼部侍郎。后来,李渊对农民起义军等割据势力,用招降和武力消灭两种方式灭了夏朝,建立起唐朝政权,李大师因在前朝为官而被流放到西会(今甘肃境内)州。当他遇到赦免被放回老家,再拿起笔重新从事史书编撰时,已经年迈,身体健康每况愈下。李大师临终之前,因为所撰写的史书没有完成而抱憾终身。此后,史书的编撰任务由李大师四子李延寿继续。

李延寿,史学家,字遐龄,唐代相州(今河南安阳)人。在保存下来的史料中,没有详细记载李延寿的生卒年月,只是推测卒于唐高宗仪凤年间(676年—679年)。李延寿的一生并没有什么显著的作为,尤其是在政治上。但是,他把修史作为他的终身事业,父亲的事业和遗憾,深深地影响着他。

为了实现父亲的遗愿,李延寿用了16年的时间搜集资料,不辱父命,最终独立修成《南史》和《北史》。据记载,李延寿曾先后担任过东宫典膳丞、崇贤馆学士、御史台主簿、兼直国史符玺郎、兼修国史等官,参加过唐代官修史书《隋书》《五代史志》《晋书》和唐朝当代国史的修撰工作。此外,李延寿还独自撰写了30卷的《太宗政典》。

北史

🔘 内容概要

《北史》为《南史》的姐妹篇，是汇集并删节记载北朝历史的《魏书》《北齐书》《周书》而编成的纪传体史书。同时，也参考了当时所见各种杂史，增补了不少材料。这是一个改写、补充和删节的过程，并非一般的抄录可比。

魏本纪5卷、齐本纪3卷、周本纪2卷、隋本纪2卷、列传88卷，共100卷。记述北朝从公元386年到618年，魏、齐（包括东魏）、周（包括西魏）、隋四个封建政权共233年的历史。

🔘 阅读指南

所谓"通史"，就是贯通的历史，连贯地记叙述各个时代的史实，与"断代体史"正好相反。司马迁的《史记》，是完全意义上的"通史"，因为它记载了上自传说中的黄帝，下至汉武帝时代，历时3000多年的史实。在二十四史中，《南史》是记载了宋、齐、梁、陈四个朝代的历史，而《北史》则记载了北魏、东魏、西魏、北齐、北周、隋六个朝代的历史。《南史》和《北史》把南北朝当作一段大的历史背景其中的一个阶段，所以在一定程度上也可以称它们为"通史"。

所谓"纪传体"，是以为人物立传记的方式记述史实。李延寿称，自己撰写的《南史》和《北史》是按照司马迁的《史记》为标准，所以书中采用了"纪传体"的方式，与此同时，《史记》作为通史也影响了《南史》和《北史》的撰写。也就是说，《南史》和《北史》在某种意义上也符合了"通史"的思想和要求，因此获得唐代史学评论家刘知几的赞扬，他把《南史》和《北史》都归于"《史记》"系列。这同时也反映了当时的时代现象，人们已经开始注意到，在"通史"中"通"是很重要的。

在本书中，将其他参考史书中的部分内容删掉，比如删掉皇帝册文、诏令，大臣的奏议、文章等，使得叙述更加紧凑，可读性更强。不过，与此同时，《北史》也删掉了一些重要史实。这是弊的方面。增加的部分，由于多采自杂史中的预言和故事，所以加重了某些史事、人物的神秘色彩，这是弊的方面。

总体来说，作者在撰写本书时，所参考的书籍比较多，因而也增加了很多原来所没有的一些重要史料，扩大了某些人物传记的篇幅，甚至还增写了一些人物传记。

北宋著名的史学家、政治家、文学家司马光，主持编纂了中国历史上第一部编年体通史《资治通鉴》。司马光为人谦恭，刚正不阿，他曾对《南史》、《北史》这样加以评价："叙事简劲，比于南北正史，无繁冗、芜秽之辞"，堪为"近世之佳史"，可见其对于《南史》《北史》称赞有加。司马光认为，继西晋史学家陈寿之后，唯有李延寿方可与之相比。

当然，《南史》《北史》在创作上也并不是没有瑕疵，甚至是缺点。书中用大量笔墨阐述了许多封建主义思想，以及唯心主义的历史观点。例如，在歌颂帝王将相方面，运用一些天象以及修仙道士之说；在污蔑人民起义方面，认为发动起义的人民是违背历史发展的；在宣扬祥瑞灾异方面，发表怪力乱神等荒诞言论。

作者介绍

李延寿，史学家，字遐龄，唐代相州（今河南安阳）人。在保存下来的史料中，没有详细记载李延寿的生卒年月，只是推测卒于唐高宗仪凤年间（676—679年）。李延寿的一生并没有什么显著的作为，尤其是在政治上。但是，他把修史作为他的终身事业，父亲的事业和遗憾，深深地影响着他。

为了实现父亲的遗愿，李延寿用了16年的时间搜集资料，不辱父命，最终独立修成《南史》和《北史》。据记载，李延寿曾先后担任过东宫典膳丞、崇贤馆学士、御史台主簿，兼直国史符玺郎、兼修国史等官，参加过唐代官修史书《隋书》《五代史志》《晋书》和唐朝当代国史的修撰工作。此外，李延寿还独自撰写了30卷的《太宗政典》。

旧唐书

内容概要

《旧唐书》,原名《唐书》,共200卷,包括《本纪》20卷、《志》30卷、《列传》150卷。宋祁、欧阳修等所编著《新唐书》问世后,才改称《旧唐书》,成书于后晋开运二年(945年)。

本纪中,高祖至代宗的内容基本来源于吴兢、韦述等《唐书》帝纪;德宗至文宗,大体围绕相关实录多寡加减、编纂而成,与前半部已有现成帝纪可以直接引用的情况不尽相同;武宗以下,基本上采用的是贾纬《唐年补遗录》六十五卷。

《旧唐书》的"志",基本不是采用唐代实录、国史"旧本",而是以"记礼法之沿革"的各项"专史"为主要史料来源,如《大唐开元礼》《唐六典》《通典》《会要》《续会要》《曲台新礼》《大中统类》以及律令格式等。

列传中的45个周边政权,取材情况与人物传传记不同。概括而言,不只"国史、实录旧本",《通典》、前后《会要》、贾耽《古今郡国县道四夷述》等,都是其重要史料来源。

阅读指南

作为二十四史之一,《旧唐书》是现存最早的系统记录唐代历史的一部史籍,为五代后晋时期官修的纪传体唐史。因此,《旧唐书》名副其实地成为了唐朝的第一手史料。

唐王朝曾经在我国盛极一时,历经了300年的时间,在此期间,战乱曾无数次爆发,对史书的影响可想而知。影响尤为严重的是唐朝末期的安史之乱以及军阀混战等,导致《旧唐书》大面积被损毁,近乎找不到只言片语,幸运的是有唐肃宗时期韦述编纂的国史,可以以此为主要依据。编纂《旧唐书》的时候距离唐朝覆灭只有三十多年,因此许多史料直接从唐朝人那里得知,《旧唐书》使这些难得的第一手史料保存下来是它的一大贡献。

《旧唐书》不仅是唐朝的第一手史料，有些记载甚至是当时人们的直接叙述，因此更显难能可贵。比如"今上践祚"、"上即位"、"上初嗣位"等语句，就是从当时的国史直录下来的。一些列传也采用了当时唐朝人的写作手法，这些家族传记，往往是唐代的名家世家所写，其文采以及写作手法的特色当然别具一格。

在研究我国土地制度、赋税制度等方面，《旧唐书》也是一部权威的查阅资料。尤其是唐朝的均田制、租庸调制和两税法：均田制是土地分配制度，即土地为国有；租庸调制是一种租税制度，唐朝的租庸调制规定，成年男子每年向官府交纳定量的谷物，交纳定量的绢或者布，在服徭役的期限内，如果不去服役的也可以交纳绢或者布来代役。这两种制度在《旧唐书》中均有翔实体现。

在内容记录方面，《旧唐书》也涉及全面，取材广泛。众所周知，唐朝是一个多民族的融合体，这也是其繁荣强盛的重要原因。在《旧唐书》中，记载了大量有关唐朝和边疆少数民族交往的历史，而且程度极为频繁和亲密，包括突厥、回纥、吐蕃、契丹等。比如，文成公主和松赞干布联姻，就是唐朝统治者加强与边疆少数民族联系的经典史实。

此外，唐朝与邻国日本、朝鲜和印度的密切关系，《旧唐书》也有较为详细的记载。值得一提的是，相较于其他同类书籍，《旧唐书》显然要权威得多，只是因为它所记录的史实比较可靠。

作者介绍

刘昫（887年—946年），字耀远，涿州归义（今属河北雄县）人，五代时期历史学家，后晋政治家。后唐庄宗时任太常博士、翰林学士。后晋时，官至司空、平章事。后晋出帝开运二年（945年）受命监修国史、负责编纂《旧唐书》，是二十四史之一。

新唐书

内容概要

《新唐书》是一部记载唐朝历史的纪传体断代史书,"二十四史"之一。全书共有225卷,其中包括本纪10卷,志50卷,表15卷,列传150卷。

《新唐书》对《志》十分重视,在体例上第一次写出了《兵志》《选举志》,系统论述唐代府兵等军事制度和科举制度。这是我国正史体裁史书的一大开创,为以后《宋史》等所沿袭。

另外,本书的《天文志》和《历志》篇幅超过《旧唐书》三倍,新《志》载有文武百官的俸禄制度,为旧《志》所无。又有屯田、边镇、和籴等,皆旧《志》所无。《新唐书》也恢复立《表》,立了《宰相表》《方镇表》《宗室世系表》《宰相世系表》,历代官修正史《表》多缺略。

阅读指南

由于作者们的文字表述功底深厚,所以《新唐书》由这些人主笔,自然文采粲然,体例严谨。

《新唐书》相比《旧唐书》而言,体例上要更加规范一些,笔法上更加有文采,风格上更加严谨。例如,《旧唐书》中很多文字,由于当时转抄国史、唐实录等资料痕迹没能抹掉,出现了"大唐"、"本朝"、"今上"等字样,这些字在《新唐书》中都已经被删掉并加以修饰了。后世人在分析时认为,《旧唐书》的撰写时间仓促,因此许多文字运用的没有那么精准。

在内容归纳整理方面,《新唐书》的作者们也费了很大一番力气。在列传的标名上,《新唐书》将少数民族在朝为官的将领归纳到"诸夷蕃将传"中,将所有割据的藩镇也整理到一起写。这样,对阅读者来说,不仅查阅资料更方便,内容也更清晰一些。

思想上,《新唐书》封建正统思想要更胜《旧唐书》,在书中也多有体现。例如,隋末和唐末的农民起义，作者对其行为大肆贬斥，言辞激烈，甚至有些词语极为恶毒："獍毛而奋"、"磨牙摇毒"、"孽气腥焰"等等。对武则天的评论，则是"弑君篡国之主"，并称撰写关于武则天的历史，其目的是为了写下她曾犯下的大恶，以便日后清算。由此可以看出，《新唐书》的封建正统思想还是比较严重的。

从写法上来看，《新唐书》也有不及《旧唐书》的地方。例如有的《本纪》《列传》太过简略，甚至有些砍削显得没有道理。有人统计，《新唐书》本纪较旧书几乎减去十分之六七。《旧唐书·本纪》部分近30万字，到《新唐书》仅剩下9万字，而《哀帝本纪》旧书约13000字，新书只剩千字左右。这种过简的写法，使《新唐书》失去了许多重要史料。又由于苛求文字精练，作者不惜删去许多重要情节，如《旧唐书》里写得十分生动、极为悲壮的《封常清传》《高仙芝传》，到《新唐书》则因为删减过多而显得索然无味。

作者介绍

《新唐书》主要由宋祁、欧阳修等人编撰而成。欧阳修是北宋一代文宗，著名文学家。宋祁及其兄宋庠，在当时有"二宋"之称，宋人《东轩笔录》说宋祁"博学能文，天资蕴籍"；欧阳修为"唐宋八大家"之一，散文为其特长。

参加编撰《新唐书》的其他作者也都是北宋时期文学及史学方面的名家高手。宋仁宗嘉祐年间曾公亮《进新唐书表》中所列之范镇、王畴、宋敏求、刘羲叟等，都是当时文坛知名人物。范镇曾为翰林学士，文笔流畅，有《东斋纪事》等百余卷流传于世。王畴文辞严丽，一向为世所称。宋敏求为北宋一代掌故大家，富于藏书，曾编《唐大诏令集》和《长安志》，对唐史十分熟悉。刘羲叟是著名天文学家，后来曾助司马光编《资治通鉴》。

宋、欧等人在修《新唐书》时，态度也很认真。欧阳修负责《本纪》《志》《表》部分，撰稿六七年。宋祁负责的《列传》部分时间更长，前后长达十余年。他曾一度为亳州太守，"出入内外"把这部稿子随身携带。在任成都知府时，每天晚宴过后，闭门垂帘燃烛，几乎都要著作到深夜。这种认真谨严的态度，使《新唐书》在不少方面的确胜过《旧唐书》。

旧五代史

内容概要

《旧五代史》,原名《五代史》,也被称为《梁唐晋汉周书》。本书记录的是"五代十国"时期的历史。五代指的是中原地区相继出现的后梁、后唐、后晋、后汉、后周等五代王朝,十国指的是中原以外存在过的吴、南唐、吴越、楚、闽、南汉、前蜀、后蜀、南平、北汉等十个小国。另外,还包括周边地区的契丹、吐蕃、渤海、党项、南诏、于阗、东丹等少数民族建立的政权。

《旧五代史》是一部编年体史书,书中以中原王朝的历史发展为中心,以十国的兴盛衰败、周边少数民族跌宕起伏的事迹为线索,叙述明朗,条理清晰地记载了这段历史。而对于南方和北汉十国,以及契丹、吐蕃等少数民族,则收录在其他历史资料中。因此,《旧五代史》被称为当时五代十国各民族发展的一部断代史。

《旧五代史》全书共150卷,纪61,志12,传77。其中,五代各自为《书》,《梁书》《唐书》《晋书》《汉书》《周书》,据后世统计,这些书各有10余卷至50卷不等。五代典章制度的通史称为《志》,记述十国政权割据的历史则被收录在《杂传》中。

阅读指南

《旧五代史》取材丰富广泛,内容比较全面,难能可贵的是其保存下来了许多有意义的历史记录。例如,散失已久的诏令和当时人们写的一些"行状"、墓志铭等,这些记载为以后的人物传记提供了很翔实的资料。

《旧五代史》的编成,对当时以及后世的文人和史学家都具有一定的意义,而且被取材甚多。其中,包括北宋史学家司马光,他撰写《资治通鉴》时就引用其中一部分内容;后来胡三省撰写《通鉴注》时也从中摘选一些资料;甚至包括像北宋文坛名家沈括、洪迈等人的著作也采用《旧五代史》中的记载。

宋太祖开宝六年，当时南方诸国还没有覆灭，因此《旧五代史》中的许多编者对南方史事颇为熟悉，这也是为什么说此书是有关十国历史的第一手资料的原因。直到后来明清之时，还有许多史学家在编纂史书时还找来《旧五代史》借鉴，这不仅说明了《旧五代史》记载内容的权威性，同时也体现了关于南方十国历史资料的可贵性。

当然，除了上述有价值的所在之外，《旧五代史》也有不少缺点。其中最主要的是因为成书太过仓促，因而来不及对史料加以慎重的鉴别，有的照抄五代时期的实录，以至于把当时人明显为了某种政治目的而歪曲史实和溢美人物的不实之词录入书中。如对后唐的权臣张全义，传中就大肆赞美他的治洛（阳）的功勋，而讳言其大量丑行。而这些丑闻在后来宋人王禹偁写的《五代史阙文》中揭露甚多。

作者介绍

薛居正（912年—981年），字子平，开封浚仪（今河南开封）人，北宋名臣、史学家。先后担任过左仆射、昭文馆大学士、司空、太尉、中书令等职。其养子薛惟吉将他生前的作品收集成册，帝赐名《文惠集》，至今早已流失了。咸平二年，诏配飨太祖庙庭。

卢多逊（934年—985年），河南怀州（今河南沁阳）人。博涉经史，聪明强记。五代后周显德初年进士。北宋开宝元年冬，充翰林学士，奉敕与尚药奉御刘翰等纂修《开宝本草》。太平兴国初，拜中书侍郎、平章事，后任兵部尚书。

开宝六年（973年），由薛居正监修，卢多逊、扈蒙等受命修《五代史》。《五代史》成，又名《梁唐晋汉周书》。后世为别于欧阳修所著《新五代史》，改作《旧五代史》。

新五代史

内容概要

《新五代史》,原名《五代史记》,是北宋设馆修史以后唯一的私修正史。后世人们为了和薛居正等官修的五代史区分开来,所以将其命名为《新五代史》。全书共74卷,本纪12卷、列传45卷、考3卷、世家及年谱11卷、四夷附录3卷。记载了自后梁开平元年(907年)至后周显德七年(960年)共53年的历史。《新五代史》撰写时,增加了《旧五代史》所未能见到的史料,如《五代会要》、《五代史补》等,因此内容更加翔实。但《新五代史》对旧"志"部分大加删削,则不足为训,故史料价值比《旧五代史》要略逊一筹。

阅读指南

《新五代史》在编撰风格上相较于《旧五代史》有很大不同,《新五代史》并没有以朝代为界限,而是把五代的本纪、列传整合到一起,按照时间的先后顺序进行编排。而《旧五代史》在编撰体例方面,《梁书》《唐书》《晋书》《汉书》《周书》等各成体系,一朝一史,中规中矩。此外,《新五代史》把列传分为多种类别的传记,《旧五代史》并没有分类编排列传。

在内容上,《新五代史》补充了一些《旧五代史》中没有的史实记录。欧阳修在编写《新五代史》时,看到了当时以及在《旧五代史》之后发生的一些历史事件,因此通过小说、笔记等文体记载下来编成资料。例如,在人物传记方面,补充一些事实,或者在内容相对枯燥的地方插入比较生动的情节,并能够透过小事情预见大道理,使读者能够更深入地了解五代时期的历史经过。由此可见,在历史资料方面《新五代史》是可以和《旧五代史》互为补充的。

当然,《新五代史》也有一些不足的地方。在史料价值方面,编者欧阳修对书中大部分有意义的历史纪实进行删繁就简,有些地方甚至变为空白,直接导致了后世学者在查阅历史资料时的困惑。有些具体记载，欧阳修在编写时也改成了笼统的概述，在对《旧五代史》中"志"的修改时，对其进行大肆砍削。因此在如实还原历史的层次上，《旧五代史》要比《新五代史》更权威一些。

让人感到欣慰的是，欧阳修在缩短《新五代史》大部分纪实之后，又采用了其他的文体，例如实录以外的笔记、小说等素材，重新为《新五代史》增添了一些史料。其中，增加较多的当属《十国世家》。在列传人物补充方面，欧阳修也采用了新的材料，既补充了事实，又可以使文章变得生动，内容更加丰富一些。同时，也增加了关于少数民族的一些记载，根据胡峤《陷虏记》，详细地介绍了关于契丹的历史风貌。

此外，欧阳修对所采用的史料进行了细致的考辨，订正了《旧五代史》和其他史籍的不少错误。由于《旧五代史》已非原帙，残缺不全，《新五代史》特有的价值就更不应小觑。

《新五代史》仿《春秋》笔法，用不同的字句表现微言大义，个人好恶往往影响了史实的记述，终于招致了后人的批评。但是，欧阳修是宋代著名的文学大家，古文运动的领导者和集大成者，所以《新五代史》文笔简洁，叙事生动，当时人就认为它的笔力与《史记》不相上下。《新五代史》的文笔之出色，的确在二十四史中是罕见的。

作者介绍

欧阳修（1007年—1072年），字永叔，号醉翁、六一居士，吉州吉水（今属江西）人，北宋文学家、史学家，官馆阁校勘。庆历年间担任谏官，从政治主张上，他支持范仲淹，要求在政治上有所改良，但被诬贬知滁州。官至翰林学士、枢密副使、参知政事。

欧阳修还是北宋古文运动的领袖，为唐宋八大家之一，也是著名的史学家，奉命和宋祁领衔编撰《新唐书》。崇儒复古是他的政治主张，也是他修史的指导思想。

宋史

内容概要

《宋史》是二十四史之一，收录于《四库全书》史部正史类。全书《本纪》47卷，《志》162卷，《表》32卷，《列传》255卷，共456卷，是中国二十四史中最庞大的一部史书。

《宋史》约500万字，是二十四史中篇幅最庞大的一部官修史书。其卷帙浩繁，共记述了2000多人的列传，比《旧唐书》列传多出1倍，《周三臣传》将韩通、李筠、李重进同列，横跨五代至宋初，弥补过去新旧五代史之不足。

《志》共有十五志（天文、五行、律历、地理、河渠、礼、乐、仪卫、舆服、选举、职官、食货、兵、刑、艺文），约占全书三分之一，仅次于《列传》，分量在二十四史中也是独一无二的，《职官志》详细地记述了宋朝从中央到地方各级官僚机构的组织情况，《食货志》《兵志》亦编得好，叙述之详，为二十四史中所仅见。《食货志》14卷，相当于《旧唐书·食货志》的7倍。

根据宋朝的情况，《宋史》还有《奸臣》4卷、《叛臣》3卷，为蔡京、黄潜善、秦桧、张邦昌、刘豫等所作的传记；另有《道学》4卷，为周敦颐、程颢、程颐、张载、朱熹等道学人物所作的传记。

阅读指南

由于两宋时期经济繁荣，文化艺术活跃，加之雕版印刷盛行，所以编写的史书便于刊布流传。随着科举制度的发展，庞大的文冠群得以形成，这些俸禄优厚的官员们，有着很好的著述条件。此外，还有统治者对修撰本朝历史的重视，更加使得宋代史学发达起来。

宋史对于宋代的政治、经济、军事、文化、民族关系、典章制度以及活动在这一历史时期的许多人物都做了较为详尽的记载，是研究两宋300多年历史的基本史料。

例如，从《宋史·食货志》中，不仅可以看到两宋社会经济发展的概况和我国各民族、各地区之间经济联系的加强，还可以看到宋代高度发展的精神与物质文明。天文志、律历志、五行志等，保存了许多天文气象资料、科学数据以及关于地震等自然灾害的丰富史料。

《宋史》尽管疏漏较多，但仍保存了不少已失散的原始资料，是了解和研究两宋历史的重要史书。在现存的宋代重要史料中，唯有《宋史》贯通北宋与南宋，保存了320年间的大量历史记录，很多史实都是其他书中所不载的。

《宋史》的最大缺点是比较粗糙。由于成书时间短，只用了短短两年零七个月，而且时值元朝濒临崩溃的前夕，因此编纂得比较草率。

另外，《宋史》否定王安石变法，尊崇道学，将变法派吕惠卿、曾布、章惇等人列入奸臣传，南宋权奸史弥远祸国殃民，却未被列入奸臣传。这也反映了元朝史官认识问题的局限性。

作者介绍

脱脱（1314年—1355年），也被叫作托克托，或者脱脱帖木儿，蔑里乞氏，字大用。元朝元统二年（1334年），脱脱任同知宣政院事，迁中政使、同知枢密院事、御史大夫、中书右丞相。至正一年（1341年）脱脱为相，大改伯颜旧政，复科举取士。至正三年（即1343年），脱脱主编《辽史》《宋史》《金史》，任都总裁官。

阿尔拉·阿鲁图（生卒年待考），蒙古族，蒙古阿儿剌部人。元朝末期重臣。至正四年（1344年）农历五月脱脱因病辞职后，由阿尔拉·阿鲁图继任中书右丞相。

阿尔拉·阿鲁图继脱脱之后，主持了纂修辽、金、宋三史，颁《至正条格》等工作，特别是三史中的《宋史》部分，是由阿尔拉·阿鲁图主持的。

辽史

内容概要

《辽史》，编撰作者为元脱脱等人，是"二十四史"之一的纪传体史书，由中国元代官吏经1年修成。《辽史》记载的是辽朝的历史，辽朝是10世纪至12世纪前期契丹族在我国北部、东北部以至西北部辽阔地区建立的强大王朝。

《辽史》共116卷，包括本纪30卷，志32卷，表8卷，列传45卷，以及国语解1卷。记载上自辽太祖耶律阿保机，下至辽天祚帝耶律延禧的辽朝历史（907年—1125年），兼及耶律大石所建立之西辽历史。

阅读指南

在文体上，《辽史》大部分采用了列表的形式记载，共有8个列表。其他史书中，《史记》共有10表，《汉书》共有8表。采用列表的文体，能够在一定程度上减少立传的烦琐，省去了许多篇幅，同时也能够弥补纪、志、传记载的不足。在创新方面，《游幸》《部族》《属国》等运用多种行文手法。当然，列表里记载的材料难免与纪、志、传中的重复，但列表弥补了《辽史》过于简略的缺点，使后世读者对当时各个少数民族，各属国，以及与辽朝的关系往来，能够条理清晰，一目了然。

《辽史》记载内容丰富详细，尤其是在新创的《营卫志》等志书中，系统地记录了关于契丹的营卫情况，以及各民族部落的建置和分布。《辽史》把《兵志》改为了《兵卫志》，具体地记述了辽朝的军事组织情况，包括五京乡丁、属国军、边境戍兵、大首领部族军、众部族军、御帐亲军、宫卫骑军等。《营卫志》和《兵卫志》很直观地反映了辽朝的政治、军事和民族情况。

此外，《辽史》也对记载的部分内容加以注释，例如书中用契丹语记载的官制、宫卫、部族、地名等，《国语解》一卷中全部将这些文字清晰注释，为后世学者阅读《辽史》提供不少方便。有些出现音译错误的地方，后经过清代作者修改后更正过来。

当然，《辽史》也并不是没有缺点，由于《辽史》只用1年时间就成书，时间仓促，而取材范围又相对狭窄，导致了一些问题的出现。

首先，行文过于简略，许多撰写历史时不能缺少的内容在书中并没有体现。辽朝建国之后曾先后改变国号，由最开始的契丹，改为后来的大辽，再到大契丹，最后又复称大辽。这样的重大史实，书中并没有如实反映。

其次，记载内容前后冲突。《太祖记》中记载："天赞三年，获甘州回鹘都督毕离遏，因遣使谕其主乌母主可汗。"而《属国表》记载的也是同一事件，结果却说成是"天赞三年，获甘州回鹘都督乌母主可汗。"让人不明所以。

再者，史实不清。前后重复、史实错误、缺漏和自相矛盾之处很多。甚至把一件事当成两件事，一个人当成两个人或三个人。这种混乱现象在二十四史中是很突出的。

虽然《辽史》不乏缺陷之处，但作为现存唯一的一部比较系统、完整地记载辽朝历史事实的著作，其珍贵和重要性是不言而喻的。而且《辽史》保存了许多由耶律俨的《辽实录》和陈大任的《辽史》二书所记载的材料，因而其史料价值还是比较高的。

由于耶律俨实录和陈大任辽史都已失传，元修辽史成了现存唯一的一部比较系统、完整地记载辽的官修史书。它提供了一些研究当时阶级斗争、生产斗争、民族关系等问题的材料。

作者介绍

《辽史》是由铁木儿塔识、贺惟一、张世岩、欧阳玄、揭傒斯、吕思诚等人担任总裁官，由廉惠山海牙、王沂、徐昺、陈绎曾等4人分别执笔撰写而成。

元世祖中统二年（1261年）七月，原来金朝的状元，当时担任翰林院学士承旨的王鹗向元世祖忽必烈建议修辽、金二史，忽必烈接受了这一建议，但因军事繁忙，时局未稳，没能实行。

到了至元元年（1264年），王鹗再次提出修辽、金二史的建议，当时的元翰林国史院也建立了起来，但这一次还是没有付诸行动。之后仁宗延祐、文宗天历曾多次诏修辽、宋、金三史，都因正统问题的争论未决，所以都没能成功。直到元顺帝至正三年三月（1343年），在右丞相脱脱、平章也先帖木儿、铁睦尔达世、右丞太平、参议长仙、郎中孛里不花、员外郎老老等人的奏请下，诏修辽、金、宋三史，在君臣同心，而且由脱脱裁定三史各为正统、从而在彻底解决正统、义例问题的前提下，《辽史》才最后纂修成功。

金史

内容概要

《金史》为二十四史之一，是反映女真族所建金朝的兴衰始末的重要史籍。全书135卷，其中本纪19卷，志39卷，表4卷，列传73卷。

本书记载了上起金太祖完颜阿骨打出生（1068年），下至金哀宗天兴三年（1234年）蒙古灭金，共166年的历史。历代对《金史》的评价很高，认为它不仅超过了《宋史》《辽史》，也比《元史》高出一筹。

阅读指南

金朝是中国历史上女真族建立的北方政权，开始于公元1115年，结束于公元1234年。《金史》，顾名思义是记载金朝发展的历史，后世学者们认为，《金史》是宋、辽、金三史中编撰得最好的一部，主要参与撰写的作者有沙剌班、王理、伯颜、赵时敏、费著、商企翁，铁木尔塔识、张起岩、欧阳玄、王沂、杨宗瑞等。

由于原有的底稿保存的比较好，再加上金朝注重史书的编撰工作等，《金史》在二十四史中虽然算不上是上乘之作，不能和《史记》、《三国志》等相比较，但历史评价《金史》的撰写皆是赞扬，认为《金史》不但超过了《宋史》《辽史》，还比《元史》高出一筹。

首先，在编纂体例和内容方面，《金史》便有许多超越之前史书的独特之处。例如，《金史》保存了许多珍贵的资料，其中记载了大量女真族早期的历史，这些资料都被后世所珍藏；同时，《金史》记载了金朝建国之后长达120年的历史，包括女真族建国前的一些历史事件，并且专门将金太祖的生平事迹撰写进去，资料详细，内容确实。在各《本纪》的末尾，《金史》均设立了《世纪补》一篇，专门记述了一些未曾即位称帝，但是却被后代追认的几位皇帝的事迹，为后代修史者所继承。

《金史》在书中最后还专门设立了《金国语解》一篇，用于标注书中的女真语称谓，用汉语标出了一些官称、人事、物象、姓氏等等并加以注释，为后人阅读史书时提供了许多方便，是参照释读《金史》及研究女真语言文字的重要资料。此外，《金史》还以编年体表格的方式记述了金朝与邻国的和战及来往关系，形式和内容都相对新颖。

其次，在记述和史料剪裁方面，《金史》处理也恰到好处。关于重要历史事件、人物和需要详细介绍的地方，书中一般都记载比较全面，因此能够还原出其历史全貌，从而避免了像《宋史》那样详略分配不均、比例严重失调的现象。《金史》在记述历史事实上也比较客观审慎，因而，其真实性是比较可靠的。值得一提的是本书的表和志，由于保存了大量的第一手材料供作者撰写，从而《金史》将金朝的典章制度比较系统、全面地记载下来。

再次，在史料内容的真实性上，《金史》的编撰是以"实录"为依据，因此权威可信。书中具体地介绍了金朝与辽的往来和征战，金朝统治者对辽所采用的一些策略计谋，以及金朝统治阶级内部的互相倾轧、残暴、荒淫，在《金史》中都能够充分地体现。

当然，《金史》在编撰时也多有漏洞和错误。例如金朝建国初期的时候，帮助完颜阿骨打出谋划策的渤海人杨朴，此人是完颜阿骨打身边的重要谋臣，在建国之初，许多改革的制度，都是杨朴帮其谋划的。但是，这样重大的事件以及如此重要的人物，《金史》中却只字未提，后世学者分析，可能是完颜阿骨打不愿将称帝开创金朝的事情，说成是别人的主意。同时，有的重要人物没有列传，甚至没有关于他们的记载。还有一些重要的事情，《金史》中也没有记载。此外，《金史》中列传的人名比较杂乱无序，有许多一人多名和译名不一的记载。

 作者介绍

至正三年（1343年），《辽》《金》《宋》三史分别撰修。翌年（1344年）十一月，《金史》告成，前后用了不到一年的时间。本书是由元朝脱脱等主持编修的。

脱脱（1314年—1355年），亦作托克托，亦作脱脱帖木儿，蔑里乞氏，字大用。元朝元统二年（1334年），脱脱任同知宣政院事，迁中政使、同知枢密院事、御史大夫、中书右丞相。至正一年（1341年）脱脱为相，大改伯颜旧政，复科举取士。至正三年（即1343年），脱脱主编《辽史》《宋史》《金史》，任都总裁官。

元史

 内容概要

《元史》是一部纪传体断代史，系统地记载了元朝兴亡的过程，《元史》成书于明朝初年。全书共210卷，其中包括本纪47卷、志58卷、表8卷、列传97卷。《元史》是最早的全面、系统记录元代历史的著作。

在篇幅上，记载关于元世祖忽必烈的《世祖本纪》所用笔墨最多，记录在《元史》的本纪中，占本纪篇幅的三分之一，有14卷之多；其次是记录10卷的《顺帝本纪》。由于元世祖忽必烈和元顺帝在位时间都长达30多年，因此保存下来的材料非常丰富，对他们的记载也相对详细一些。

在史料价值上，《元史》的志书，对元朝的典章制度作了比较全面详细的记述，同时保存了大批珍贵的史料。其中，《天文志》的创作是继承了元代著名的天文学家、数学家、水利专家郭守敬的研究成果。《历志》是取材于《授时历议》和《授时

历经》，这两本书分别出自于元代历算家李谦和郭守敬。《地理志》的记载是根据《大元一统志》，《河渠志》则根据《海运纪原》《河防通议》中的内容。《元史》保存了《大元一统志》等书中散失全部内容，因此其历史价值就更为可贵。

《元史》的列传中共有14种类传，其中大部分类传都是仿照以往的史书，并无多大创新，只有《释老》摒弃了之前的风格，有所突破。《释老》记载的是关于宗教方面的内容，书中详细阐述了宗教在元朝的地位和发展情况。类传中封建思想意味深重，尤以《儒学》《列女》《孝友》《忠义》为代表。

阅读指南

《元史》由于编修时间仓促，而且出于众手，使它不可避免地存在许多不足之处，历来就遭到学者们的非难。

另外，《元史》的编修者违反一般的修史惯例，把一些儒家学者认为不值一提的史实也记入《元史》。如本纪中记载作佛事，礼乐志中记载游皇城，列传则把佛教、道教人物排在最前面，其次是方伎传。这些内容虽有悖惯例，但恰恰反映了元代真实的社会情况，对研究金朝、元朝时期宗教，尤其是道教各流派的情况提供了重要资料。

作为研究元代历史的史料来看，《元史》比其他某些正史的史料价值更高。它仍是我们今天了解、研究元代历史的极其珍贵的文献。它是最早的全面、系统记述元代历史的著作。

作者介绍

宋濂（1310年—1381年），名寿，字景濂。从小身体就不太好，经常生病，而且家境又十分贫寒，所以宋濂的童年生活并不顺利。但是，宋濂聪敏好学，被周围人们称为"神童"。明朝初年，宋濂受到朱元璋的礼聘，被尊为"五经"师，为太子朱标讲经。洪武二年（1369年），宋濂奉命主修《元史》。他的官职从翰林学士承旨到知制诰，为朝廷礼仪的制定做出了贡献。洪武十年（1377年），宋濂以年老为由辞官还乡，后被长孙宋慎牵连胡惟庸案而被流放茂州，途中于夔州病逝，享年72岁。明武宗时追谥文宪，故称"宋文宪"。

明史

《明史》是二十四史最后一部,共332卷,包括本纪24卷,志75卷,列传220卷,表13卷。本书的卷数在二十四史中仅次于《宋史》。其修纂时间之久、用力之勤则是大大超过了以前诸史。

作为一部纪传体断代史,《明史》记载的是自朱元璋洪武元年(1368年)至朱由检崇祯十七年(1644年)200多年的历史。

经过三次修改稿件,耗费几十年的时间,《明史》终于修撰完毕。这样一部花费较大心血的著作,确实有不少长处。首先,它体例严谨,叙事清晰,文字简明,编排得当。史评家赵翼在《廿二史札记》中,曾将辽、宋、金、元诸史和《明史》作了比较,认为"未有如《明史》之完善者"。其次,《明史》的史料较为丰富。当时可信的第一手史料很多,除一套完整的明朝各帝"实录"而外,尚有邸报、方志、文集等。

本书的作者们为李自成、张献忠等义军头领立传时称其为"流贼",这表明他们完全是从当时社会执政者的视角来记载的。同时,他们也为统治者总结了经验:"至于亡明,剿抚之失,足为炯鉴。"不过,这在客观上也为后人保存了明末农民战争的某些可靠史料。

比如,列传中的《土司传》,专门记述了西南少数民族的情况,把湖广、四川、云南、贵州、广西这五个土司传分别撰写。我国少数民族的历史,大多部分要追溯到明朝初年,因此,《土司传》中的内容保存了许多少数民族的历史情况,成为了比较珍贵的第一手资料。

除此之外,《明史》的其他部分篇章,也有大量保存,为后人研究明朝发展史提供可靠依据。例如，《刑法志》中详细地叙述了明代的特务机构厂卫等情况。

《明史》设计新颖独到，全书以本纪作为纲领，叙述方式言简意赅，行文上也没有拖泥带水的痕迹，因而使阅读者能够一目了然，便于掌握明代历史的概况。相比其他史书在本纪的叙述上烦琐冗长，《明史》的优点要更突出一些，这也正是《明史》在整体的编撰和安排上的用心之处。

《明史》尊重史实，许多朝代的史书都是以官定史论为依据，《明史》则不以为然，因此本纪成为了书中的一大亮点。例如，建文帝的年号在成祖夺位后被废除，《明史》中记载的，后四年就是元、二、三及洪武三十五年，如实记录，附在《明太祖实录》之后。

《明史》作为中国二十四史之一，后世史学家以及读者多有称赞，认为《明史》是一部水平较高的史书。总体来看，《明史》取材可靠、编纂得体，虽然是一部学术专著，文风朴实，没有华丽的辞藻来修饰，但是因其内容充实，裁剪得当，使读者趣味盎然。这些都能够反映出编者对史料的考订、史料的运用、对史事的贯通、对语言的驾驭能力都达到较高的水平。

作者介绍

张廷玉（1672年—1755年），字衡臣，号砚斋，安徽桐城人。清康熙时期担任刑部左侍郎一职，到了雍正帝时又担任了礼部尚书和户部尚书等职。康熙末年，由于朝廷整治吏治，并完善军机制度，张廷玉又先后担任了《亲征平定朔北方略》纂修官、《省方盛典》《圣祖实录》副总裁官及《明史》《四朝国史》《大清会典》《世宗实录》的总裁官等职。去世之后，赐谥号"文和"，配享太庙，是整个清朝唯一一个配享太庙的汉臣。

清史稿

《清史稿》全书共 536 卷,其中含有本纪 25 卷,志 142 卷,表 53 卷,列传 316 卷。本书是以纪传为中心的一部记载清朝正史的著作。书中所记录的事,上自 1616 年清太祖努尔哈赤在赫图阿拉建国称汗,下至 1911 年清朝灭亡,共 296 年历史。

《清史稿》中,汇集了比较丰富的清史资料。这主要是由于清朝灭亡时,清廷档案、私家著述和文化典籍等都有比较完好的保存,所以为《清史稿》的编写提供了较为充足的原始资料。

据史料记载,《清史稿》取材"以实录为主,兼采国史旧志及本传,而参以各种记载,与夫征访所得,务求传信。"由此也可以证明,《清史稿》集中并系统地整理了当时的史料,为后人研究清代历史积累了丰富的素材。

从体例上来看,《清史稿》在取法于《明史》的基础上又有所创新。以前史书中没有的部分内容,都可以在《清史稿》中看到。例如,在书中的本纪部分,皇帝的军国大事都被逐年记载下来,而且也创造了一个新的格局;在书中的各志、表中,详细地记录了各方面活动如天文、地理、礼乐、选举、艺文、食货及皇子、公主、外戚、封臣等,另外,新修的交通志、邦交志及表中的军机大臣、理藩院等也被收录在其中。

《清史稿》中还有一些值得称赞的地方,在各个列传中,为了反映清代社会的新发展、新气象,书中创立了畴人、藩部、属国三传。与此同时,对于一些曾经与清廷抗衡的人物如张煌言、郑成功、李定国、洪秀全等,《清史稿》的编者都为其列了传。

但是,《清史稿》中也有很多不足的地方,书中倾向性错误比较明显。后世学者分析认为，主要是由于参与修书的人大多数是清朝的"遗臣"，因此书中极力反对民主革命，以清朝政府为正统。例如，参加农民起义的起义军被污蔑为"土贼"，太平军被称为"粤匪"，而辛亥革命则被认为是"倡乱"。但是书中却对帝国主义侵华的罪行，以及清朝统治者的腐朽和反动行径避而不谈，包庇性显而易见。

《清史稿》的编撰者们统统立场明确地站在清朝这一边，对辛亥革命持反对态度，所以对清末革命活动涉及甚少，要么写一点，要么干脆不写，比如兴中会、同盟会的成立、民报的出版、辛亥前的起义活动，在本书中几乎全都没有记载，让人看不出清朝是怎样被推翻的。

同时，由于《清史稿》是由多人编撰而成的，在编写的过程中彼此之间缺少照应，更由于当时时局动荡，成书比较仓促，没有经过主编总阅审定便"随修随刻，不复有整理之暇"，造成了该书过于粗陋的状况。因此，本书中难免出现体例不一，繁简失当，史实之中也有不少错误等问题。

作者介绍

赵尔巽（1844年—1927年），汉军正蓝旗人，出生于铁岭的官宦世家。赵尔巽是清朝最后一任东三省总督，也被称为是中国近代史上的风云人物。

赵尔巽，字公镶，号次珊，祖籍奉天铁岭。清朝同治年间，赵尔巽被任命到翰林院编修，而后擢升为湖南巡抚。1904年，被任命为户部尚书。光绪三十一年（1905年），赵尔巽担任盛京将军，地位相当于东三省总督。赵尔巽在任时，为了使奉天的财政有所改观，他开始有意整顿财政，成立了财政局，开始铸造银元，从而创办了东三省银号，发行纸币。

赵尔巽为人清廉且刚正不阿，从不贪百姓一点便宜，其在任两年，便使奉天的整体景象大有改观。光绪三十三年（1907年），赵尔巽调往中央，后升任四川总督。1914年，袁世凯委任赵尔巽为清史馆馆长，开始主修《清史稿》。1925年，段祺瑞推荐赵尔巽为正议长。同年五月，赵尔巽又被任命为参政院院长。1927年，在《清史稿》完稿后没多久，赵尔巽便在北京逝世。

◎ 政事史

资治通鉴

内容概要

《资治通鉴》，简称《通鉴》，是中国历史上规模最大、成就最高的编年体史书，也是中国第一部编年体通史，在中国官修史书中占有极为重要的地位。

该书总共分为294卷、300多万字，以时间为纲，以事件为目，记载内容上起周威烈王二十三年（公元前前403年），下讫五代后周世宗显德六年（959年），前后共计十六朝，时间长达1300余年。

如果进一步，《资治通鉴》又可以按照朝代划分，具体包括《周纪》（五卷）、《秦纪》（三卷）、《汉纪》（六十卷）、《魏纪》（十卷）、《晋纪》（四十卷）、《宋纪》（十六卷）、《齐纪》（十卷）、《梁纪》（二十二卷）、《陈纪》（十卷）、《隋纪》（八卷）、《唐纪》（八十一卷）、《后梁纪》（六卷）、《后唐纪》（八卷）、《后晋纪》（六卷）、《后汉纪》（四卷）、《后周纪》（五卷）。

阅读指南

《资治通鉴》所征引的史料极为丰富，除了十七史之外，所引用的杂史类各种书籍高达一百多种。本书中所叙述的事件，往往一件事用多种材料写成。遇到关于年月、事迹等出现歧义的地方，都会加以考订，并注明斟酌取舍的原因。可以说，《通鉴》是具有相当高的史料价值的一部史书著作，尤其以《隋纪》《唐纪》《五代纪》史料价值最高。

由于《资治通鉴》是由司马光一人精心定稿，并统一修辞，所以其文字非常优美，叙述也非常生动，从文学价值来讲是很值得称道的。历来与《史记》并列为中国古代史家之绝唱。

在叙事之余,作者不仅收录了大量史论著作(共计97篇),并且亲自撰写了大量史论文章(共计118篇),书中凡言及"臣光曰"的对应内容,即为作者司马光所做的史论部分。其中"臣光"是司马光的自称,"曰"表明司马光要说的内容经过仔细思考,这也是古书中比较严谨和庄重的行文格式。借此,司马光表明了自己的政治和历史立场,比如对于图谶(chèn)、占卜、佛道等,司马光一概认为是旁门左道,因而进行了严厉的批判,在史学思想史上具有一定的进步意义。

不过,司马光编纂《资治通鉴》,说到底是为了封建皇权服务,这就决定了其政治史的特性。因而与其他同类史书相比,司马光首先进行了大量的继承和发扬,在此基础上才建立了自己的独特之处。

除此之外,《资治通鉴》在文化、科技、经济、军事等方面的记载,均有出色表现。比如在文化方面,该书所撰内容上自先秦时期的儒、法、名、阴阳、纵横五家,包括其代表人物和学术主张,下至汉初的黄老思想,汉武帝时的独尊儒术,以及魏晋时期的玄学。对于佛教、道教的起源和发展,以及儒、佛、道之间的斗争,司马光也进行了一些叙述。再比如对西汉以来的经学发展,典籍校理,石经刻立,九经雕印及流传,都有较为系统的整理。

关于科技的内容,《资治通鉴》主要阐述各朝代的历法,虽然可读性稍差,但是对于后世学者的研究工作,却有着弥足珍贵的史料价值。其他如天文学、地理学、土木建筑(包括长城和各地的城市)、水利工程(主要有隋唐的大运河),司马光的介绍都堪称史家典范。在经济方面,《资治通鉴》主要介绍各种赋税制度,包括商鞅变法、文景之治、北魏孝文帝的均田制等,当然这也是封建社会的主要经济问题。

尤其值得称道的是,《资治通鉴》在军事方面表现也很不俗,其对于战争(包括战场细节)的描述,都非常生动细致,堪称一个个精彩的"战例"再现。其中,司马光对于战争的起因,战局的分析,战事的过程,历史影响的记载,无不为军事爱好者津津乐道。比如我国历史上著名的巨鹿之战、赤壁之战和淝水之战等,司马光不仅作出精彩叙述,而且阐明了独到的见解和分析。

史家评论《资治通鉴》,称其为"体例严谨,脉络清晰,网罗宏大,体大思精,史料充实，考证稽详，叙事详明，繁简得宜"。实际上，由于司马光受到历史和立场局限，在书中出现了多处错误。比如书中称汉平帝被王莽毒死，这实际上是当时的起义军为打击王莽编造的谣言，司马光居然将此作为正史书写，显然有失大家水准。当代著名学者吴玉贵曾对《资治通鉴》进行研究，找出的错误竟然将近 900 处，庆幸吴玉贵先生对这些错误进行了一一补缺。

不过，尽管《资治通鉴》有着不少错误和不足，但它仍以其不可多得的史学价值受到人们青睐。《资治通鉴》自成书以来，历代帝王将相、文人骚客、各界要人争读不止。点评批注《资治通鉴》的帝王、贤臣、鸿儒及现代的政治家、思想家、学者不胜枚举、数不胜数。作为历代君王的教科书，对《资治通鉴》的称誉除《史记》外，几乎没有可以和《资治通鉴》相媲美的。

作者介绍

司马光（1019 年—1086 年），初字公实，后改字君实，初号迂夫，后改号迂叟，世称涑水先生。北宋著名政治家、史学家、文学家，出生于河南光山，原籍陕州夏县（今山西夏县）。司马光自幼聪明好学，尤其喜欢读《春秋左氏传》，从而奠定了他深厚的史学功底。

司马光一生著述累累，除了世人熟知的《资治通鉴》还有很多，如《通鉴举要历》（八十卷）、《稽古录》（二十卷）、《本朝百官公卿表》（六卷）等，都是极富价值的史学著作。此外，司马光在文学、经学、哲学乃至医学方面，都下过很大的工夫，并且创作了相关著作，代表作包括《翰林诗草》《注古文学经》《易说》《注太玄经》《注扬子》《书仪》《游山行记》《续诗治》《医问》《涑水记闻》《类篇》和《司马文正公集》等。

凭借这些学术成就，司马光被史家推为"儒家三圣"，与儒家的开山鼻祖孔子及亚圣孟子平起平坐，可见他对于民族文化的贡献之大。

续资治通鉴长编

内容概要

本书原本有 980 卷，至今保存下来的有 520 卷，是中国古代私家著述中卷帙最大的断代编年史。

《续资治通鉴长编》是仿照司马光所著的《资治通鉴》的体例，断自宋太祖赵匡胤建隆，迄于宋钦宗赵桓靖康，记录了北宋时期九朝共 168 年的历史史实。

由于本书记述详赡，史料丰富，史料价值极高，为研究辽、宋、西夏等史的基本史籍之一，所以受到了近代治宋史者给予的极高的评价。

阅读指南

《续资治通鉴长编》有两个显著的特点，第一个是作者在撰写这部书时，始终不渝地坚持司马光编《资治通鉴》的原则，就是"宁失于繁，勿失于略"。《续资治通鉴长编》的取材十分丰富，除宋代的实录、国史外，还大量采用经、史、子、集，笔记小说等。第二个特点是作者继承和发展了"考异"的优良传统。司马光在编著《资治通鉴》的时候，著有《通鉴考异》，在书中排列出了不同的材料，以说明自己取舍的原因所在。这一方法同样被《续资治通鉴长编》所采取，"若旧本有误处，及有合添处，即当明著其误削去，气添处仍具述所据何书，考按无违，乃听修换，仍录出为考异；不然则从旧，更勿增改。"

虽然本书作者对王安石的政治主张持反对态度（从"耻读王氏（安石）书"可见一斑），但是在书的正文和注文中也能体现出对王安石变法所持的公议，公正、客观评述。例如《续资治通鉴长编》卷二一四熙宁三年八月癸未对仓法的记述就体现了李焘的态度："……曾布云，熙宁三年九月二十五河仓条贯。按此乃是八月二十七日立仓法，旧纪书癸未诏诸仓给受概量者，临时多寡，并缘为奸，刻军食十当三四，其增诸仓役人禄，立勾取重法，由是岁减运粮卒，坐法者五百余人，奸盗以故得不纵，后推及内外吏，吏始重仍法。新纪削去，削去其谀辞可也，如立仓法安可不书。"

李焘（1115年—1184年），字仁甫，又字子真，号巽（xùn）岩，北宋眉州丹棱（今四川丹棱）人，唐王室曹王李明之后。绍兴八年（1138军），李焘进士及第，初任华阳主簿，后调任雅州推官（即言官，行督查之权）。由于奉公执法，不畏权贵，又熟读朝廷律法，李焘最终在推官任上大放异彩，一路升至兵部员外郎兼礼部郎中。期间，曾有自然灾害发生，为了减轻百姓负担，李焘上书要求精简皇室及官僚用度，得到孝宗皇帝采纳和推行，百姓对其感恩戴德。

淳熙十一年（1184年）春，李焘因病上书，要求告老还乡。孝宗皇帝念其学识渊博，在去其实职后，又调任闲置敷文阁大学士。自此之后，李焘潜心学术，最终著成《续资治通鉴长编》一书。刊印之后，李焘长吁了一口气，无比欣慰地说："大事已了。"言毕，黯然离世，享年七十岁整。临终之际，李焘曾上表遗书，希望孝宗皇帝励精图治，《续资治通鉴长编》正是为此而著。

◎ 制度史

通典

内容概要

《通典》，共200卷，1500余条，约190万字。是汉民族历史上第一部体例完备的政书，"十通"之一。记述唐天宝以前历代经济、政治、礼法、兵刑等典章制度及地志、民族的专书。

本书通记历代典章制度建置沿革史，先是从传说开始，中间涉及肃宗、代宗、德宗三朝，最后以唐天宝末结束。《通典》分为食货、选举、职官、礼、乐、兵、刑、州郡、边防九典，各冠总论，下系子目，凡有1584条，正文约170万字，注文约20万字。取材博综古今，广采群经、诸史、地志、汉魏六朝文集、奏疏、唐国史、实录、档案、诏诰文书、政令法规、大事记、《大唐开元礼》及私家著述等，皆按时间顺序分类纂次。

北宋时就有刊本，以后元明清各代有多种刻本流传，其中以清朝乾隆武英殿刻"三通本"最为流行。有"中国第一部典章制度的百科全书"的美誉。

阅读指南

《通典》是典章制度专史的开创之作，它在古代汉族历史编纂学史上，占有重要地位。在《通典》之前，关于典章制度的史书，基本集中于纪传体史书中的书志部分，无力单独承担记载社会、政治、历史和经济等变化的任务，这是因为此类史学著作受到史料容量和编纂体例限制。《通典》一书的编纂，正是针对这一弊端，在丰富了典章制度的同时，也为后世学者作出了相关规范，从此将典制史纳入正统史学序列。

内容方面，《通典》主要针对历代典章制度的发展变化，上起远古时代的黄帝，下至唐玄宗天宝末年（附注中也有关于肃宗和代宗朝的典制内容）。总体分为九大类，首先是《食货（代指国家财政经济）》部分，其次是选举、职官、礼、乐、兵、刑、州郡、边防，每一类又分为诸多子目。在此基础之上，本书还对历代典制进行了分析点评，同时提出了一些可行性建议，具体方法包括说、议、评、论等。

作者介绍

杜佑（735年—812年），字君卿，唐京兆万年（今陕西西安）人。其父名叫杜希望，官至鄯州都督、陇右节度留后。可以说，杜佑出身高贵，为有着悠久历史和显赫地位的名门望族。

唐德宗贞元十九年（803年），杜佑入为同中书门下平章事，历顺宗、宪宗二朝，均以宰相兼度支使、盐铁使。唐宪宗元和初，杜佑以年老，屡次请求致仕，元和七年（812年）六月，始获准以守太保致仕。十一月病逝，获赠太傅。

文献通考

内容概要

《文献通考》，简称《通考》，古代汉族典章制度史专著。是继《通典》和《通志》之后，规模最大的一部记述历代典章制度的著作，内容记录了从上古到宋朝宁宗时期的典章制度，该书和《通典》《通志》合称"三通"。

阅读指南

从《文献通考》的体例和内容而言，它实际上是《通典》的扩大与续作，这也是本书的第一大特点。

本书取材主要有两个方面，中唐前主要是以《通典》为基础，并进行适当补充。中唐以后则是作者广收博采的结果，尤其是宋代部分。当时，《宋史》还没有成书，但作者所见到的宋代史料却是最为丰富的,所以其所收之材料多有为《宋史》所没有的。

可以说,取材广博,网罗宏大是《文献通考》的第二个特点。

不难看出,《通典》首先记述《食货》内容,说明作者较为重视国家经济;《通志》将《食货》移到《选举》和《刑法》之后,说明作者(郑樵)对政治比较依赖;而《文献通考》不仅将《食货》移回首位,而且将其扩展为八大门类,内容占比也非常大。其余如《礼典》《社郊考》和《兵考》等部分,基本只是沿承了已有的史学研究成果,同时做出一些人云亦云的评述,可见作者对经济的看重。

应该说,《通志》充其量只是对旧有史书进行了粗略整合,而《通考》则将其进行了系统编排,并且表达了诸多的新思想和新看法。比如对于商鞅变法,作者首先对其进行了详细地阐明,并且对其推动历史发展的重大意义予以肯定。但是对于商鞅本人,作者却持否定态度,理由是他的改革制度在经济方面存在致命缺陷。再比如唐末的农民军领袖张全义,欧阳修将其斥为盗匪,且言语简略。但是《通考》一书从经济角度出发,却肯定了张全义的积极作用,即他在洛阳地区推行的一系列有利于恢复生产的政令。

作者介绍

马端临(1254年—1330年),字贵与,号竹洲。饶州乐平(今江西乐平)人。他发展了杜佑所创立的新史书体裁,即以事类为中心叙述历史发展的典志体,又推进了郑樵所倡导的会通之义。

关于马瑞临的卒年历史上没有记载。后人根据《扶风马氏宗谱》所载其子马尚志的行状里"父已耄"推定其卒年为元顺帝至元六年(1340年)。根据余谦《文献通考序》透露的信息马端临应该在至元元年(1335年)以前已经死了。其实"耄"在古意里特指具体年龄时,可以有三解:70岁、80岁、90岁。70更合适一些,他应该卒在元文宗至顺元年,享年77岁。

唐会要

🅒 内 容 概 要

《唐会要》,原名《新编唐会要》,是记述唐代各项典章制度沿革变迁的史书,也是中国历史上第一部《会要》专著,全书共分为 100 卷。再进行细化,又可以分为 514 个条目,同时还有若干"杂录"附属于在条目之下,目的在于引入同类史事进行类比。尤其值得一提的是,这部书中的很多内容,都为《唐书》和《通典》弥补了空白,因而对于后世学者研究唐朝的典制,具有极高的史学价值。

如今,唐朝的《起居注》和《实录》均已失传,《唐会要》作为硕果仅存的典制类史学著作,显得尤为珍贵。就目前而言,人们对于《唐书》中的内容进行校勘,主要参考古书就是《唐会要》。

🅡 阅 读 指 南

作为我国现存最早的一部断代典制史籍,《唐会要》基本取材于唐朝各位皇帝的实录和起居注,侧重于唐朝的各类典制记载,同时收录了大量《新唐书》和《旧唐书》未收录的珍贵史料。其中内容涉及政治、经济、军事和文化等诸多方面,对于后世研究唐朝历史的学者而言,具有不可替代的作用。

🅐 作 者 介 绍

王溥(922 年—982 年),字齐物,并州祁县(今属山西)人,一生分别在后周太祖、后周世宗、后周恭帝和北宋太祖时期出任宰相,历经两代四朝而不倒,是我国历史上著名的政治家。此外,王溥也是一位学富五车的史学大家,其编撰《世宗实录》和《五代会要》,以及本书收录的《唐会要》,共计 170 卷内容,可见其毕生著述之丰硕,这也奠定了他在史学界的重要地位。

宋会要

内容概要

《宋会要》,共500卷,宋代特设"会要所"修撰《会要》,《宋会要》就是由宋朝本朝史官编写的。"会要"是当朝史官收集当时诏书奏章原文,分类编排,史料价值很高,先后修纂10次,成书2200卷余。

《宋会要》备载宋代典章制度,卷帙浩繁,原书久佚。分为帝系、后妃、乐、礼、舆服、仪制、瑞异、运历、崇儒、职官、选举、食货、刑法、兵、方域、蕃夷、道释等17门,这是关于宋朝本朝历史非常珍贵的资料,可惜的是藏书阁里失火,这些《宋会要》书籍很多都被烧了,只留下残余的几本。

阅读指南

《宋会要》的内容比较杂乱,没有章法,内容也是这里多那里少,有的地方说得过于烦琐,有的地方则严重缺乏完整感。后由清人徐松把《宋会要》原书内容加以收集、整理成一本新书,并将此书命名为《宋会要辑稿》。不过由于《宋会要》原书早已丢失,现在能见到的也只是《宋会要辑稿》。

作者介绍

《宋会要》原书的编者都是宋朝当时的史官,分北宋和南宋。

其中北宋的《会要》编者有范质、赵普、薛居正、王旦、向敏中、冯拯、吕蒙正、李至、赵安仁、王钦若、宋绶、王洙、韩琦、王珪、李德刍、邓润甫、曾公亮、王觌、曾肇、蔡攸、章惇等。

南宋的《会要》编者有谢深甫、李心传、陈骙、施师点、赵雄、杨济、钟必万等。

太平寰宇记

内容概要

本书是汉族地理志史书,也是现存较早较完整的地理总志。此书编撰于宋太宗太平兴国年间(976年—983年),书中记述了宋朝的疆域版图。

《太平寰宇记》共有200卷,是一部现存较早较完整的地理总志,对于宋朝的地理和疆域研究具有重要价值。概括来讲,该书记述了北宋十三道行政区,包括河南、关西、河东、河北、剑南西、剑南东、江南东、江南西、淮南、山南西、山南东、陇右、岭南。在此基础上,又划分出若干府县,并且详细记述各州府的沿革、领土、环境、人口、户籍、风俗、姓氏、人物、土产、山川湖泽和古迹要塞等。"幽云十六州"虽然被石敬瑭割让给了契丹,但是该书仍然将其列入版图,以表明此地乃是北宋领土,同时申明收复故土的志向,宋人的民族情怀和家国意识由此可见一斑。

阅读指南

在编纂这部书的过程中,作者引用了历代史书、地志、文集、碑刻、诗赋以及仙佛杂记等,共计200余种史料,而且大都注明了出处,保留下来了大量珍贵的史料。

在体例方面,本书仿照唐代的总志,但又在唐代总志的基础上有所创新,增加了风俗、姓氏、人物等门类,虽然遭后人诟病"人物琐事登载不遗",但这种以人文结合地理的方式实被后世地志奉为典范,四库馆臣认为"盖地理之书,记载至是书而始详,体例亦至是大变"。

除了对主要民族(即汉族)进行记述,《太平寰宇记》还记载了各少数民族聚居区的概况,其中包括汉人与蕃人杂居的地方。令人称奇的是,作者居然对这些地区的主户和客户情况了如指掌,从而进行了详细地描述。时至今日,我们仍然能够对北宋初期的人口分布情况一清二楚,《太平寰宇记》的作用不言而喻。

而且,由于本书内容丰富,编排规整,考据精到,且对于当时已有的史书、地志、文集等书籍多有引用，故而为后世的地志类著作开启先河。可以说，《太平寰宇记》是一部承先启后、继往开来的具有划时代意义的巨著。它在中国地理学发展史上占有突出的地位，成为现今研究历史地理的珍贵文献。

乐史（930年—1007年），字子正，抚州宜黄（今属江西）人。南唐时期，乐史开始入仕，北宋时期先后出任知州、三馆编修、水部员外郎等官职，屡次参与修撰史料事务。由于博文强识，功底扎实，乐史在宋太宗心目中简直成了学问的化身。作为一位主张以文治天下的君主，他曾多次褒奖和赏赐乐史，并且将他推举为全国学子的楷模。也许是为了不辜负宋太宗的期望，乐史虽然一生忙于公务著述，却始终不忘个人著述，因而有大量著作流传于世，其中尤以地志类著作见长。

大明一统志

本书是明代汉族官修地理总志，共总有90卷，按天顺年间京师和南京布政使司所管辖的州府进行划分。在此基础上，每个州府又划分郡县，并附属公署、学校、书院、宫室、关梁、寺观、陵墓、祠庙等。到了万历年间，由于历经嘉靖和隆庆两朝，该书又将各州府及其附属机构的疆域变化，进行了整理和补充。具体为京畿、六部和全国十三布政司，其中包含394州，又包含116县。至于边疆地区，则分为都司卫所和宣慰、招讨、宣抚、安抚等司，书中都有详细说明。

本书的末尾，记述了相邻近国家或地区的地理形势，比较系统而集中地保存了明代政区的有关地理资料。

阅读指南

在编纂过程中,本书在时间上较为仓促,参与的人员也比较多,所以导致书中存在一些小纰漏甚至小错误。有的是地理错置,有的是张冠李戴,有的是以无说有。对此,古今学者多有批评。

虽然如此,本书还是有不少非常有价值的地方,主要包括下面几点:

首先,本书的目录前面有一张全国总图,尽管制图显得粗糙简略,但山脉、河流和州府等方位都做了细致的勾画。

其次,本书说明了各府部位一律改用由府治在某一方向至某府所属某州或某县界若干里。这样就兼有间接从四至八个方向的里程表明其辖境的广度,以及边界所邻府县的作用。同时开列各府至京师南京的里程。

再者,本书中关于山川、湖泊、井泉等也都有详备的罗列,并且还在各自的名下注明其部位和特征。例如"外夷女直"(今东北)区的"长白山"条目下注:"在故会宁府南六十里,横亘千里,高二百里,其巅有潭,周八十里,南流为鸭绿江,北流为混同江(即图们江),东流为阿也苦河。"文字简略而能反映山川形势的特征。

另外,本书对于全国范围的交通状况也做了记载,比如《关梁》一卷,对全国的重要隘口和桥梁做了详细记载,甚至包括大山里的羊肠小道。大概是为了用于军事参考,这部分内容还对山势、地质、环境和气候做了讲解,具有极强的实用性。

而除了记载本国地志,《大明一统志》还记载了朝鲜、日本和安南(即越南)等国的地志,其中包括郑和下西洋途中发现的各种小国。在作者的记载中,这些小国被统称为"外夷",大有不屑纳入中华版图之意。即便如此,在永乐年间,越南还是被纳入了明帝国的版图,尽管后来又分裂出去了。

这些特点的呈现,让《大明一统志》在疆域、地理、经济、民族和国际方面,都具备了重要的研究价值。

作者介绍

李贤(1408年—1467年),字原德,谥文达,邓(今河南邓州市)人。其一生有30多年从政,曾官至少保、吏部尚书、大学士,为官清廉,政绩卓著,堪称一代治世良臣。曾奉敕编撰《大明一统志》，并著有《鉴古录》《体验录》《看书录》《天顺日录》《古穰文集》等书。

彭时（1416年—1475年），字纯道，又字宏道，号可斋。庐陵安福（今江西吉安市安福县枫田镇松田村）人。明宪宗时名臣，为明英宗正统十三年（1448年）戊辰科状元。景泰年间，授翰林院修撰，累官至少保。天顺八年，又建议礼制，升为吏部右侍郎，兼学士。宪宗成化年间，升任兵部尚书、太子太保兼文渊阁大学士。

成化四年（1468年）四月至成化十一年（1475年）三月间，在李贤、陈文相继去世之后，彭时继任内阁首辅。因积劳成疾，于明宪宗成化十一年（1475年）病逝，享年60岁。获赠太师，谥号文宪。

彭时历仕英宗、代宗、宪宗三朝。辅政近30年，颇能持正存大体。一生勤奋、忠于职守，忘我奉献。遗著有《大明一统志》《彭文宪公笔记》《彭文宪公文集》《可斋杂记》等。

大清一统志

《大清一统志》，是清朝官修的地理总志。全书共342卷。排次为京师、直隶，然后是各省。直隶及每省皆先立统部，冠以图表，首分野、次建置沿革、次形势、次职官、次户口、次田赋、次名宦，皆统括一省者也。

其诸府及直隶州，又各立一表，所属诸县系焉。皆首分野、次建置沿革、次形势、次风俗、次城池、次学校、次户口、次田赋、次山川、次古迹、次关隘、次津梁、次堤堰、次陵墓、次寺观、次名宦、次人物、次流寓、次列女、次仙释、次土产。

(《凡例》)其后续修、重修，基本上都是沿用这个体例。

从清康熙二十五年至道光二十二年，前后编辑过三部，即康熙《大清一统志》、乾隆《大清一统志》和《嘉庆重修一统志》。

阅读指南

修编本书，需要做大量的工作，比如首先要测绘、制作青海、西藏、新疆地区精确的地图，编写《西域图志》等边区的图书，并动员各省官员收集、整理、上交有关《大清一统志》所需的资料等，工程也相当大。因此，总共历时 20 年之久，直到乾隆四十九年（1784 年）才全部完成。

本书完成后，即成了每一个研究中国历史、地理工作者的必读物，而受到官方、学者的重视；同时，它也为我们研究清史提供了许多宝贵的资料。可见，它的价值和重要性，超过了以往的任何一部地理总志。

当然，这部书也有其缺陷和不足之处，它的最大缺点就是只反映到清嘉庆二十五年（1820 年）为止。由于编辑者中学术水平不一，其中不少内容存在错误，封建糟粕也不少；还有，本书把当时派使臣来华的所有国家，统统称作"朝贡各国"，列为专项，排于书尾，这和事实相去甚远。当然，这是由于时代本身的限制，封建时代任何一部官修地理总志所不能避免的。但这并不能否定本书在学术价值方面的重大意义，也不能掩盖其在世界历史地理著作中的光辉地位。

作者介绍

穆彰阿（1782 年—1856 年），字子朴，号鹤舫，别号云浆山人，满洲镶蓝旗人，清朝大臣。

穆彰阿为进士出身，历任庶吉士、刑部侍郎、左都御史、理藩院尚书、漕运总督、军机大臣、翰林院掌院学士、文华殿大学士等职。他担任军机大臣二十余年，善于揣摩上意，深受宠信，权倾内外。

在鸦片战争期间，穆彰阿主张议和，诬陷林则徐等主战派，并主持一系列不平等条约的签订。咸丰皇帝继位后，重新起用林则徐等人，将穆彰阿革职，永不叙用。咸丰六年（1856 年），穆彰阿病逝。

读史方舆纪要

内容概要

《读史方舆纪要》原名《二十一史方舆纪要》,全书共有 130 卷,是古代汉族历史地理、兵要地志重要专著。

编纂此书的作者于明亡后隐居不仕,潜心著述,前后历经 30 余年,终于在清康熙年间成书。由于清朝统治者对汉族文化心存畏惧,期间曾大兴文字狱,《读史方舆纪要》不仅包含大量亡明信息,而且涉及险要山川地形,具有极高的军事敏感度。因此,《读史方舆纪要》的刊印几经周折,好不容易才进行刊印。

从内容上看,本书以明朝的行政区域划分,内容包括各行政区域的位置和形势等,对于关键地区的用兵方略,也进行了一定的论述。具体来讲,《读史方舆纪要》包括明末清初的十五个省的地理形势,包括这些地形的历史纪要和未来规划。值得一提的是,本书还采用了大量绘图和表格,以及配套的文字说明,从而便读者能够对相关内容一目了然,这在地志类史学著作中属于首例。

阅读指南

《读史方舆纪要》的著述,最鲜明的特点在于具有军事战略价值,尽管其内容仍然以介绍地形为主。比如书中所论,无论是进攻还是据守,都应该选择有利的地形,一个将军选择自己的大后方,甚至一个国家建立自己的都城,无不如此。其中,胜利者大多在"地利"上占据了主动和优势,而失败者则往往是因为忽略了这一点,借此阐明了"地利"在历史进程中的重要性。

总体来说,阅读本书可以从以下四点着手:

其一,体例别具一格。《读史方舆纪要》与大多数地志类著作不同,在地形的选材上多侧重于联系重大历史事件和军事事件,同时做出了精彩的点评和建议。全书前 9 卷,概括叙述了各朝代的区域规划和地势地形;中间 114 卷,对明朝的行政区域和地势地形进行了详述，几乎细化到了明帝国的每一座驿站；最后一卷概述全国地形，并且结合天文进行分门别类，以传统知识为依据给出了各种分析和建议。

其二，军事色彩浓重。《读史方舆纪要》以军事事件为主线，结合全国各地地形，将明朝的兴衰败亡对号入座。比如明朝的建立和兴盛，是因为统治者善于利用山川地形，同时列举一系列成功战例；而明朝的衰落和灭亡，却是因为统治者不善于利用山川地形，以至于陷入内忧外患中无法自拔，从而总结出了一系列经验教训。此外，该书对全国各地的名胜古迹也有记载，当然依据还是其所在地的地形。

其三，人地关系和谐。《读史方舆纪要》虽然极为侧重地势，却并未忽略人的主观能动性，因而结合了"人和"这一因素。作者在书中明确指出，山川地势对于成败得失只是次要条件，如何根据实际情况进行利用，才是最为关键的事情。当然，在阐明了"地利"与"人和"因素后，作者紧跟着也阐述了"天时"，并且同样以"地利"为基本立足点。

其四，注重实用价值。《读史方舆纪要》的作者和所有地志书籍的作者一样，并没有局限于书面和理论知识，而是非常注重结合实际阐述各类问题，为此对于任何一项可能影响历史发展的因素，作者都进行了研究和阐述，比如经济、河渠、食货、屯田、马政、盐铁、职贡等。

长期以来，《读史方舆纪要》由于内容丰富、地名齐全、考订精详、结构严密，不但胜于唐代成书的《元和郡县图志》、宋代成书的《太平寰宇记》，而且超越明代成书的《寰宇通志》《大明一统志》。即便是与清代历史地理巨著、官修的《大清一统志》相比，也是各有千秋，毫不逊色。直到如今，仍旧是历史地理学者乃至研究历史、经济、军事的学者们必读的重要参考书。

作者介绍

顾祖禹（1631年—1692年），字瑞五，号景范，江苏无锡人。由于久居无锡城东宛溪，被学者称为宛溪先生。他自幼聪颖过人，好学不倦，背诵经史如流水，且博览群书，尤好地理之学。

顺治元年（1644年），清兵入关，顾祖禹随父避居常熟虞山，长期躬耕授业，选择了以著书立说为手段,以图匡复亡明的道路。秉承父亲遗命,立志著述《读史方舆纪要》,"盖将以为民族光复之用"。

康熙年间,顾祖禹虽曾应徐乾学再三之聘,参与《大清一统志》的编修,但他坚持民族气节,不受清廷一官一职,书成后甚至拒绝署名。在此期间,顾祖禹利用工作之便,遍查书籍,为《读史方舆纪要》的修撰,积累了大量资料。经过30余年的笔耕奋斗,约在康熙三十一年(1692年)前,也就是顾祖禹50岁左右时,终于完成了这部举世闻名的历史地理巨著。

三山志

内容概要

《三山志》记载了唐末五代时期的闽国史实,由于闽国在唐朝行政编制内称为"长乐郡",故初名为《长乐志》,明以后改为《三山志》。全书共40卷,后世学者为补充其内容,增订2卷,因而最终为42卷。

以门类来划分,有地理、公廨(xiè)、版籍、财赋、兵防、秩官、人物、寺观、土俗9大类。在此基础上,每个大类又细分为若干条目,相关内容极为全面。为此,后世史家曾有评论,曰:"上穷千载创建之始,中阅累朝兴革之由。"

具体来讲,《三山志》记载了福州当时所辖的闽县、侯官、怀安、长乐、福清、连江、罗源、长溪、古田、宁德等12县。包括这些县的历史、自然、社会、人文等方面,因而在地方志领域,《三山志》是我国现存比较早的书籍之一。

阅读指南

《三山志》记载了大量五代时期闽国的史实,对于正史中的记载做了重要补充,后世研究五代闽国历史，《三山志》是不可或缺的参考史籍。

内容方面，《三山志》取材广泛、体例完备、行文流畅，在史学和文学方面都有不俗表现。更重要的是，作者著述立场相对中立，很少掺入自己的感情色彩。此外，作者对于各地方的名人和名胜选用，也比较有限和严谨，这是本书比较独特和可贵的地方，同时也是本书受到肯定最重要的地方。

清人纪昀编纂《四库全书》，《三山志》被收编其中，纪昀曾经在书后进行评述，曰："其志主于纪录掌故，而不在夸耀乡贤、侈陈名胜，固亦核实之道，自成志乘之一体，未可以常例绳也。"大意为《三山志》主要记载历史典故，对于名人和名胜不做赘述，因而自成一体，不能用同类书的常规法则去衡量它。

可惜的是，由于《三山志》成书于宋朝，当时的地方志编纂并未成潮流和规范，该书受学术环境限制，也存在一些不足之处。其中，最显眼的一点是不够详细和精准，作者虽然尽可能全面地收录了各种名目，但是对于各个名目的介绍却相对简单，有些地方甚至存在明显的错误。

作者介绍

梁克家（1128年—1187年），字叔子，晋江（今福建晋江）人。梁克家少年即有远大志向，且聪明好学，天资独具。绍兴三十年（1160年），梁克家进京赶考，一举获得状元功名，后历任平江府签判，秘书省正字，著作佐郎、醴泉观使等职。淳熙九年（1182年），梁克家出任右丞相，同时受封仪国公。同年，奉命编纂《三山志》，修成后因功晋封为郑国公。淳熙十四年（1187年)，梁克家因病离世，赠少师，谥文端。乾道六年（1170年），著名诗人陆游入蜀，曾有诗文祭祀。

吴郡志

内容概要

《吴郡志》全书共50卷，采用"门目"划分体例，如沿革、分野、户口税租、土贡、风俗、城郭、学校、营寨、官宇、仓库、坊市、古迹、封爵、牧守、题名、官吏、祠庙、园亭、山、虎丘、桥梁、川、水利、人物、进士题名、土物、宫观、府郭寺、郭外寺、县记、冢墓、仙事、浮屠、方技、奇事、异闻、考证、杂咏、杂志等39门。关于文学和艺术的相关内容，作者并未单独撰文或编排，而是通过附属在上述名目之下的方式，进行具体的分析和介绍，这种方法后人也多有仿效。为了突出地方志的特征，作者为"虎丘（在今江苏苏州境内）"单独立传，这在地方志史籍中属于先例。

阅读指南

《吴郡志》的成书，标志着宋代地方志体例的成熟，后世同类史籍多参考该书体例进行编排，影响可谓极其深远。清乾隆年间，收入《四库全书》，相关评述为："征引浩博，而叙述简赅，为地方志之善本。"大意是该书在取材方面比较广泛，而经过作者的悉心研究和编排后，叙述又比较简单明了，属于地方志类史籍中的佳作。因此，对于苏州地区政治、经济和文化等方面的历史研究，《吴郡志》的作用极为重要。

作者介绍

范成大（1126年—1193年），字致能，号石湖居士，平江府吴县（今江苏苏州）人。绍兴二十四年（1154年）中进士，此后官职一路升至参知政事（副宰相）。晚年，范成大开始潜心学术，他前后取材唐人陆广微的《吴地记》、宋人朱长文的《吴郡图经续记》等方志史料，删除赘述，增补新文，最终于绍熙三年（1192年）著成《吴郡志》一书。

新安志

内容概要

新安（即徽州），在今天的安徽黄山境内，《新安志》为现存 33 部宋代方志之一，同时也是我国方志发展史上的重要史籍。事实上，新安作为历史名城，先后有过多种志书，包括《新安山水记》《新安记》《新安郡志》和《歙州图经》等，但多数已经失传。因此，《新安志》作为现存新安乃至安徽省唯一的宋代方志著作，其史学价值可想而知。

体例方面，《新安志》与《吴郡志》类似，以"纲目"进行内容编排。不过，《新安志》收入的基本都是各朝代的正史方志，同时又将这些方志的体例进行了简化，从而为后世学者编写方志类史籍提供了方法上的参考。

具体来讲，本书又可以分为四个部分。第一部分以地方行政区域（州）为单位，涉及州郡、物产、贡赋三纲，其下又分为沿革、分野等多个条目；第二部分以各州下辖的县为纲，包括历史沿革和县境等条目；第三部分属于人物传记，主要记述了新安的先贤、进士题名、义民、仙释和牧守等；第四部分是杂录，包括一些人事、诗话和杂艺等条目。

阅读指南

《新安志》是一部"纲目体"史籍，以纲为主，以目附之，在层次和结构上一目了然，又不失丰富和严谨。叙述人物的部分，则根据事件而定，在专业编纂手法上属于"平目叙事"。此外，唐以前的地记、地志、图经、图志等，分门别类的功课不足。而《新安志》采取的横排门类，并且创造了"以门类统辖事物"的方法，从而结束了混乱的方志类史籍编纂模式。在此基础上，《新安志》还为一些门类作了小序，包括这些门类的原委和主旨，极大地丰富和完善了方志体例。

内容方面，《新安志》可谓涉猎广泛，如地理、经济、古迹、军事等内容，还有人物传记、诗话和碑碣等地方文献。后世史家曾有评述，曰："凡山川、道里之险易，丁口、顷亩之息耗，赋贡、物产之狭阔，以至州土、吏治、风俗、人材，皆条理错综，聚见此书，曾无遗者。"大意是此书内容包含山川、交通、人口、田亩、税赋、物产、领土、政治、风俗和人物等，所有内容都被本书收录其中。

作为一部地方志，《新安志》所具有的现实价值还有很多。不仅有早已成为名胜风景区的黄山，而且据本书记载，这里的每一座山，每一条川，都有一段或美丽或神奇的故事，这些也完全可以开发成旅游景点。

总之，《新安志》内容丰富，体例周备，结构完整，既叙古又及今，详今略古，文词尔雅，简而有要，是一部地方志书和名志佳作，因而倍受推崇。

作者介绍

罗愿（1136年—1184年），宋乾道二年（1166）进士，历任鄱阳知县、赣州通判、鄂州知事，人称罗鄂州。精博物之学，长于考证。文章精练醇雅，有秦汉古文之风。所撰《新安志》10卷，体例完备，章法严密，舍取并合随主旨而定，尤详物产。提出编纂方志要注重民生，为后世学者重视。著有《尔雅翼》20卷、《鄂州小集》7卷。

剡录

内容概要

本书原来有 12 卷,后来其中的几卷亡佚了。《四库全书》又将卷十一和卷十二合并为一卷,现在总共是 10 卷。各卷的具体内容是这样的:卷一为县纪年、城境图、官治志、社志、学志、廪驿、楼亭、放生池、版图、兵籍;卷二为山水志;卷三为先贤传;卷四为古奇迹、古阡;卷五为书、文;卷六为诗;卷七为画、纸、古物;卷八为物外记;卷九、卷十为草木禽鱼。

阅读指南

从叙述风格上来看,该志叙述有法,简洁古雅,这一点深受后世推崇。从体例上来说,该志体例严谨,并且有很多创新,比如,首次加入"县纪年",记载建置沿革方面的大事,创志书"大事记"之先;又比如,设"书"门,收录阮裕、王羲之、谢灵运等 14 人的著述及三氏家谱等书 42 种,为方志记载地方书目之始。

由于此志在方志发展史上占有重要地位,《四库全书》的馆臣把它称作"征引极为该洽,唐以前佚事遗文颇赖以存",又说"其先贤传,每事必注其所据之书,可为地志纪人物之法。其山水记仿郦道元《水经注》例,脉络井然,而风景如觌,亦可为地志纪山水之法"。

作者介绍

高似孙(1158 年—1231 年),字续古,号疏寮,北宋鄞(yín)县(今浙江宁波)人。孝宗淳熙十一年(1184 年),高似孙进士及第,出任会稽县(今浙江绍兴)主簿,后历任校书郎,徽州知府,处州(今浙江丽水)知府等。晚年,高似孙定居越州(今浙江绍兴),受嵊(shèng)县(今浙江嵊州)县令史安之所托,编纂《剡录》。此外,高似孙还著有《疏寮小集》《子略》《蟹略》《骚略》《纬略》等,从而奠定了他在文学界和史学界的重要地位。

嘉定赤城志

内容概要

该志是南宋时期纂修的一部台州总志。全志分地理、公廨、秩官、版籍、财赋、吏役、军防、山水、寺观、祠庙、人物、风土、冢墓、纪遗、辨误 15 门，计 40 卷。是现存台州诸多方志中称得上承上启下、最具特色的一部名志。

阅读指南

说起本部著作的编纂，可谓是波折重重。先是南宋淳熙年间，台州知州尤袤以及唐仲友，都曾经想要编纂一部志，但是因为种种原因没能实施。后来到了开禧年间，李兼来到台州就任，也有心修志，可又因为在任时间太短，仅仅一年多就去世了，所以修志的想法还是没能遂愿。

两年过后，一位黄姓官员到台州任职，立马就以修志为首要任务，还特别聘请了陈耆卿和陈维共当其责。大约花了一年多的时间，终于草稿初成。但是，没料到这位黄姓官员又去袁州就职了。这样一来，修志的事又被耽搁下来。

一直到了十多年后，也就是嘉定十四年（1221 年），一位叫齐硕的官员来守台州，才又重将此事提上议事日程，于嘉定十六年（1223 年）春夏之交复行纂辑。此次再起炉灶，由陈耆卿为统纂，聘姜容为主事，由蔡范、陈维、林表民等分头负责采益增订，花费了约半年时间终于将全书编纂完毕。

作者介绍

陈耆卿（1180 年—1236 年），字寿老，号筼窗，临海人。南宋嘉定七年（1214 年）进士，十年（1217 年）授青田县主簿，秩满后升庆元府学教授，不久改任舒州教授，宝庆二年（1226）任秘书省正字，转校书郎，绍定元年（1228 年）除秘书卿，三年（1230 年）为著作郎，端平元年（1234 年）兼国史馆编修，迁将作少监，终国子司业。

齐乘

内容概要

《齐乘》为元朝地方志史籍,全书总共分为 6 大卷,所述内容涵盖以山东东西道宣慰司为主,下辖地区包括益都、般阳和济南三路。在此基础上,附述前朝曾为齐邑的高唐、禹城、长清、聊城、东阿和临邑等县。内容方面,包括沿革、分野、山川、郡邑、古迹、亭馆、风土和人物等。由于本书作者是齐地人,又在齐地做官,无论是文化熏染还是日常见闻,都与齐国有着千丝万缕的联系,因而本书的内容虽然偶有错误,但是其质量仍属上乘,称得上是一部难得的史学佳作。

清人周雨塍著有《齐乘考证》,其子周潜又著有《齐乘释音》,极大地丰富了《齐乘》的内容。

阅读指南

《齐乘》行文简洁,体例严谨,考据也非常讲究精当,故而被《四库全书》收入,同时对其评述曰:"叙述简赅而淹贯,地志中之有古法者"。大意是《齐乘》的叙述非常精道,且深入浅出,在各类古书当中颇具章法。

更为重要的是,本书作者是土生土长的齐地人,因而在选取典故的时候,多用齐人熟悉的内容。如此一来,就为《齐乘》注入了鲜明的地区色彩,其选材之独具特色,以及寓意之深远和广泛,显然是其他同类著作无法比拟的。所以《四库全书》对本书作出如下评论:"援据经史,考证见闻,较他志之但据舆图凭空言以论断者,实为详确可信,故向来推为善本。"

不过,该志有一较大缺憾,那就是没有载入户口、赋役、学校等相关内容。这可能是作者没有考虑周全,也或者有其他原因,后人不得而知。

作者介绍

于钦 (1284 年—1333 年),字思容,益都 (今山东青州) 人,官至兵部侍郎。延祐六年（1319年），他奉旨赈恤山东饥民，后又任益都田赋总管。于钦见山东一带兵难多多，不禁感慨万千，志虽然不少但保留下的却很少，所以他在山东任职期间，"周览原隰，询诸乡老，考之水经、地记、历代沿革，门分类别，为书凡六卷，名之曰《齐乘》"。这部志做完之后，于钦便将其藏于家中，直到至正十一年（1351年）才由他的儿子于潜进行了刊刻。

朝邑县志

内容概要

本志分为上下2卷。上卷4篇，分别是《总志》《风俗》《物产》《田赋》。下卷3篇，分别是《名宦》《人物》《杂记》。上卷只有7页，下卷只有17页。古代学者曾评述此书：古今志乘之简，没有超过此书者。不过书中的集纲细目，又做得很全面。这可能是因为该志不像其他志那么浮夸，所以内文虽然字数少但却没有遗漏。

古今学者们认为，自明代以来，在地方志的著述方面，只有康海的《武功县志》和这一本《朝邑县志》是最有名气的。

阅读指南

这部县志借鉴了《史记》的文字风格，笔墨疏宕，文辞优美。其他的志则多以唐代的著作为标杆进行借鉴，但是这本志却没有继续遵循以往著作的轨迹。正所谓"不可无一，不容有二"者也。本志前有邦靖自序，又有康海序，末有吕柟后序，及朝邑知县陵川王道跋。并文格高洁，与志适相匹配。

作者介绍

韩邦靖（1488年—1523年）明代官员、方志编纂家。字汝度，一作汝庆，号五泉，朝邑（今陕西大荔东）人。福建按察副使韩绍宗第三子，韩邦奇之弟，女诗人屈安人之夫。生于明孝宗弘治元年（1488年）闰正月初一日，卒于世宗嘉靖二年（1523年），年36岁。

长安志

内容概要

《长安志》成书于北宋熙宁九年（1076年），作者是宋敏求，全书共20卷，是我国现存最早的古都志。书中内容包括长安（今陕西西安）的坊市、街道、宫室和官邸，以及雍州府县的政治和官员的职务，还有地方上的河渠、关塞、风俗、物产等，详细程度大幅优于同类史籍《两京新记》。

此外，《长安志》还有3卷图籍，作者是元人李好文。图籍内容包括城市、官坊、古迹、农田和水利等，为后世学者提供了直观的史料。到了清朝以后，史学家将图籍并入《长安志》，并且将名字由最初的《长安图记》改为《长安志图》，进一步描绘了长安的历史和地理风貌。

阅读指南

我国历史上最早记载长安城的史书，是唐朝开元年间韦述所著的《两京新记》，记载时期包括唐朝以前的隋朝。《长安志》成书于北宋熙宁年间，主要取材对象正是这本《两京新记》，只是在内容上进行了大量增补。除增加了长安城宫廷以外的各色建筑外，还记载了长安周边的一些城市概况和名胜古迹，并且上溯到周朝时期的长安城历史。

按照北宋著名文学家司马光的说法，《长安志》的翔实程度，在《两京新记》十倍以上（详于《两京新记》不啻十倍）。事实上，《两京新记》不仅内容较少，而且目前存世的只有 3 卷。因此，对于研究唐及唐以前长安地理的后世学者而言，《长安志》就成了最重要的史料。

元人骆天骧（xiāng）曾对《长安志》进行简化，同时增补金元时期的长安历史，著成《类编长安志》一书，总共 10 卷。清人徐松又撰《唐两京城坊考》，增补了明清时期的长安历史，所做工作和相关成就与徐松大致相同。

宋敏求（1019 年—1079 年），北宋文学家、史地学家、藏书家。字次道，赵州平棘（今河北赵县）人。熟于朝廷典故，编著有《唐大诏令集》130 卷；地方志有《长安志》，考订详备。笔记《春明退朝录》，多记掌故时事，又补有唐武宗以下《六世实录》148 卷。

泾县志

《泾县志》由清人李德淦和洪亮吉共同编纂，是清代最有名的方志类史籍之一。全书共分 32 卷，名目分别为沿革（卷一），城池（卷二），山水（卷三至卷四），食货（卷五），学校（卷六至卷七），书院（卷八），坛庙（卷九），官署（卷十），古迹（卷十一），金石（卷十二），职官表（卷十三），选举表（卷十四至卷十五），名宦（卷十六），人物（卷十七至卷二十），烈女（卷二十一至卷二十四），寺观（卷二十五），艺文（卷二十六），杂识（卷二十七），辨证（卷二十八），旧志源流（卷二十九）和词赋（卷三十至三十二）。

阅读指南

今天的泾县位于安徽省东南部,东与宣州市、宁国县接壤;南与黄山市、旌德县毗连;西与青阳县交界;北与南陵县为邻,地理上处于长江南岸平原与皖南山区交接地带。至今为止,泾县已经有两千多年的历史,古书即有"汉家旧县、江左名区"的记载。境内主要河流为青弋江,古称泾水(亦称泾溪),泾县的名字即由此而来。

安徽方志历史上可追溯到汉代,有《庐江七贤传》《九江寿春记》等。安徽地灵人杰,文风昌盛,地方官员、文人学士或贤达名流都乐于修志,参与修志的著名学者有章学诚、洪亮吉、孙星衍、龚自珍、李兆洛、邓廷桢、何绍基、赵绍祖、赵吉士、刘师培等人。众多名流的参与保证了志书编纂质量,章学诚《和州志》、邓廷桢《安徽通志》、孙星衍《庐州府志》、赵吉士《徽州府志》、洪亮吉《宁国府志》、李兆洛《凤台县志》等一批名志为安徽留下了一笔笔宝贵而又丰富的文化遗产。历经风雨洗劫,据不完全统计,安徽历代方志现存 470 多种。

作者介绍

洪亮吉(1746 年—1809 年),字稚存,号又蛣,晚号更生居士,江苏阳湖(今常州市)人,乾隆五十五年(1790 年)进士,授翰林院编修,充国史馆纂修官,后出任贵州学政。此外,洪亮吉为方志名家,由他编纂的方志不低于 8 部,后人认为《泾县志》是其中最好的一部。其"一方之志,苟简不可,滥收亦不可"及"撰方志之法,贵因而不贵创,信载籍而不信传闻"等主张,在该志都得到了很好的体现。

李德淦,字梅岩,直隶延庆(今属北京市)人,乾隆五十五年(1790 年)进士。嘉庆九年(1804 年),李德淦知泾县,适逢宁国知府鲁铨欲修《宁国府志》而令各县修志,便延请洪亮吉纂修县志。嘉庆十一年(1806 年)十一月,该志编纂完成。期间,洪亮吉又受聘纂修《宁国府志》。

第三卷・子部

◎儒家

孔子家语

内容概要

《孔子家语》，简称《家语》，又名《孔氏家语》，是一部记录孔子及其弟子言行思想的著作。该书最初为 27 卷，但是在历史传承中有 17 卷散佚，今存只有 10 卷，共包含 44 篇。

魏人王肃为《孔子家语》作注，并且在书后附有自己的序文，同时又收录了其他人所作的序文，称为《后序》。《后序》实际上可以分为两部分：前半部分以孔安国语气所写，一般称为《孔安国序》；后半部分为孔安国之后的人所作，所以称为《后孔安国序》，包括孔安国之孙孔衍所作的《奏言》。

可以说，《孔子家语》详细记载了孔子及其弟子的事迹言行，生动塑造了孔子的人格形象。书中介绍了孔子的先世、出生死亡、日常生活、政治活动和教学活动，以及孔子学生的事迹。

阅读指南

《孔子家语》对研究儒家学派（主要是创始人孔子）的哲学思想、政治思想、伦理思想和教育思想，有巨大的理论价值。同时，由于该书保存了不少古书中的有关记载，这对考证上古遗文、校勘先秦典籍，有着巨大的文献价值。其次，由于作者收集在书中的内容大都具有较强的叙事性，也就是说大多是有关孔子的逸闻趣事，所以，此书又具有较高的文学价值。

《家语》记载的内容比其他研究孔子的资料更为完整。在有关孔子的研究上，《论语》是传统的第一手材料，但是《论语》篇幅短小，语言简略，难以尽展孔子等人思想言行的全貌。

相比之下，《家语》一书记载的内容更为广泛，包括孔子的家世、从政和周游经历，以及与老子和国君的问答等等。此外，关于周朝的礼乐制度、历史自然和孔子七十二位弟子的记载，也是本书的亮点之一。这些内容虽然庞杂，但基本围绕孔子展开，并成功展现了他作为政治家、思想家和教育家的风骨，同时也映衬出先秦儒家学者的优雅形象。

此外，《家语》还有助于人们解决早期儒学中的一些学术问题。例如：《家语》一书中有《弟子行》和《七十二弟子解》等孔子弟子的材料专篇，所列孔子弟子与《史记·仲尼弟子列传》中人物有所不同，经学者考证《家语》中所记弟子在许多方面显得更为准确、可靠。这一研究有助于弥补孔子弟子研究在资料运用及方法上的一些不足，进而开拓孔子弟子研究的新局面。同样，利用《家语》中的材料，可以推动因材料短缺而一直困扰学术界的"孔老关系"和早期"儒道"关系的研究、孔子的"五帝""三王"观的研究等许多早期儒学问题。

作者介绍

关于《孔子家语》一书的作者，普遍认为是魏人王肃，而且其目的是为了辩驳郑玄的著作，因而一直被视为伪作。但是据最新的考察发现，早在西汉时期，已经出现与《孔子家语》内容相近的作品（即《儒家者言》）。由此可见，王肃并不是《孔子家语》的唯一作者，该书必然经历了一系列的编纂、完善和增补，王肃只不过是贡献最大和修改最晚的人。

此外，《孔子家语》同样被收入《四库全书》，相关评述为："其书流传已久，且遗文轶事，往往多见于其中。"大意为本书历史悠远，而且包含了大量其他史籍中遗失的内容。基本肯定了《孔子家语》的史学地位。

荀子

内容概要

《荀子》是战国末期的思想家荀况所著,全书共分32篇,主要记录了荀子的言行及思想,展示了他在哲学、逻辑学、伦理、政治、经济、军事、教育、科学、文学、艺术等方面的研究成果。旨在总结当时百家争鸣的学术界思想,当然也包括荀况自己的政治主张,如唯物主义自然观、认识论思想以及伦理、政治、经济思想。

《荀子》一书又是先秦诸子散文创作的佼佼者。《论语》《孟子》基本是语录体、记事体的联结,到了《荀子》这里则已形成论文了。

阅读指南

荀子的文章,浑厚严谨,说理透彻,且多用比喻、对比、排比、引用等手法,观点鲜明,论据充分,在先秦诸子散文中独具特色。

《荀子》一书有三大特点,即优美的文辞、恢宏的气势、激越的语言。书中善用比喻、排比等修辞手法,例如"文貌情用,相为内外表里"一句,读起来充满韵律感和节奏感,令人酣畅淋漓、欲罢不能。此外,书中还有众多古今人物事例穿插其中,不仅显示出作者厚重的知识积累,还增强了论证的说服力,使文章阅读起来更加生动。

另外,《荀子》中的五篇短赋,开创了一种新的文学体裁——赋。特点是以四言韵语为主,骈散错落有致。书中还有以北方民歌形式写的《成相》篇,文字通俗易懂,用说唱的形式表达自己的政治、学术思想,对后世也有一定影响。

品读《荀子》,就像是同一位古代圣贤进行心灵对话。通篇一气呵成,具有很强的逻辑性。随着阅读的不断深入,荀子卓尔不群的形象慢慢浮现出来。他有着高洁的品格、非凡的才能和过人的智慧,同时也有着不满现实的愤激、孤寂与不甘。最终,他留下了《荀子》这部无可取代的经典,奠定了自己在中国思想史上先秦思想集大成者的地位。

作者介绍

荀子（约公元前 313 年—公元前 238 年），战国后期赵国人，被人尊称为荀卿，汉代时称他为孙卿。他是一位儒学大师，在吸收法家学说的同时发展了儒家思想。

荀子尊王道，也称霸力；崇礼义，又讲法治；在"法先王"的同时，又主张"法后王"。孟子创"性善"论，强调养性；荀子主"性恶"论，强调后天的学习。这些都说明他与嫡传的儒学有所不同。他还提出了人定胜天，反对宿命论，万物都循着自然规律运行变化等朴素唯物主义观点。

新语

内容概要

《新语》成书于西汉时期，是一部著名政论散文合集，全书共计 12 个章节。在这部书中，作者陆贾主张"行仁义，法先圣"，即推行仁义治国，效法先贤做法，最终达到"礼法结合"的最高目标。同时，陆羽信奉道学，强调"无为而治"，为西汉前期的统治思想奠定了基础。

据书中记载，陆贾经常在刘邦面前引经据典，大谈先贤的治国之道。但刘邦的文化相对比较欠缺，再加上他是以武力征服天下的，对陆贾及其政论更是嗤之以鼻。一次，陆贾将刘邦惹怒，以至于他高声质问道："我从马上打得天下，要诗书何用！"没想到陆贾毫不示弱，立即针锋相对地反驳说："马上可以得天下，但岂能在马上治天下！"

刘邦虽然是一个阴险而强硬的君主，但其为人甚是灵活，因而听了陆贾的话之后，他再三思忖，觉得不无道理。于是，刘邦决定让陆贾著书立说，总结汉朝之前各国灭亡的历史教训，以便吸取足够的统治经验，这才有了《新语》一书的最终完成。

阅读指南

《新语》一书的最大特色在于语言，主要有以下两个方面的表现：

其一，通俗简洁。也许陆贾考虑到《新语》最主要的读者（即刘邦）文化有限，他虽在书中引入了大量史实，但同时又运用了大量比喻进行说明。这不仅让相关内容更加简单明了，而且增加了一定的趣味性，最终达到了所讲的道理深入浅出的效果。

其二，文学性强。通常来讲，史籍以记述和分析史料为主，因而在文学性上总会不同程度打折扣。但是《新语》却打破了这一惯例，其行文高度赋化，对偶句比比皆是（其中又以四言句最多），表意极为凝练。当然，既然本书以赋文为主，在韵脚上也下足了功夫，以至于文章气势恢宏，读来朗朗上口，铿锵有力。

此外，从行文风格上来看，全书大开大合，旁征博引，无论陈述多么重要的历史事件和人物，都丝毫不失客观性。事实上，陆贾与同时代的史学大家（贾谊、贾山、晁错）相比较，的确多了一份从容不迫，这在他的著作中可以明显看出，当然也包括《新语》一书。

具体来讲，在《新语》的十二篇内容中，从未出现为臣、陛下等人称词汇，基本都是冷静客观地分析和叙述，具有先秦诸子的行文风骨。可以说，陆贾的《新语》虽然是写给刘邦看的，但是他始终以史家的规范严格要求自己，这不仅让他维护了史官的尊严，也为其作品注入了鲜活的生命力。

史料记载，陆贾是一个豁达乐观的人，在与刘邦的交往过程中，他常常以"客"的身份自居，以表明自己不恋权利，随时可以离开朝廷。而这里所谓的"客"，其实是春秋战国时期各派学者对其效命的诸侯的自称，这些古代知识分子与统治者之间的关系，也确实和主客的性质相通。由此不难看出，百家争鸣时期的社会思想，对陆贾影响比较深重，而这一点也不可避免地表现在了他的著作中。

从整部《新语》来看，全书行文的逻辑非常严谨，结构也比较规范，在同类史书当中可谓别具一格。其中，首篇论点即确立全书中心论点，其余篇幅则是对首篇论点的拓展和延伸，便于读者对全书进行把握和理解。总结来讲，其中心思想只有六个字，即"行仁义、法先圣"，这正是陆贾想要向刘邦和后世学者传输的治国思想。

陆贾（约公元前240年—公元前170年），汉初时楚国人，楚汉相争时以幕僚的身份追随高祖刘邦，因能言善辩常出使游说各路诸侯，深得刘邦赏识，被誉为"有口辩士"。刘邦和文帝时，两次出使南越，说服赵佗臣服汉朝，对安定汉初局势作出极大的贡献。吕后时，说服陈平、周勃同力诛吕。

陆贾是汉代第一位力倡儒学的思想家，他针对汉初特定的时代和政治需要，以儒家为本、融汇黄老道家及法家思想，提出"行仁义、法先圣，礼法结合、无为而治"，为西汉前期的统治思想奠定了一个基本模式。

盐铁论

《盐铁论》是西汉的桓宽根据著名的"盐铁会议"记录整理撰写的重要史书，书中记述了当时对汉武帝时期的政治、经济、军事、外交、文化的一场大辩论。

全书分为10卷60篇。前41篇是写盐铁会议上的正式辩论，从第42篇到第59篇是写会后双方对匈奴政策、法制等问题的争论要点，最后一篇"杂论"是作者写的后序。全书真实生动、全面而扼要地介绍了汉武帝的主要经济政策及相关的政治、军事、文化思想诸问题，是研究西汉经济史、政治史的重要史料。

另外，《史记》对桑弘羊的记述不够完备，《汉书》又未立专传。此书可以说是半部《桑弘羊传》，为研究这一重要人物提供了较充实的资料。

阅读指南

《盐铁论》这本书，是在中国轴心时代之后，经历了数纪战乱，走向真正意义上的大一统时候出现，可以称之为千古一书。它所蕴含的重要意义，从今天来看，也还是无法替代的。

汉昭帝始元六年，召开盐铁会议，参加会议的人分为两方，即贤良文学和御史大夫桑弘羊为首的朝廷官员。他们围绕盐铁专营、酒类专卖和平准均输等经济政策，展开激烈的辩论。辩论结束后，根据当时的会议记录，经过与会儒生朱子伯的介绍，桓宽将其整理，编纂成此书。

整本书以对话形式，用生动的语言记载了这场辩论的情况，保存了不少西汉中叶的经济史料和丰富的经济思想资料。全书体例统一，风格一致，结构严密，通晓畅达，在经济思想史和文学史上都具有重要价值。

值得注意的是，书中有不少篇章，文字比较晦涩难懂。因此，可以参考郭沫若的《盐铁论读本》和王利器《盐铁论校注》这两本书，有助于阅读者更好地理解此书。

作者介绍

桓宽是西汉后期的散文家。在汉宣帝时被举为郎，后任庐江太守丞。他认可儒家思想，在个人的政治立场上反对桑弘羊，但是在整理盐铁会议的记录时，他把辩论双方的言论和思想真实地记录下来，使《盐铁论》这部著作，不仅保存了西汉中期较丰富的经济史料，也把桑弘羊这一封建社会杰出理财家的概略生平、思想和言论相当完整地保留了下来，成为研究中国经济思想史、特别是西汉经济思想史的一部重要著作。

新序

内容概要

《新序》是一部以讽谏为政治目的的汉族历史故事类编,作者为西汉著名学者刘向,同时这也是我国现存刘向最早的一部作品。本书原本共 30 卷,至北宋初已大量散佚,最终仅存 10 卷。宋人曾巩进行重新整理和编纂后,恢复了十卷的体例,包括《杂事》(五卷),《刺奢》(一卷),《节士》(一卷),《义勇》(一卷),《善谋》(二卷),内容涉及舜禹时代至汉代史事和传说。

值得一提的是,《新序》中记载的内容,与《左传》《战国策》和《史记》等多有出入,从而为后世学者提供了不一样的参考材料。此外,作者还增补了一篇《说苑》,如我们所熟知的《叶公好龙》,正是出于该篇。

从时代上来看,书中前九卷都是在讲春秋战国时期的事情,最后一卷(卷 10)则完全讲的汉代历史;从内容上看,前五卷主要叙述历史"杂事",目的是为了借这些"杂事"反映出朝廷的政治能力。其余各卷,包括直接讽刺统治者的荒淫奢侈(卷六),赞扬大臣的高贵气节(卷七),赞扬将士的忠勇爱国(卷八),赞扬谋士的能言善断(卷九和卷十)。

由于本书继承了儒家的思想和学说,因而"修身治国"的一套理论贯穿全书,包括对君主的要求同样如此。事实上,本书对于"为君之道"论述颇多,比如作者希望君主广开言路,虚心纳谏,并且提出了一系列甄别贤能和奸佞之臣的方法。而对于"为臣之道",作者同样作出了评述,总体来讲就是儒家思想所提倡的"文死谏,武死战。"

阅读指南

《新序》中的许多章节故事完整,情节曲折生动,人物形象丰富多彩、特色鲜明,特别是有了虚构的成分。这说明,《新序》已经具备了小说的某些因素。

尽管《新序》中的许多故事采自诸子史传，但就其材料取舍、思想内容来看，无疑体现了刘向本人的社会政治思想。这主要可以归纳为德治仁政思想、贤人治国思想、民本思想、从善纳谏思想等诸方面。

作者介绍

刘向（约公元前77年—公元前年6年），原名更生，字子政，西汉楚国彭城（今江苏徐州）人，祖籍秦泗水郡沛县（今江苏沛县），汉朝宗室，先祖为丰县刘邦异母弟刘交。刘向是西汉经学家、目录学家、文学家，其散文主要是奏疏和校雠古书的"叙录"，较有名的有《谏营昌陵疏》和《战国策叙录》，叙事简约、理论畅达、舒缓平易是其主要特色。

新书

内容概要

《新书》是西汉初年政治家、思想家、文学家贾谊的论文总集，内容多为有关治国安邦及民生大计的政论文章。现存10卷58篇，其中《问孝》、《礼容语上》这两篇有目无文，因此实际篇数为56篇。

《新书》分为三大部分，分别为事势、连语、杂事。其中事势是政论文字，连语大体是说理和讲学文字，杂事是杂记。此书集中反映了贾谊的政治经济思想，其中有一些篇章也体现出了一定的哲学思维。

《新书》认为，万物皆以道德造化而来，事物之间可以相互转化，历史的发展总是有章可循的。为了突出自己的著述主题，作者开篇即撰写《过秦论》一文，用以说明秦朝灭亡的前因后果。在此基础上，他又总结了一系列经验教训，并提出了自己的政治主张，比如加强中央集权（见《宗首》《藩强》和《权重》等篇），以及利民安民的"民本思想"（见《大政》和《修政》等篇）。

阅读指南

作为西汉初期知识分子的杰出代表，贾谊的政论散文也代表了当时的最高文艺水准，其逻辑之清晰，情感之充沛，气势之恢宏，无人能出其右。当然，这也从侧面反映出了西汉初期欣欣向荣的社会气象，以及知识分子想要借助这一历史发展潮流，实现自己建功立业的雄心壮志。鲁迅先生曾经说过，贾谊的文章"为西汉鸿文，沾溉后人，其泽甚远"。大意是贾谊的文章不仅在西汉初期出类拔萃，而且对后世影响深远。

在哲学上，作者继承了旬子和老子的唯物主义思想，把"道"运用到了治国上，相信万物由天地、阴阳二气自然产生，否认神和造物主。

由于当时的国家教育制度还没有建立起来，因此《新书》对教育自身规律的论述并不多，而且缺乏具体深入的剖析。主要是从政论的角度涉及于此，仅停留在简单的判断和类比的思辨层次。

应该说，后世推崇贾谊思想的学者多如牛毛，如同朝的刘向曾对贾谊作出赞誉，曰："其论甚美，通达国体，虽古之伊、管，未能远过也。"大意是贾谊的政论非常优美，就算是古代著名的伊尹和管仲，其文章也比贾谊好不了太多。

清人卢文弨（chāo）曾为《新书》作校注，出于对贾谊的万分钦佩，将其与董仲舒并称为"经生而通达治体者（即深知政治的儒生）"。客观来讲，这一评价对于贾谊而言可谓名副其实，仍以《过秦论》为例，他所做的相关论述全面深刻，并且创造性地提出了教育对于国家政治和社会生活的重要性，从而提出了"以教为本"的核心思想。

为了增强这一思想的说服力，贾谊还列举了历史上注重教化的多位君主，以及他们所取得的辉煌成就。当然，贾谊列举这些内容，主要是为了给汉朝统治者提供参考，希望他们能够有样学样。与此同时，贾谊在教育内容和方法上，也提出了自己的主张，其中很多内容都极具实用价值。

作者介绍

贾谊（公元前200年—公元前168年）自幼学习非常刻苦，年轻时以超群的才华闻名乡里。他博学多才，18 岁时就能诵《诗》《书》，并且还善于撰写文章。因此被欣赏他的河南郡守吴公招至门下，做了门客。

大约贾谊 22 岁时，经吴公举荐，被文帝招为掌管文献典籍的博士。虽然他在诸博士中年纪最轻，但才华毫不逊色于他人，于是受到了文帝的赏识，被破格提升为太中大夫，成为文帝身边的高级顾问官。

这自然引起朝中群臣的忌恨和不满，于是一些朝廷元老重臣合伙诋毁贾谊"专欲擅权"，致使其失宠，被排挤出朝廷，从王朝中央贬谪到了地方任长沙王太傅，后转任梁怀王太傅。梁王不慎坠马身亡，贾谊以自己未尽到太傅职责而自咎，一年后忧郁而死，年仅 33 岁。

贾谊英年早逝，在后代诗人的心中，他永远是年轻的"贾生"，他的才华和泪水也成了后代诗人笔端常常出现的意象。杜甫"伤时哭贾生"，千年之后，这滴泪是否已经被风干呢？

法言

《法言》全书共 13 卷，每卷 30 条左右，最后一篇是自序，讲述前面每一篇的大意和写作目的。但并没有完全概括各卷的内容，从内容上来看，各卷还存在一些交叉点，因此，自序其实是作者进一步阐述自己思想的平台。

从其一条一条的形式上来看，《法言》更类似语录，它内容广泛，对从政治、经济、哲学、伦理，到艺术、文学、科学、军事甚至历史事件、历史人物、文献、学派等，都有一定的介绍。

总体来说，阅读《法言》除了可以知道作者扬雄的思想外，还可以了解很多西汉末年以前的历史文化知识。

阅读指南

历史上称《法言》是扬雄模仿《论语》而写的，书名《法言》，则来源于《论语·子罕篇》中："法语之言，能无从乎"和《孝经·卿大夫章》中"非先王之法言不敢道"二句。"法"字的意思是准则、使物体平直，因此"法言"的意思就是作为准则对事情的是与非给予评判。

在《法言》中，有很多地方可以看出作者的思想，例如"吾闻伏牺神王祯农殁，黄帝尧舜殂落而死，文王毕，孔子鲁城之北。独子爱其死乎，非人之所及也。仙益无益子之矣。又说有生者，必有死；有始者，必有终。自然之道也"。这段言论，可以看出作者反对方士巫术、神仙不死等思想，对人类可以修仙、长生不死等言论进行了明确否定。

在认识论上，《法言》反对生而知之，强调更多的是后天的学习和努力。例如，在《学行》中："习乎习！以习非之胜是也，况习是之胜非乎。"不仅如此，同时还强调感官在认识中的作用，如《吾子》中："多闻则守之以约，多见则守之以卓。寡闻则无约也，寡见则无卓也。"

对于古代传统的天命思想、神秘主义思想等，《法言》也不赞成，认为"君子之言，幽必有验乎明，远必有验乎近，大必有验乎小，微必有验乎著"。

在历史上，《法言》有着巨大的影响和作用，其突出表现为两方面：其一，怀疑神学目的论，对其抱有不满态度；其二，坚决捍卫正统儒学。这种观点得到了后世唯物主义哲学家的赞成，一方面促进了无神论思想和古代唯物主义哲学的发展，同时还启发了后世儒家道德的建立。

《法言》对后世所产生的这两方面的影响，既是矛盾的又是统一的，但在当时神学迷信作为正统的官方思想弥漫泛滥于整个社会的情况下，他独能发表这样一些怀疑和不满，是很不容易的。

作者介绍

扬雄（公元前53年—公元18年）是我国西汉末年一位重要的哲学家、文学家和语言学家。他的先世是做官的，后来没落为以农桑为业，因此扬雄在官场上毫无地位。

后来，扬雄奏《羽猎赋》得到了皇帝的赏识，除为郎，但是历经成、哀、平三朝也没有得到升迁，直到王莽代汉后，他才转为大夫。

扬雄的一生，处于西汉由兴盛逐渐衰落之时，整个社会呈现出一种风雨飘摇、朝不保夕的动荡惶惑状态。由于其出身和经历的影响，成为了当时统治阶级中下层的思想代表。他出于补救统治思想危机之心，写成《法言》这本书。

申鉴

内容概要

《申鉴》是一部政治性散文和哲学论著。该著作受到很多儒家学者的关注和评述，对后世的影响很大。

全书包括《政体》《时事》《俗嫌》《杂言上》《杂言下》5篇。

《政体》篇论述治国为政的根本原则与方法；《时事》篇论述适应当时社会状况实行的一些具体政策和制度；《俗嫌》篇批评世俗盛行的卜筮、禁忌、祈请、神仙方术、谶纬等宗教迷信；《杂言》上下篇体例与扬雄的《法言》相近，讨论学习、修养、人性善恶等问题。

阅读指南

在很长一段时期内，曹操独揽大权，汉献帝仅仅只有一个虚名，荀悦见当时这种状况，就写了《申鉴》这本书。意在重申历史经验，供皇帝借鉴。

书中对现实政治的评论恰到好处、切中时弊，很好地继承了西汉以来政论文的传统，并将其发扬光大。明代何孟春在《申鉴注序》中称"其论政体，无贾谊之经制而近于醇，无刘向之愤激而长于讽"，从中可以窥见荀悦文章风格的特点。

《申鉴》的思想源于作者荀悦的思想，他的思想中既有儒家思想的成分，又有道法兼宗的思想内涵，还有东汉末期的批判思想，这是由他所处的阶级和特殊历史时期决定的。

荀悦（148 年—209 年），字仲豫，是东汉末期的史学家和政论家。今河南许昌人。自幼聪颖过人，非常喜爱学习，但是由于家境贫寒，没有闲钱来买书，只好在阅读时候强记，过目不忘。

汉灵帝时，宦官专权，因此荀悦隐居从不过问世事。献帝时，应曹操之召，任黄门侍郎，后连续升迁至秘书监、侍中。他常日伴随献帝左右，深得献帝的嘉许。

潜夫论

《潜夫论》共 36 篇，今存本 35 篇，《叙录》1 篇。全书以《赞学》开始，以《五德志》叙帝王世系、《志氏姓》考谱牒源流结束。

其余的篇数，分别对封建社会时期国家的行政、用人、边防等统治战略加以论述，另外还对当时社会上的一些不良风气，如交结势力、迷信占卜加以批判。

《潜夫论》多数是讨论治国安民之术的政论文章，对东汉后期政治社会提出尖锐的批判，少数也涉及哲学问题。

此书指出当时社会本末倒置、名实相违的黑暗情形，认为这些皆出于"衰世之务"，并引经据典，用历史教训警告当时的统治者。把社会黑暗动乱的根源归之于统治者的昏暗不明,把治理乱世的希望寄托在明君和贤臣身上。他希望明君能任贤使能,忠信纳谏,天下就能太平。

阅读指南

《潜夫论》一书年代久远,历经沧桑,文字生涩,脱误遗漏之处尚多,注释家各执一辞,有的含义至今不明。

此书在思想上,大致以儒家思想为体,以法为用。在文学上,作者主张文章要"遂道术而崇德义",批评当时的学者"好语虚无之事,以求见异于世",认为诗赋应该"颂善丑之德,泄哀乐之情"。

《潜夫论》实现了作者的文学主张。他总结三代以来的历史经验教训,以此立论,批评东汉后期的政治弊端,内容切合实际,说理透彻精辟。

在写作手法上,《潜夫论》几乎通篇排偶,遣词造句言语骈丽,突出表现出了东汉后期政论散文的骈化趋势,逐渐引起一阵盛行的华丽之风。

关于教育目的,《潜夫论》中是这样说的,"夫教训者,所以遂道术而崇德义也",即教育首先要以德为先,重视德育,加强道德的社会教育作用;另一方面又要注重礼义,加强学校道德教育的意义,这样就可以达到教育的基本作用了。

在《潜夫论》中,也有对教师作用的论述,指出人非生而知之,举例说,即使像黄帝孔子这样的圣人也要拜师学习,更何况普通人呢?因此从师就学的目的在于尽快地使自己的德行接近圣人。显然,这是一种唯物主义思想,反映了此思想对汉末时期思想的影响和这一时期教育思想的积极意义。

作者介绍

王符,字节信,东汉的政论家和文学家。生卒年月不详,大约生于东汉和帝、安帝之际,卒于桓帝、灵帝之际。

他是家中的庶出之子,而且舅家无亲,因此在家乡饱受歧视。少年时他敏而好学,有理想和自己的操守。但由于性情耿直、不流于俗,于是终生不为官。他隐居著书,抨击当时朝政的腐败黑暗和统治阶级的贪婪残暴,在当时颇负盛名。

中论

《中论》,又称《中观论》或《正观论》,与《百论》、《十二门论》合称"三论宗"据以立宗的"三论"。《中论》约撰成于三国魏明帝时,题为龙树著。

该书分为上、下二卷,共计20篇整,其中,《治学》至《爵禄》为上卷(10篇),《考伪》至《民数》为下卷(10篇)。此外,《群书治要》还收录了《中论》的两篇内容(即《复三年丧》和《制役》),今天我们所见的《中论》版本,基本将这两篇增补其中。由此可以看出,《中伦》的二十卷内容并非全本,散佚于何时何人已不可考,只知道在宋朝时流传于世的已经是残本。

目前可以确认的相关信息是,《隋书·经籍志》著录《中论》六卷,《旧唐书·艺文志》、《新唐书·艺文志》和《崇文总目》作六卷,晁公武所著的《郡斋读书志》和陈振孙所著的《直斋书录解题》并作二卷,《文献通考》和《四库全书总目》也收录了二卷,其他书目的收录情况则有待进一步考证。

据说,《中论》最早有一篇原文序,但不知道作者姓甚名谁,因而根本无法考证。不过,这篇序文中有曰:"余数侍坐,观君之言长怖,笃意自勉而心自薄也。何则?自顾才志不如之远矣耳。然宗之仰之,以为师表。自君之亡,有子贡山梁之行,故追述其事。"大意是这篇序的作者对本书作者徐干非常钦佩,对《中论》一书更是倍加推崇,因而在徐干亡故之后,他担心这本书被历史湮没,便特意做了这篇序文。

由此可以推断,这篇序文的作者与徐干是同时代的人,而且和他的关系非同一般。宋人陈振孙、清人严可均,以及《四库全书》所做评述内容,都确认了这一推断。

书中主要内容是阐发"八不缘起"和"实相涅槃",以及诸法皆空义理的大乘中观学说。卷首的"八不偈"为:"不生亦不灭,不常亦不断,不一亦不异,不来亦不出";《观四谛品》的"三是偈":"众因缘生法,我说即是空,亦为是假名,亦是中道义",是全书中心思想的概括。"八不偈"批判了在缘起法上的种种"谬论",指出单纯执着生灭、常断、一异、来出等,是不正确的"戏论"。应该超出戏论、消灭戏论,得出对现象实在的认识,即实相。"三是偈"则是对"中观"所下的定义。认为真正的缘起法,是既要看到无自性(空),又要看到假名(有),假名与空相互联系,即所谓"中观"。义净在《南海寄归内法传》卷一说:"中观则俗有真空,体虚如幻",即是此意。本论《观涅槃品》还讲到"世间"与"涅槃"在实相上的统一,所谓"涅槃与此间,无有少分别"。

阅读指南

世人对《中论》的瞩目,主要是因为其对大乘佛学的发展具有深远影响,而且影响范围远波国外。在印度,《中论》的思想经过数百年传承发展,最终成为一大流派——中观派,其影响力丝毫不在瑜伽行派之下。

从发展历史来看,首先在印度弘扬《中论》的是该国的佛护和清辨等人,他们争相为该书作注,在印度引发了一个学习潮流。与此同时,佛护和清辨进一步发展《中论》思想,并且正式建立了中观学派。到了7世纪中叶,印度人月称继承佛护之说,重新为《中论》编排了注释,并改称《明句论》,同时著有通论性质的《入中论》,促成《中论》在印度的进一步发展。

不久之后,经印度僧人整理的《中论》传回国内,鸠摩罗什的弟子僧肇据此撰写《不真空论》等多篇论文,对我国佛教发展产生巨大影响。隋唐时期,僧人吉藏又编撰了《中观论疏》,促进了《中论》的进一步发挥。后来,吉藏以《中论》和《百论》、《十二门论》为依据,创立了"三论宗"。

另,元朝时西藏僧人宗喀巴撰有《中论广释》,对《中论》的思想进行了系统地研究和阐述,见解极为精到。

《中论》对"中观"下一定义,见于第二十四品〈观四谛品〉末颂,画龙点睛,一语道破全书要义:"众因缘生法,我说即是空。亦为是假名,亦是中道义。"中国佛学门派如三论宗、天台宗等，都很重视这一颂。因颂中有三个"是"字遂称为"三是偈"，天台宗把"空、假、中"看成是谛，又称为"三谛偈"。

"颂"的原意是批判部派佛学的知见。佛学的根本原理是缘起，其中"一切有部"主张偏有，把凡是从因缘而生的法都说成是实有，此颂就是针对它的。"众因缘生法"是指缘起，缘起之法有两个方面，第一是无自性，即空"我说即是空"。这空是存在认识之中，以言语表现出来的，所以说"我说"。

所谓法、事物、现象等本身，无所谓空与不空。仅仅这样认识空还是不够的，第二还应该明白诸法是一种"假名""亦为是假名"。如果光说空，不是否定了一切了吗，世界上何以又有千差万别的事物呢？因此说法虽是空，还有假名。"假"在别处也译为"施设""假设"，都是指概念的表示。概念表示不外乎语言、文字（佛学也叫"名言"）。

对缘起法，不仅要看到无自性（空），而且还要看到假设（假有）。因其无自性才是假设，因为是假设才是空。这样看缘起法，既不着有（实有），也不着空（虚无的空），就"亦是中道义"。

而对于《中论》来说，最核心就在于一个"破"字。当然，为了缓和语气，书中凡涉及此处均冠以"观空"代替。在破的方式上，出现最多的是假言推理，即先假设一个论题，然后加以否定，最后得出结论。如"若果非有生，亦复非无生，亦非有无生，何得言有缘。"又如"非无因、非相违、非穷、非无体、非无果之因、无因之果，不到，不违教，相因待，已法不更法，一法不二体，有如是"等。

作者介绍

徐干（170年—217年），字伟长，汉末文学家、哲学家、诗人。"建安七子"之一。以诗、辞赋、政论著称。代表作：《中论》《答刘桢》《玄猿赋》。其著作《中论》，对历代统治者和文学者影响深远。

其少年时，正值汉灵帝末年，宦官专权，朝政腐败，而徐干却专志于学。当时的州郡牧慕徐干才名"礼命蹊踏，连武欲致之"。他"轻官忽禄，不耽世荣"。曹操曾任他为司空军谋祭酒参军、五官将文学，他以病辞官；"潜身穷巷，颐志保真"，虽

"并日而食",过着极贫寒清苦的生活,却从不悲愁。曹操又任命他为上艾长,他仍称疾不就。建安中,看到曹操平定北方,中国统一有望,即应召为司空军谋祭酒掾属,转五官将文学,历五六年,以疾辞归。"潜身穷巷,颐志保真",虽"并日而食",亦"不以为戚"。(引并见《中论序》)后授上艾长,也因病未就。建安二十二年(217年)春,瘟疫流行,徐干亦染疾而卒。后来曹丕论及徐干时说:"观古今文人类不护细行,鲜能以名节自立,而伟长独怀文抱质,恬淡寡欲,有箕山之志,可谓彬彬君子矣!"

中说

《中说》又名《文中子》,全书总共分为10个部分,包括王道篇、天地篇、事君篇、周公篇、问易篇、礼乐篇、述史篇、魏相篇、立命篇和关朗篇。该书是王通的弟子为了纪念他而编纂,目的在于弘扬儒家学说,形式上和《论语》的成书大致相同。内容主要是王通的授课记录,其余还包括他与弟子、学友、时人的一些对话,以及他的诸多学术成果。后世学者想要研究隋唐时期的文化思想,对于王通及其学说的研究必不可少,其中最重要的就是这本《中说》。

从内容上来看,《中说》除了继承儒家学说,而且具有明显的时代气息。比如王通认为,教育的根本目的在于振兴儒学和建立王道,这里所谓的"王道",就是当时社会的主要思想之一。至于如何加以实现,王通认为最重要的是培养人才,因而学校教育成了他的重要论点,这在当时具有极大的进步性。

在哲学方面,《中说》表现出明显的唯物主义色彩,比如在提到天、地、人时,王通分别以气、形、识为抽象符号,同时也指出了每个人的行为原则和修为目标。比如人们对天的研究，主要应该集中在"气"上，通俗来讲可以认为是"气候"；对于地的研究，应主要集中在"形"上，通俗来讲即是"地形"；而对于人类自身的了解，则全在于一个"识"字，也就是对天地万事万物的认识，而获取"识"的方法首先在于教育。

在文学方面，王通认为文学的主旨在于通晓规则，并且通过实践融会贯通。其中，他主要论及诗歌在实施教化过程中的重要作用，当然主要是对儿童的启蒙教育。具体来讲，他又提出了约、达、典、则等主张，并且由此引发了一次文艺改革运动，对当时及后世的学者产生了极大影响。

阅读指南

《中说》记录了王通的言谈主张，其文学思想由三部分构成：

第一部分是其文学思想的核心，概括来讲即"贯道济义"，也就是真正的文章必须注重遵守道义。王通的这一观点继承了前人的明道、征圣和宗经理念，同时又加以"执中"和"通变"之说，是不折不扣的儒家正统观念。后世学者韩愈和柳宗元发起的古文运动，以及白居易所创的"新乐府"诗歌，都受到王通文艺思想的重要启发。

第二部分是其文史观念的核心，概况来讲即"征圣宗经"，也就是向古代的圣贤学习，像经典书籍中的知识学习。作者在书中对司马迁和班固等史学大家进行了评述，同时阐述了自己的观点——修史的目的在于为今人和后人提供借鉴。因此，王通对于文学性的重视程度有限，其主要精力都用在了历史、政治和社会方面，同时创造性地提出了"六经皆史"的说法，为后世学者提供了重要研究观点。

第三部分是其道德主张的核心，简单来说即只有道德高尚的人，才能写出真正优秀的文章来。事实上，作者的这一主张继承自前面两部分内容，因为"贯道济义"和"征圣宗经"都是对作者行文方法的主张，其中无不贯穿着儒家思想。如果从文艺角度来看，王通的这一观点，不免显得有些狭隘；但是从历史角度来看，王通的主张完全在批判范畴之内，所以作者及其文章还是受到后世学者的大力推崇。

作者介绍

王通（584年—617年），字仲淹，号文中子，是著名的思想家和教育家。从小时候起,他就受家学熏陶,精习《五经》,15岁时便开始从事教学活动。隋文帝仁寿三年(603年),王通考中秀才后游长安,见隋文帝,深得其赞赏,但在下议公卿时却被冷落,故作《东征之歌》,抒发了怀才不遇的心情。

此后,王通对朝廷逐渐失去信心,随后辞官归乡,把兴王道的志愿寄托在续述《六经》和讲学的教育事业上去。决心要以古代隐逸贤才为榜样,"退而求诸野",用著述和教学来为弘扬儒学做贡献。

帝范

《帝范》由历史上著名的皇帝唐太宗撰写,是一部论述人君之道的政治文献。全书共4卷,12篇,另有《前序》和《后序》。

在《前序》中,唐太宗指出了自己写此训的目的。在正文的十二篇中,讲的是为君者必须遵守的十二条准则,即君体、建亲、求贤、审官、纳谏、去谗、诫盈、崇俭、赏罚、务农、阅武、崇文等十二个方面。唐太宗指出:"此十二条者,帝王之大纲也。安危兴废,咸在此焉。"

《帝范》中,"范"的意思就是规范,所以"帝范"所讲的就是做帝王要遵循的规范守则。此书的写作,目的是为了教育太子如何有目的、系统性地学习为君之道。

贞观二十二年(648年),唐太宗把《帝范》赐给太子李治。用来表达他的治国理念,同时也对自己的功过进行了自我评述。可以说,这部书既是唐代皇家治家之教,也是对帝王一生治国理政的经验总结。

阅读指南

《帝范》是唐太宗教育太子的一部教科书，对后继者来说，这是本朝先祖一生治国经验的总结，因此学习起来自然真切，很容易效仿。

《帝范》开篇就讲"君体"，如"人主之体，如山岳焉，高峻而不动；如日月焉，贞明而普照"，"君体"指的就是君王的体态容貌，往深处引申可以理解为君王的人格魅力。此篇警诫为君者必须具备君王的人格，做到恩威并施，持威德以"致远"，用慈厚以"怀民"。

唐太宗指出，要想保持君体，就要"宽大其志，足以兼包；平正其心，足以制断"，并指出合格的君体就是"倾己勤劳，以行德义，此乃君之体也"。

从中我们可以看出，唐太宗认为，作为一个国家的统治者，仪容和气质是很重要的。作为君王，要有宽大的胸襟，涵容万物。凡事不要以自我为中心，要行仁政，对大臣以礼相待，把子民摆在第一位。因为子民是国家的依靠和希望，而国家是君王存在的基础。这才是唐太宗心目中理想的人君及其"为君之体"。

《帝范》行文短小精悍、论证有据，言语间充满哲理且一言中的，展现出了中国最伟大帝王对人生和世界的感悟。

作为唐太宗晚年的精心之作，《帝范》对唐代帝王教育有着非常重要的作用。他将此书赐予太子以后，唐王朝之后的历代君王臣子都给予了极大的关注。各位皇帝当朝时，都命人对此书进行注疏解读，以期对自己的统治或对太子的教育有所帮助。宋元明清诸朝皇帝，也常将此书置于案头。由此可见，该书在历史上的地位和影响。

道德立于上，则百姓化于下。足见君德巨大的教化作用。陶冶君德，资于治道，正是《帝范》的最大功用。

作者介绍

唐太宗李世民是唐朝的第二位皇帝，是杰出的政治家、军事家、战略家和诗人。他少年从军，随着父亲兴兵讨乱，24岁发动玄武门之变，平定天下，被立为太子，29岁时登上天子之位。

李世民治理天下时，总是朝思暮想、虚心纳谏，积极听取群臣的意见。他劝课农桑，使百姓能够休养生息，国泰民安，开创了中国历史上著名的贞观之治。对外开疆拓土，他常把生死置之度外，不管敌人多么强大，他都所向无敌。在他的治理下，各民族融洽相处，被尊称为天可汗，为后来唐朝一百多年的盛世奠定了重要基础。

家范

内容概要

《家范》是一部中国古人修身齐家的典范作品，被历代人推崇为家庭教育的范本。全书共19篇，系统而全面地阐述了封建家庭中的治家原则、伦理关系、修身养性以及为人处世的方法。书中引用了很多儒家经典中的治家、修身格言，还收集了大量历代治家有方的实例和典范，以为后人树立楷模。

阅读指南

司马光有两部书，一部是历代军事家和政治家必读的《资治通鉴》，另一部就是《家范》，司马光自己说，《家范》比《资治通鉴》更为重要，也更为实用。

《家范》教给世人的不仅只是如何治家，司马光在首卷引用《大学》里的一段话，来阐明他写《家范》的目的："欲治其国者，先齐其家；欲齐其家者，先修其身。"他认为齐家为本、治国为末，齐家和治国是一样重要的。

在家庭关系的处理上，司马光认为"治家莫如礼"，首先是父教之责，其次是慈爱有节，在子女的文化教育上，反对前人重男轻女的思想，他主张女子也应该学习诗书，以便在丈夫无能或家庭出现变故时，能担当起管理整个家庭的责任，并认为这是"贤妇人"的标准。

在理财方面，《家范》虽然没有对理财作以单章论述，但从《治家》篇中列举的故事可以看出司马光对经商并不持反对态度，只不过在表达方法上较其他专著隐讳，这与司马光深受儒家思想熏陶有关。

司马光主张首先要遗德不遗财；其次，要坚持公平原则，司马光的公平原则包括两层含义：一是公心原则，二是均平原则，第三要树立商业理念，重义轻利是中国传统社会的一种价值取向，是儒家文化在人们思想观念上的一种沉淀。

作者介绍

司马光（1019年—1086年），字君实，号迂叟。是北宋时期著名政治家、史学家、散文家。主持编纂了中国历史上第一部编年体通史《资治通鉴》。

自幼司马光就喜欢读书，世人称其"手不释书，至不知饥渴寒暑"。7岁时，就像成人一样睿智，听人讲述《春秋左氏传》时，就可以明白其大意。他学识渊博，对史学、音乐、律历、天文、书数，无所不通。

司马光为人温良谦恭、刚正不阿，其人格堪称儒学教化下的典范，历来受人景仰。

张子全书

内容概要

《张子全书》是张载一生著述的合编，包括《西铭》一卷，《正蒙》二卷，《经学理窟》五卷，《横渠易说》三卷，《语录抄》一卷，《文集抄》一卷，《拾遗》一卷，宋元诸儒所论及行状为《附录》一卷。

阅读指南

张载是北宋时期理学的奠基者之一。在中国思想文化发展史上，他的学术思想占有非常重要的地位，对以后的思想界也产生了很大的影响。

在《张子全书》中，张载认为，宇宙是一个无始无终的过程，在这个过程中，充满一些矛盾的对立运动，如升与降、浮与沉、动与静等。对于事物的矛盾变化，他认为两与一互相联系、互相依存，并将其概括为"两不立则一不可见，一不可见则两之用息"。

关于"认识论"，作者提出了"见闻之知"和"德性之知"。其中，"见闻之知"的获得渠道为感觉经验，而"德性之知"的获得渠道为后天修养，二者共同达到的精神境界，成为一个人毕生的修为，直到"大其心而能体天下之物"，即能够对天下万事万物建立全面深入的认识。

关于"社会伦理"，作者提出"天地之性"和"气质之性"。对于修为的过程，作者称之为"尽性"，获得的渠道是增强道德修养和认识能力。应该说，张载是一个温和的社会变革者，他主张推行"井田制"，以达到"平均地权"的政治目标。

与此同时，在《西铭》一篇中，张载还提出了"民胞物与"的思想，曰："乾称父，坤称母……民，吾同胞；物，吾与也。"大意为：天、地、人都是"气聚"而成，三者之间的"性"是相同的，因而聪明的人一定遵从天地运转规律，同时爱人及一切事物，所谓"民为同胞，物为同类"是也。

作者介绍

张载，（1020年—1077年）字子厚。北宋哲学家，理学支脉关学的创始人，是我国古代唯物主义哲学家，对中国哲学思想的发展有很大的贡献。

他少年时便失去了父亲，比起同龄人更加成熟懂事。当时，西夏经常侵扰西部边境，后来达成朝廷向西夏进贡大量物资的和议。张载听闻后愤然上书《边议九条》，以陈述自己的意见，打算组织民团去夺回失地，建功立业，博取功名。范仲淹召见了他，认为其可成大器，劝说他作为儒生，应该去儒学上下功夫，不必去研究军事。张载听从劝告，从此刻苦攻读《中庸》，而后遍读佛学、道家的书籍，可是觉得这些书籍都不能实现自己的伟大抱负，于是又重新攻读儒学，十多年后，终于悟出了佛、道、儒互相关联且互补的道理，最终建立起了自己独有的学说体系。

二程遗书

内容概要

《二程遗书》全称为《河南程氏遗书》，共25卷，此书和《河南程氏外书》被一起称为"二程语录"。因为这两部书籍都是程颢、程颐的弟子和门人记载其平时的言行和谈话内容。其中言论居多，大多是用比较通俗易懂的语言，反映当时的实际语言情况。

《二程遗书》的内容核心是一套封建的伦理道德学说，客观唯心主义是它的哲学基础。内容涉及的范畴极广，如历史、社会、伦理、道德等方面。他们的学说在宋代被视为"伪学"，但被后来的历代封建统治者接受，并加以利用，成为统治中国思想界数百年的正统思想。

阅读指南

"二程"学说对先秦和西汉以来的儒学思想做了进一步阐述，同时还批判性地吸收了佛、道思想，形成了新儒学，这些思想集中体现在《二程遗书》中。其思想皆以"理"或"道"作为基础，认为"理"是先于万物的"天理"，"万物皆只是一个天理"。社会秩序也是由天理定的，遵循它就是符合天理，反抗的话就是逆天理。

另外还提出了"无人欲即皆天理"的理论。教人要"存天理、灭人欲"。要"存天理"，必须先"明天理"。而要"明天理"，就要逐渐认识事物之理，积累多了，就能豁然贯通。

"二程"主张"涵养须用敬，进学在致知"的修养方法。二程宣扬封建伦理道德，提倡在家庭内形成像君臣之间的关系。程颐还反对妇女改嫁，宣称"饿死事极小，失节事极大"，流毒颇深。

由于《二程遗书》的时代背景正好处于汉语的大发展时期，也就是北宋中期，在这个时期，各种词汇数量大量增加。书中有大量的新词语出现，也有很多地方用一些平时常见的事物来设喻，因此在语言表达方面不失其特有的清新。

此书的口语化程度较高，在对话上引经据典，说教气息浓厚，可以反映出一些宋代语言的特点，从语言学的角度来看，《二程遗书》保存了相当数量的宋代口语词汇，为后人研究汉语词汇历史以及语法的演变提供了难得的资料。

作者介绍

程颢（1032年—1085年），字伯淳，号"明道先生"；程颐（1033年—1107年），字正叔，后人称为伊川先生。兄弟两个人，世人称其为"二程"。

他们出生于中等官僚家庭。程颢是进士出身，当过地方官，也做过监察御史里行。他多次批评王安石新政，是一个哲学上的唯心主义者和保守派的理论支柱。

程颐也是进士出身，无心做官，喜欢讲学并以此为业。在反对王安石新政的过程中，屡遭排斥，最后被削为普通百姓。兄弟两人一生大部分的时间都居住在洛阳聚徒讲学，在当时造成很大的影响，成为了宋代"洛学"的创始人。

童蒙训

内容概要

《童蒙训》又称《吕氏童蒙训》，共有3卷，是一部吕氏家塾的蒙学教材。此书以作者的曾祖父吕公著、祖父吕希哲、父亲吕好问为主线，汇聚了颂扬其祖辈长处的有关人物的点滴事件和言论。主要包含着修身养性、做人为官、读书做学问以及作诗论诗等方面的内容，在宋代以及元、明、清时期都广泛流传。

现在所见到的《童蒙训》源于南宋绍定二年（1229年）刻本，已然不是原本的样子了，在"原本"中，不仅有着大量的诗文论说，还有很多为官之道。今本的《童蒙训》主要讲述了一些道德要求，如仁慈、尽孝、诚信、勤劳、谨慎、庄重等，具有浓厚的理学色彩。

阅读指南

吕本中编写《童蒙训》的宗旨是为了光宗耀祖，使祖宗的德业能够流芳千古，并以此勉励自己的后人，这种思想恰是封建社会讲究的孝道的核心。

书中颂扬了儒家提倡的正统思想，例如《四库全书总目提要》中说的一句话，"所记多正论格言，大抵皆根本经训"。当然，在这其中也有很多值得我们借鉴的真理成分。

此外，一些宋代有名的诗人、理学家和政治家的言论和事迹在书中也有所涉及。如此一来，更为生动真实地呈现了宋代文坛和学术面貌，还折射出了北宋时期一些重大的政治历史事件。

在某种程度上，《童蒙训》可以反映出宋代蒙养教育的特点，同时为后人了解宋代的官场、士人的心理等方面提供了具体生动的资料。可以说，《童蒙训》不仅对童蒙教育有着很大的影响，而且对诗学观点和做官的学问影响更大。

作者介绍

吕本中（1084年—1145年），原名大中，字居仁，世称东莱先生。他是南北宋时期文坛中一位重要的人物，首次创立了"江西诗派"这一诗歌流派的名称，并且把这一诗派的诗人纳入进了一个体系之中，彰显了这一流派的整体风格。

在诗歌创作上，他的作品抛去了江西诗派的干枯苍白，呈现出一种清晰圆美的特点，对后人诗歌创作的影响很大。此外，在南北宋的交流中，也很好地传承了中原文化，做出了突出的贡献。

近思录

内容概要

《近思录》是为使初学者更好地把握北宋四子的思想,朱熹和吕祖谦编辑的理学的首选书。

北宋四子为周敦颐、程颢、程颐、张载,《近思录》选取4人语录中的622条,分14卷,分类编辑而成。本书融汇了北宋四子的理学思想,各个篇章之间思路清晰,很好地弥补了各家各派散乱的缺点,构成了一个完整的逻辑体系。

《近思录》的卷首,收录了四子关于"性"的本原和"道"为世界本体的论述。继而叙述"格物致知"的方法论。指出为学要"尊德性而道问学",读书须"致知而穷理"。通篇由浅入深,向读者讲述学习的方式方法。

阅读指南

淳熙二年(1175年),吕祖谦从浙江到福建找到朱熹,两人在一起研读周敦颐、程颢、程颐、张载的著作,在研读的过程中相互交流,深感他们的思想"广大闳博,若无津涯",对于初学者来说,想要把握其中的精髓是一件不容易的事情。因此,两人选取其中部分内容,辑成《近思录》这本书。

北宋四子的读经方法,对我们今天读经有着很重要的启发借鉴意义。对现在的教育者和读经者也有着很大的指导意义,如借鉴其科学的治学次序和方法、治学当行与不当为之事等。

另外,此书的名字也大有来历,"近思"二字取自《论语》中的"博学而笃志,切问而近思,仁在其中矣"。用意在于,要把《近思录》当作学习四子著作的阶梯,四子著作又为学习《六经》的阶梯,以正"厌卑近而骛高远"之失。

《近思录》代表着古代思想文化的发展水平,在理学史上具有重要地位,是中国古代儒家思想文化发展成熟的理论形态,对确立儒家道统,传播理学思想起着重要作用。

作者介绍

朱熹（1130年—1200年），字元晦，后改仲晦，号晦庵。是南宋著名的思想家、哲学家、理学家、诗人、文学家、教育家。

朱熹自幼勤奋好学，学识渊博，对史学、经学、文学、乐律乃至自然科学都有研究。李侗曾赞扬他："进学甚力，乐善畏义，吾党罕有。"

他的作品语言秀正，风格俊朗。在其不少作品中都可以看得出用语方面比较讲究，但从词语意境来看，会发觉他的思想过于理性，这是因为他比较注重理学的哲学思想。

朱熹一生从事理学研究，又竭力主张以理学治国，可是并不被当道者所理解。因此虽为官清正，仕途生涯却并不平坦。因此，一生热心于教育事业，孜孜不倦地授徒讲学，无论在教育思想或教育实践上，都取得了重大的成就。

吕祖谦（1137年—1181年），字伯恭，婺州（今浙江金华）人，世称"东莱先生"，为区别于伯祖吕本中，也有"小东莱先生"之称。是南宋著名理学家，与朱熹、张栻并称为"东南三贤"。著有《东莱集》《历代制度详说》《东莱博议》等作品。

吕祖谦是"婺学"的创始人，也是浙东学派的代表人物之一。时值理学学派分歧，他始终秉持兼收并蓄的治学风格，主张无论从理或从心，应始终以实用为主宗。清代学者全祖望曾评价其风格："宋乾、淳以后，学派分而为三：朱学也，吕学也，陆学也。三家同时，皆不甚合。朱学以格物致知，陆学以明心，吕学则兼取其长，而复以中原文献之统润色之。门庭径路虽别，要其归宿于圣人则一也。"（《宋元学案》）而"鹅湖之会"则更为突出地表现了他的这种"兼取其长"的特点。

大学衍义

内容概要

《大学衍义》是我国南宋哲学家真德秀的政治哲学著作。此书共43卷，全书纲目为："帝王为治之序"、"帝王为学之本"、"格物致知之要"、"诚意正心之要"、"修身之要"、"齐家之要"。

这本书是为封建皇帝而创作的。它的内容非常丰富，有发挥格物、诚意、致知、修身、正心、齐家诸义等。为研究古代，尤其是明代前期和中期经济、政治、文化、司法、教育、军事发展等提供了重要的资料。

阅读指南

真德秀十分推崇《大学》，因此在《大学》思想的基础上，加以发挥和延伸，创作了《大学衍义》这本书。

在此书中，真德秀认为治国的根本是君主，他说："朝廷者，天下之本。人君者，朝廷之本。而心者，又人君之本也。人君能正其心，湛然清明，物莫能惑，则发号施令罔不有臧，而朝廷正矣。朝廷正则贤不肖有别，君子小人不相易位，而百官正矣。"由此可以看出，在他看来，正君心是很重要的，应该放到第一位。

在这里，真德秀特别提出了"天命"的论点，曰："帝王当尊者莫如天，所当从事者莫如敬……夫天道甚明，不可欺也。天命惟艰，不易保也。昧者徒曰：'高高在上，不与人接'，而不知人君一升一降于事为之间，天之监观未尝不一日在此也。"大意为：帝王应该怀着敬畏的心理，去遵循天地规律进退取舍，因为天道是不容侵犯的。而且天地运转非常精微，必须时刻体察跟进，才能不被落下。愚蠢的人只会说，天地和人根本没有关系，却不知道人类的一举一动，都在天地的运化之中。

值得一提的是，真德秀虽然用"天命"的形式明确了帝王的"合法性（即受命于天）"，但同时也为帝王戴上了一圈"紧箍咒"。换句话说，帝王虽然有"天命"在身，但他必须无条件地去遵循"天命",而绝不能为所欲为。至于究竟什么是"天命",真德秀提出了一系列复杂的理念,实际上还是传统的政治理论。

另外,书中还反映了一些民生问题,如南宋后期,农民"无田可耕"、"数米而炊,并日而食"、统治者"横加赋敛"的社会现实,提出富贵不可骄侈的劝告,要统治者审治体、察民情,减轻对人民的剥削,以维持封建社会的统治。

自问世以来,《大学衍义》得到了很多统治者的高度重视,书中所讲述的治国之道、民生之理和廉政文化很为后世推崇,是元、明、清三朝皇族学士必读之书。康熙皇帝称之为"力明正学",明太祖不仅把此书写在了大殿的墙上,还特地写了《大学衍义赞文》。由此可见《大学衍义》所产生的影响极其深远。

作者介绍

真德秀(1178年—1235年),字景元,号西山,世称西山先生。南宋著名的理学家,庆元五年(1199年)进士,历任剑州判官、校书郎、秘书郎、著作佐郎、翰林侍读、参知政事等职。

一直以来,他在政治上受到权臣史弥远的压制,难以施展自己的才华,很不得意。他的成就主要体现在对理学发展的贡献上。真德秀早年跟随朱熹的弟子詹体仁学习,尽管没有很大的学术成就,可是却成为了当时声望很高的理学宗师,为理学取得正宗地位起到了巨大的作用。

小学集注

内容概要

《小学集注》成书于淳熙十四年（1187年），全书共有6卷，又可以分作内、外两篇。其中，内篇分为"立教"、"明伦"、"敬身"、"稽古"四门；外篇分为"嘉言"、"善行"二门。此外，作者在书前著有自序，用以教导世人洒扫、应对、进退、爱亲、敬长、隆师和亲友等修身方法。由此不难看出，该书是一本儒学著作，而且其中的内容较为基础，属于儒家学派的启蒙读物。

阅读指南

《小学集注》涉及伦理学和品质学，虽然名字为"小学"，但是源出"大学"。文中提到的修为方法简单易行，看似意义不大，若能持之以恒地学习却能够收到修身奇效。在这里，作者提到了人的主观能动性，即聪明的人能够执简驭繁，通过简单而持久的修为，从容不迫地面对世间万物。

作者介绍

朱熹（1130年—1200年），字元晦（又字仲晦），号晦庵，晚称晦翁，我国南宋著名文学家、教育家、理学家、思想家、哲学家、政治家和诗人。祖籍江南东路徽州府婺源县（今江西婺源），出生于南剑州尤溪（今福建尤溪），是闽学派的代表人物，儒学之集大成者，同时也是唯一非孔子亲传而享祀孔庙者，位列大成殿十二哲者之列，故而后世学者尊称他为"朱子"。

师承方面，朱熹是二程（即程颢、程颐）嫡传弟子李侗的学生，因而深受二程的学术思想影响，同时又对他们的学说加以发扬。此外，朱熹还先后出任江西南康知府、福建漳州知府、浙东巡抚和焕章阁侍制、侍讲等职。朱熹曾为宋宁宗讲学，包括在焕章阁做官期间为包括皇帝在内的皇室成员讲学。此外，由于朱熹热衷于民间讲学，他对于当时社会的学院教育发展贡献巨大。

与此同时，朱熹一生著述丰富，除了代表作《四书章句集注》外，还有《太极图说解》《通书解说》《周易读本》和《楚辞集注》等。后世学者曾对朱熹一生著述进行整理，辑有《朱子大全》和《朱子集语象》等典籍。尤其值得一提的是，《四书章句集注》成为多个朝代钦定的教科书，在科举考试的历史上留下了浓重的一笔。

◎ 法家

管子

内容概要

《管子》是托名管仲的一部论集。是记录春秋时期,齐国的政治家管仲及管仲学派的言行事迹的一本总集。书中涉及政治、经济、法律、军事、哲学、伦理道德等各个方面,全面反映了齐国法家学派对战争理论问题的理性认识。

今存76篇,主要分为8类:《经言》9篇,《外言》8篇,《内言》7篇,《短语》17篇,《枢言》5篇,《杂篇》10篇,《管子解》4篇,《管子轻重》16篇。

《韩非子》、贾谊《新书》和《史记》所引《牧民》《山高》《乘马》诸篇,学术界认为是管仲遗说。《立政》《幼官》《枢言》《大匡》《中匡》《小匡》《水地》等篇,学术界认为是记述管仲言行的著述。

《水地》提出水是万物本源的思想,在学术界,有人认为这是管仲的思想,也有人认为是稷下唯物派的思想。

《心术》上下、《白心》、《内业》中,提出了朴素唯物主义精气说,认为万物的本源是精气,精气是构成万物的最小颗粒,又是构成无限宇宙的实体,无论世间万物还是人类都产生于精气,如"凡物之精,此则为生,下生五谷,上为列星",由此说明了世界的物质性。

文章中也讲"道",认为"道"没有办法由感官直接感知到,是"虚而无形"的,是一种眼睛看不到、耳朵听不到、身体无法感知的东西。

阅读指南

在唯物主义的方向上,《管子》朴素地解决了物质和精神的关系,认为有意识的人是由精气生成的。它认为"凡人之生也,天出其精,地出其形,合此以为人,和乃生,不和不生","气道乃生,生乃思,思乃知,知乃止矣"。这是把物质摆在第一位。

《管子》没有否定鬼神,但它认为鬼神也是由精气生成的。说精气"流于天地之间,谓之鬼神"。把鬼神视为普通一物,否认它是超自然的存在,反映出唯物主义的泛神论思想。

《管子》认为,认识的对象存在于认识的主体之外。它说:"人皆欲知,而莫索其所以知,其所知,彼也;其所以知,此也。"又认为,在认识过程中,主体要舍弃主观臆断,以外物为认识根据,要反映外物的真实情况。它称这种认识方法为"静因之道",说:"是故有道之君,其处也若无知,其应物也若偶之,静因之道也。"这在认识论上属于唯物主义。

《管子》的精气论在中国唯物主义宇宙观发展史上有重要意义,对中国唯物主义的发展产生过深远影响。后来的唯物主义哲学家如王充、柳宗元等,都受过它的影响。

《管子》在诸子百家中占有十分重要的地位,是研究古代政治、经济、法律等各方面思想的珍贵资料。

《管子》绝大部分的思想资料是属于管仲学派的,它所体现的政治、经济和哲学思想,是中国古代杰出的思想成就。《管子》还在保存丰富的史料方面做出了很大贡献,具有很高的史学价值。

作者介绍

这本书究竟是谁写的,自古以来就众说纷纭,它的内容比较庞杂,书中既有管仲所作的内容,也有很多后人续补的篇章。

晋代傅玄推断:"管子之书,过半便是后之好事者所加。"南宋叶适说:"《管子》非一人之笔,亦非一时之书。"但是从多方角度来看,都可以断定管仲是《管子》的主要作者。

邓析子

内容概要

《邓析子》总共两卷,相传为春秋时期邓析所著,《四库全书》将其收录其中。不过,关于《邓析子》一书的真伪,学术界始终争论不休。坚信是邓析所著的一派学者认为,该书只是有一部分内容残缺,但真实性毋庸置疑;而反对该观点的学者认为,《邓析子》实际上为后人伪作。目前来讲,由于《邓析子》一书收录了同类书籍的内容,认为其是伪作的观点稍居上风。

具体而言,《邓析子》分为"无厚卷"和"转辞卷"。其中,"无厚卷"主要阐述君主与臣民的关系,并且提出了"相辅共生"的观点,意在促进君主建立与臣民的平等观念和关系,而不是居高临下地把臣民当作奴才甚至奴隶;"转辞卷"主要阐述"缘身而责名,缘名而责形,缘形而责实,臣惧其重诛之至,于是不敢行其私矣",意在引导君王用重刑控制臣子。

阅读指南

《邓析子》以"无厚"开篇,接着又转到辞篇来论证。由此可以看出《邓析子》的主要观点就是"无厚"。

"天于人无厚也,君于臣无厚也,父于子无厚也,兄于弟无厚也。"为了指出"无厚"的普遍存在,他举出了天之于人世的灾祸、君主用法制来惩办民众、父亲不爱没有作为的儿子、尧舜为帝王,而让自己儿子为平民的例子来加以说明。

由于"天于人无厚",因此上天对于每一个人都是刻薄的。既没有生来就低贱的人,也没有人生来就是富贵之命。所以他又说"死生自命,富贵自时。怨天折者,不知命也;怨贫贱者,不知时也。故临难不惧,知天命也;贫穷无慑,达时序也。"

这里所说的"天命"就是无厚,告诉人们在这个世上,没有幸运儿,不要去奢望自己生来就有多少天分,也不要自负自己的缺失,一切都需要人们去适应和顺应。在身处困境时，更不要怨天尤人。因为上天没有偏见之心，不会特意去厚待任何一个人。

由天命的"无厚"出发，邓析便引出了他的处世态度，那就是顺时而作。这种"知时而变通"看起来容易，但不是随便就可以做到的。因此，他又说明想要做到这一点，必须做任何事情都要有充足的准备，也就是要"积蓄力量"。

正所谓"虑不先定，不可以应卒；兵不闲习，不可以当敌。庙算千里，帷幄之奇，百战百胜，黄帝之师。"因为不会有人生来就得到上天的厚待，所以不要心存侥幸。只有自己打好基础，认真做好准备，才能把握有利时机，从而获得成功。

作者介绍

邓析，出生年不详，卒于公元前501年，是春秋末年的思想家，"名辨之学"倡始人。他代表新兴地主阶级利益，第一个提出反对"礼治"思想。他反对将先王作为自己效法的榜样，是我国历史上最早反对礼治的思想家。

后代流传的关于邓析思想的著作就只有《邓析子》。而这部书一般认为也不是邓析本人所著，书中所有的思想是否都来源于邓析，并没有定论。

商君书

内容概要

《商君书》又称《商子》，现存24篇，文体比较多样化。议论体有《农战》《开塞》《划策》等十数篇，或先综合后分析，或先分析后综合，兼用归纳演绎，首尾呼应。有时也运用比喻、排比、对比、借代等修辞手法。

《徕民》篇运用了"齐人有东郭敞者"的寓言，以增强说理的效果和形象性，说明体有《垦令》《靳令》《境内》等篇，是对秦政令的诠释。

辩难体有《更法》，通过人物对话相互驳辩来阐述中心论点，司马迁录入《史记·

商君列传》（文字有改动），用以表明商鞅的主张。

《商君书》重点论述了商鞅一派的变法理论和具体措施。虽然文字不多，但内容庞杂，其中涉及经济、政治、军事、法治等等诸多重大问题。

阅读指南

《商君书》提出了一个著名论断，即君主是否英明神武只有一个标准——能否最终实现"富国强兵"。可以说，整本书的所有内容，都是围绕"富国强兵"而展开，以至于"强国"、"国强"、"国富"、"强兵"、"兵强"和"无敌"等用词，在书中比比皆是。事实上这也难怪，因为秦孝公之所以让商鞅推行变法，目的可谓正在于此。

具体来讲，《商君书》的治国之术分为两点，一曰"毁商"，二是"弱民"。按照书中的主张，国家要彻底铲除商人群体，就连最基本的民生保障，也不允许商业力量介入。比如粮食，《商君书》中有明确规定，任何人（主要是农民）不得买卖，否则必然遭到重罚。这一主张虽然规避了商人从中渔利，却丧失了市场的经济作用，而且发展到中后期，腐败官员在调剂各地粮食的过程中大肆渔利，侵吞数量比商人渔利有过之而无不及。

当然，"毁商"也有好处，那就是方便统治者管理民众。然而，对于民众而言，这一点却成了致命伤害，因为所有农民都会被世世代代地禁锢在自己的土地上，这就要说到"弱民"了。而所谓"弱民"，就是去除民众的个体性，为其制定统一的行为标准，最终达到把所有人大众化的目的。

由于《商君书》中创造了一整套的相关理论，并且从思想到行为都涵盖在内，统治者对于民众的控制可谓得心应手。

作者介绍

关于《商君书》的作者，学术界向来都是有争论的。第一种意见认为，《商君书》基本是伪书，持这种看法的有郭沫若、黄云眉等。第二种意见基本肯定《商君书》的作者是商鞅。第三种意见认为，《商君书》并不是商鞅一个人写的，而是和其他法家合编的。也有人提出的看法是，前两种意见有些牵强，第三种意见有一定道理。

韩非子

内容概要

《韩非子》是法家学派的代表作,共20卷,是战国时期法家韩非及其弟子的作品集。自古为帝王之学,历代帝王必学之书,主讲为君驭下之道。

整本书由55篇独立的论文组成,其中大部分内容都是韩非撰写的,每篇论文的题目都可以体现出文章的中心内容。

《解老》《喻老》两篇,集中表述了韩非的哲学观点。

《五蠹(dù)》是《韩非子》中的重要篇目,其核心思想是历史处在不断变化之中,并且将此前的历史分成上古、中古和近古三个阶段。因此,当人们考虑未来的发展时,决不能单纯参考历史,而是应该结合时代的发展规律,进行相应的改变和创新,社会生活和政治制度等都要随之变化。

《显学》的主要内容记述了儒、墨两家的分化斗争(墨家是从法家分化而来),提出"杂反之学不两立而治"的说法,即一切互相矛盾的学说都不应存在,因为世间本无完全对立的事物存在。当然,作为法家学派的代表人物,韩非还是对法家思想进行了大力推崇。

此外,清人王先慎著《韩非子集解》,近人陈奇猷著《韩非子集释》,梁启雄著《韩子浅解》,是《韩非子》对后世的重要影响。

阅读指南

从政治思想来看,《韩非子》不仅提出了"君主专制"主张,而且作出了"法、术、势"相结合的具体论述。在韩非看来,人们对待历史应建立最基本的"进化论"观念,即历史永远是向前发展的。同时,韩非主张极端的功利主义,认为人与人之间不存在道义,而只有纯粹的利益关系。因此,统治者必须以法治国,赏罚分明,建立律法权威,这一观点虽然不免狭隘和笃定,却有一定的参考价值。

《韩非子》一书具有独特的风格，文章语言幽默、描写大胆，风格严峻峭刻、思想犀利、逻辑缜密，在构思上也精巧别致。给人一种平实中见奇妙的艺术美感，耐人寻味，同时起到警策世人的效果。

书中保存了丰富的寓言故事，积极倡导君主专制主义理论，主张君主集权，提出重赏罚，重农战，主张变法改革，呈现出了唯物主义思想，目的是为君主提供富国强兵的霸道思想。

《史记》载：秦王见《孤愤》《五蠹》之书，曰："嗟乎，寡人得见此人与之游，死不恨矣！"可知当时秦王对此书的重视。

另外，《韩非子》也成为间接补遗史书对中国先秦时期史料不足的重要参考资料之一，著作中许多当代民间传说和寓言故事也成为成语典故的出处。

作者介绍

韩非（约公元前280年—公元前233年），又称韩非子，出身于贵族世家，是战国末期著名的思想家和哲学家，也是法家的代表人物。

韩非生活在战国末期，这个时期结束了奴隶制的统治，封建主义的经济基础也已经巩固，民众急需要一个统一安定的政治局势。

韩非的哲学就在这个历史转折时期应运而生，他总结了商鞅、申不害和慎到三家的思想，提出了一套法、术、势相结合的法治理论，主张治国以刑、赏为本。

他认为，君主要想巩固自己的地位，保证法令的贯彻实施，就得凭借威势和驾驭臣下的权术。这样才能以法治国，统一中央集权，实现富国强兵。

折狱龟鉴

内容概要

《折狱龟鉴》是我国现存最早的狱讼案例汇编,系统总结了前人在案件的侦破、检验、审讯、判决和平反等方面积累的正反两方面的历史经验。

主要分释冤、鞫情、议罪、省过、惩恶、察奸、核奸、察贼等20门,辑录了上自春秋、战国,下至北宋大观、政和年间有关平反冤案巧妙断案的案例故事270余条390余事,并以按语的形式对其中大部分案例进行了分析和考辨。

阅读指南

宋代是我国古代司法理论和实践快速发展的一个历史时期,当时政治上的中央集权和商品经济持续发展,再加上司法上的黑暗和混乱,导致社会矛盾进一步激化。在这样的时代背景下,郑克撰写了《折狱龟鉴》,体现了他希望改变司法混乱现状的愿望,既响应了统治者宽刑法的号召,又反映了时代的必然要求。

《折狱龟鉴》中的故事通俗易懂,多见于正史,有的出自小说或者墓志,但在文字上都有很大的改动,甚至情节也不太一样,带有作者浓厚的创作色彩。如刘崇龟的辨刀获盗,就是一个很突出的例子。可以说,这本书是作者取材于旧籍所写的案例故事集。

在《折狱龟鉴》中,反映了很多古代的司法制度,主要体现在三个方面,即司法官的要求和责任、证据制度、审判制度。书中指出,作为一个合格的司法官,要清正廉洁、德才兼备、勤于职责。如果在办案过程中,司法官出现错误判决、非法刑讯等违反法律规定的情况,还要负一定的责任。

《折狱龟鉴》还提出了"情迹"论,"情"是指案件真相,"迹"是痕迹、证据。在大量总结审案经验的基础上,作者提出了一些科学的侦查和审讯策略,反对施加酷刑来拷问囚犯,主张通过物证来推断案情真相。这种理论具有较为丰富的内涵和极高的科学价值,对实际办案起到了积极的推动作用。

除此之外，《折狱龟鉴》还蕴含了非常丰富的法律思想，指导思想为："哀矜折狱、务求平允，明辨深察、避免冤滥，不畏权势、抑强扶弱"。强调司法官要有宽厚仁德之心，在办案的时候要维持正义、公正不阿。

《折狱龟鉴》不受"正史"的局限性，取材范围非常广泛，因此不免有琐碎繁杂的缺点。特别是包含了一些迷信落后意识，鼓吹因果报应等。但它在了解和研究社会人情、启发人们思考等方面，又有着其独到之处。书中出现的很多论断，对研究和整理古文献都具有很大的参考价值，是研究古代法律史不可多得的历史材料。

关于郑克的生平，《宋史》中并没有记载，只知道他是开封人，字武子。在宣和六年中了进士，南宋初期任职建康府上元县尉、承直郎、湖南提刑司干官。

洗冤录

内容概要

《洗冤录》又称《洗冤集录》，是世界上第一部系统的法医学著作，比起世界各国在这方面的专书要早300多年。

此书内容非常丰富，它记载了人体解剖、检验尸体、勘察现场、鉴定死伤原因、自杀或谋杀的各种现象、各种毒物和急救、解毒方法等十分广泛的内容。其中有一些方法至今还在应用，如区别自缢与假自缢、溺死、火死与假火死、自刑与杀伤的方法。它记载的洗尸法、人工呼吸法、迎日隔伞验伤以及银针验毒、明矾蛋白解砒霜中毒等都很合乎科学道理。

阅读指南

《洗冤集录》自序中说，著此书是"博采近世所传诸书，自《内恕录》以下凡数家，会而粹之，厘而正之，增以己见，总为一编。"

可以说，此书是我国古代劳动人民在与死伤疾病作斗争中，长期积累的病理、解剖、药理学等方面知识的一个总结，也是宋代以前封建官府刑狱检验经验的一个汇总。它突破了以前那种单纯的刑狱故事的记述，从中总结出一整套的法医检验方法，成为有史以来的第一部比较全面的法医检验指南性质的专门著作。

《洗冤集录》一经问世便显示出了其不平凡的应用价值，立刻在全国颁行，成为当时审理案件官员的必备之书。数百年来，对其进行整理的人不下数十个，因此出现了很多不同的版本。其中，后来的版本越发实用，从内容上来讲更加充实，条理也更加清晰。

当然，由于当时人们的认识水平有限，书中也还掺杂有一些迷信和错误的地方。例如，认为"人有三百六十五节，按一年三百六十五日"。这种说法受我国古代阴阳五行说的影响，与人体骨骼的实际构造是不符的。又如，在《自缢》中"若真自缢，开掘所缢脚下穴三尺以下，究得火炭方是"等，都是没有科学根据，甚至是荒诞不稽的。

虽然《洗冤集录》书中还有这些落后、迷信的内容，但仍然掩盖不了它成就的光辉。它总结了历代法医的宝贵经验，又在实践中行之有效。从13世纪到19世纪已经沿用了600多年，成为审判官们必读的法学经典著作。这本书已译成多种文字，被公认为世界法学界共同的精神财富。

作者介绍

宋慈（1186年—1249年），字惠父，福建建阳人，是我国历史上伟大的法医学家，被称为"法医学之父"。

少年时，他受业于吴稚的门下，后来受朱熹的闽学影响很深。在宋宁宗嘉定十年，中乙科进士。但是由于父亲离世，并没有前去赴任，直至宋理宗宝庆中，才出任江西信丰县主簿，正式开始了他的仕宦生活。

在其20多年的仕宦生涯中，他为官清廉，生活朴实，喜欢收藏异书名帖。晚年时更加谨慎谦虚，非常爱惜人才，凡是有一技之长的后辈，都会积极引荐提拔。

在法医学理论上和实践中，宋慈表现出了一种唯物主义倾向。他是儒者出身，并没有医药学方面的知识，为了弥补自己知识上的空缺，他一方面刻苦研读医学著作，另一方面，认真总结前人经验。通过多年的学习和实践，终于掌握了科学多样的检验死伤的方法。

宋慈为官比较清廉，尤其是长时期出任法官，在审理刑狱当中能够严肃慎谨，甚至揭暴锄奸，平反了一些错、冤狱案，因而在当时赢得了一定的好名声。而他撰辑《洗冤集录》一书，更为他在历史上赢得了一定的地位，使他成为了世界法医史上第一个留下系统著作的法医学专家。

棠阴比事

内容概要

《棠阴比事》是一部中国古代记述诉讼活动的书。全书共1卷，144个案例。由南宋的桂万荣在五代《疑狱集》、宋代《折狱龟鉴》和正史、名人笔记、野史中部分典型案例的基础上编写而成，从各方面总结和说明了历代决疑断狱和司法检验的经验。

《棠阴比事》是一本法医学著作。书中载述刑法折狱的一些典型案例，如执法、断狱、量刑等，集中反映了古人在破案方面的智慧。每个案例都有四言标题。其中有一些案例涉及法医鉴定的内容。现存《四部丛刊续编》影印本。

阅读指南

《棠阴比事》的书名有一个渊源。传说西周召伯曾在社前的甘棠树荫下听讼断案，公正无私，人们爱戴他，便用"棠阴"来比喻清官良吏。因此，"棠阴"即"棠荫"，

"比事"就是案例的意思。

在书的自序中有这么一段话，即"凡典狱之官，实生民司命，天心向背、国祚修短系焉，比他职掌，尤当慎重"。由此可见，作者的意图在于借例阐明"掌阴著明教，棘林无夜哭"的重大意义。

《棠阴比事》有100多个案例，每个案例的篇幅都短小精悍，文字也简明扼要。例如，案例"包牛割舌"说："包副枢初知扬州天长县。时有诉盗割牛舌者，拯密令归屠其牛而鬻之。继有告其私杀牛者，拯诰之曰：何为割其家牛舌而又告之？其人惊伏。"此案例篇幅虽小，但也简要叙述出了大意，书中案例大多都是这样的，突出了清官良吏在预防和惩罚犯罪方面的积极作用。

在成书后，《棠阴比事》又几经修订。第一次对其修订的是明代的吴讷，明景泰年间，他对此书的内容作了大量的删改。把其中内容重复和相似的地方全都去掉，仅留存了80例，另外还增补遗24例，合在一起共有104例，另外还增加了4条作为附录，并且按照刑狱轻重对体例重新做了编排。

第二次修订此书的是清代的桂嵩庆、朱绪曾等人。他们认为经过吴讷修订的《棠阴比事》失去了原书"比事"的本意，于是在道光和同治年间，先后修订出《重刊宋本棠阴比事》和《聚珍本棠阴比事》。

作者介绍

桂万荣是常熟人，在史书中没有详细记载，所以对于他生平的事迹很难查考。

根据他在《棠阴比事后序》中所述，可知在南宋理宗端平元年，他是"朝散大夫、新除直宝章阁、知常德府"。至于桂万荣的其他方面，我们就了解很少了。

◎道家

老子注

内容概要

《老子注》是第一部系统阐述玄学理论的著作。它奠定了一代新学说,标志着哲学由宇宙论向本体论,由神学向思辨哲学的转变,代表和影响了一个时代哲学发展的趋向。可以说,它是魏晋玄学的发端,在玄学的发展中起到了举足轻重的作用。

阅读指南

《老子注》是王弼最有代表性的著作。他通过对静动、本末、一多、体用等范畴,探讨本体世界"无"和现象世界"有"所构成的多重关系,突出了"以无为本"的本体论思想。

书中写道:"天下之物,皆以有为生,有之所始,以无为本。"意思就是说,普天之下,万物的生存方式表现为有形有象,万物产生是以"无"作为共同的本源。

其中,"有"是指有形有象的现象世界,也就是"末"。"无"即"本",也就是"自然"、"道","本"是本源、根本、依据的意思。"无"和"有"的关系就是"本"与"末"的关系,"无"衍生出了"有",即"凡物之所以生,功之所以成,皆有所由。有所由焉,则莫不由乎道也"。

另外,《老子注》中还有"名教出于自然"的观点。虽然肯定了名教,但把"自然"当作了根本,如此一来,便隐藏着削弱名教、否定名教的因素。

《老子注》表现出的风格为崇尚简约、看重思辨,这种新的学术风格与汉代经学的烦冗相比令人眼前一亮,在哲学发展中起到了一种"净化"作用,对我国古代理论思维的发展起到了积极的意义。

作者介绍

王弼（226年—249年），字辅嗣，他的父亲曾做过尚书郎，祖父是建安时期著名诗人王粲的亲兄弟。

他从小就非常聪明，在十几岁时，就对《老子》很有研究了。后来，他把研究《老子》的心得记录下来，写成了《老子注》。何晏见后，称赞道："仲尼称后生可畏，若斯人者，可与言天人之际乎！"

王弼做过尚书郎，但由于拙于事功，加上资历又浅，所以并不受重视。正始十年（249年），也就是他24岁那年，不幸感染了疠疾去世。虽然他的生命很短暂，但有很多著作，如《老子注》《老子指略》《周易略例》《论语释疑》《周易注》等。正是因为这些著作，王弼成为了魏晋玄学的创始人之一。

道德经

内容概要

《道德经》又名《老子》《老子五千文》，是中国道家的主要经典，它主要是阐述"道"和"德"的深刻含义，它代表了老子的哲学思想。全书共81章，分上下两篇，上篇37章为《道篇》，讲的是世界观问题，下篇44章为《德篇》，讲的是人生观问题。全书文辞简奥，哲理丰富，且体系完整，内容广博，涉及宇宙、社会、人生、军事、政治、医学等各个方面。其中"道"的观念，是其思想体系的核心。

所谓的"道"，是从"本体论"角度出发，意图阐明整个宇宙的运转规律，并由此悟出人生哲学和修养方法。老子认为，"道"是无形无象的，却又是宇宙的本源，万物化生都因为"道"的运行衍化；而所谓"德"，是"道"运用在天地万物中的具体体现，或者说遵循了天地运转规律即是"德"的表现。如果通俗来讲，"道"和"德"可以简单理解为理论和实践，"道"分析阐述宇宙万物的运转规律，"德"则是遵循这种规律的方式方法。

老子的辩证法是来自实际，返诸现实的。通过观察自然界的变化，老子认识到生与死、新和旧之间的相互关系；通过观察社会历史和政治的成败、福祸之间的对立，老子发现了事物内部所具有的一些辩证规律。在老子看来，事物是在矛盾中发展的。

老子的理论，被后世学者称为"天道自然观"，即人是自然中的一分子，必须遵循自然的运化规律。因此，老子的人生哲学和政治哲学无不奉行"顺其自然"，一个人在世间所做的事要想成功，最好的方法也是"顺其自然"。比如在提到治理国家的问题时，老子提出"无为而治"的主张，就是想让人民回归到无拘无束、自由自在的原生态世界。

同时，对于那些想要凭借人类意志征服自然大道的学说和做法，老子一概认为是徒劳无功的。

实际上，在老子看来，无为正是有所作为，"无为而无不为"。老子反对用刑、礼、智这些来治理国家，反对向人民加重赋税，反对拥有强大的兵力。在老子看来，人类社会只要去除"圣智"、"仁义"、"巧利"，国家就大治了。这三种东西不足以治国，最好的办法是使人们着意于"朴素"、"少有私欲"，不求知识，就可以没有忧患了。

阅读指南

《道德经》是一部哲理诗，其重点在于论"道"。在书中，"道"被描绘为一种超越对立的实体存在，它既是宇宙的元始和本体，又是世间一切物质运动规则的来源。在这种思维高度上，老子以道为体，以德为用，以朴素的辩证思维构建起独特的理论体系，反映了透彻的哲学智慧。

当然，我们在阅读《道德经》时，应以辩证的态度来看待。在看到它具有积极意义一面的同时，也要看到它不足的一面，即很多理论都缺乏科学论证，而且小国寡民的思想也是违反社会发展规律的。

此外，我们还应用心感受《道德经》的语言，其语言也是很有特色的，除了用词简练、精妙，修辞手法丰富之外，还运用了韵散结合的手法，在韵味之余恰到好处地结合了散体文章，读起来能使人感受到较强的节奏感。这种文体虽然不是《道德经》所独有的，但是在《道德经》中却显得别具一格，在我国文学史上是不可忽略的一笔。

作者介绍

老子，我国伟大的思想家、哲学家，生卒年不详。关于其人、其书及其"道论"历来有争论。根据《史记》介绍如下：老聃，姓李名耳，字伯阳，楚国苦县厉乡曲仁里（今河南鹿邑东）人，是春秋时著名的思想家，道家学派的创始人。他的生卒年月不详。老子做过周朝的"守藏室史"，所以他谙于掌故，熟于礼制，不仅有丰富的历史知识，并且有广博的自然科学知识。他和孔子是同时代的人，较孔子年辈稍长。世称"老子"。公元前520年，周王室发生争夺王位的内战，这场长达5年的内战，最终以王子朝失败告终。

王子朝失败后，席卷周室典籍，逃奔楚国。老子所掌管的图书也被带走。于是老子被罢免而归居。由于身受当权者的迫害，为了避免祸害，老子不得不"自隐无名"，流落四方，后来，他西行去秦国。经过函谷关（在今河南灵宝县西南）时，关令尹喜知道老子将远走隐去，便请老子留言。于是老子写下了5000字的《道德经》。相传老子出关时，骑着青牛飘然而去，世不知其所终。

列仙传

内容概要

《列仙传》是我国最早且较为系统叙述神仙事迹的著作。记载了从三皇五帝到汉代神仙71位仙家的姓名、身世和事迹，时代跨度较大。

《列仙传》一开始出现并不是道学之书，有人认为是志怪小说，也有人看作杂史杂传，但它后来被收入《道藏》，成为道书。书中简述了每位神仙的形迹，并有赞语，其中所叙述的事迹，几乎都和长生仙老、神通变化诸方术有关，反映出两汉时期神仙方士活跃的情况。

阅读指南

《列仙传》文章古雅简洁，叙事细致生动。作为我国神仙传记的前驱，有些神仙人物为后世仙传征引，而另一部分人神恋爱和游仙故事则被文人演绎为小说戏剧或成为典故。如萧史弄玉、江妃二女、邗子随犬入山的故事等。

《列仙传》认为，修道成仙和人的身份地位是没有关系的，只要遇到某种机缘，或是经过了一定的修炼，都是可以脱胎换骨、得道成仙的。

正因如此，书中出现的众多神仙都有着各种不同的身份和阶层。有中原部落联盟首领、道教教主、太子、王公舍人、大夫、采药者、卖药者、卖珠者、道士、沽酒妇、乞丐等。

显然，无论地位高低，从部落首领到乞丐都有得道成仙的机会，这无疑对普通民众求仙问道起到了鼓励和推动作用。

在《列仙传》中，提到了一些修道成仙的方法，如服食养生、炼气养气、行善积德、有时除自己修行之外，还需要得人点化或者异人相助。书中认为神仙实有，不过被后代人"因迹托虚，寄空为实"才使世人产生疑惑。

经书不载神仙事，是因为神仙不是常有的，然而不常有并非就等于没有，故不可弃，这就是作者写此书的目的。

刘向（约公元前 77 年—公元前 6 年），原名更生，字子政，祖籍沛郡（今属江苏徐州）。西汉经学家、目录学家、文学家。刘向的散文主要是奏疏和校雠古书的"叙录"，较有名的有《谏营昌陵疏》和《战国策叙录》，叙事简约，理论畅达、舒缓平易是其主要特色。

云笈七签

《云笈七签》是一部大型道教类书。主要内容辑录于《大宋天宫宝藏》。当时任著作佐郎的张君房校勘完成《大宋天宫宝藏》后，又择其精要万余条，于北宋仁宗天圣三年至七年（1025 年—1029 年）辑成本书进献仁宗皇帝。

阅读指南

《云笈七签》是将摘录的七部内容按性质加以归类的。

卷一道德部，以总论老子的道德概念，即道教的立教之旨。采摘于《老君指归》《韩非子》《淮南鸿烈》《唐开元皇帝道德经序》《混元圣纪序》中的语句。

卷二主要论述宇宙的生成变化，并特引《太上老君开天经》详述老君开天辟地及累世下降作王者师。引用《太始经》《太真科》《上清三天正法经》中的语句。

剩余的其他各卷中，有的题目内容很多，如说戒、诸家气法、金丹、内丹，符图，以及仙籍语论、纪传等、则各列若干卷，以摘录多种道书。由此可见，书中虽然引录了很多道书，但是纲目却非常清晰。

在体例上，本书分类合理、结构紧凑。继承了《无上秘要》以"道"为首，以"验"为足，以"法"为主干的格式特征，虽然属于抄录，但实具概论性质，对道教的各个方面都均有论述。

至于引录道书的具体数字，现在已经很难做出一个准确的统计了。因为在其引用的书里，有的只是某书中的篇名，而有的只标出了原名，有的甚至是作者张君房自己拟的名字。不过"大都摘录原文，不加论说"，基本上保留了原书的面貌，而这正是它最具历史价值的地方。

提起《云笈七签》中最具价值的内容，莫过于卷三至卷九这部分了。这部分论道藏源流，条分缕析、叙说清楚，宋真宗的《天童护命经序》和陆修静所撰的《灵宝经目序》等珍贵资料皆因此才得以保存。

此外，书中还增加了"内丹"和"语论"两大内容，这对于研究唐宋时代道教的历史，全面了解道教理论，都具有重要的意义。

张君房，生卒年均不详，岳州安陆人。他崇尚道教，对道教有深入的研究，尝记鬼神变怪之事。他还是北宋藏书家、道藏目录学家，其他事迹就无从考证了。

神仙传

内容概要

《神仙传》是一部古代志怪小说集。共10卷。书中记载了古代传说中92位仙人的事迹,大体继《列仙传》而作,体现了早期道教的神仙风气。虽事多怪诞,但其中不少人物常为后世养生文献所引用;有些内容对研究中国古代养生学术也不无参考意义。

阅读指南

《神仙传》最大的特色是故事较多,而且情节极为跌宕起伏和活灵活现,因此其篇幅也相对较长。如《栾巴传》中写到仙人栾巴为民除害的故事,内容大致为:一庙鬼化为书生入世,将太守的女儿骗到了手,幸亏被仙人栾巴及时发现,一番法事做完之后,庙鬼被打回原形,这才发现它是一只成精的老狸。

在整个故事当中,情节的刻画如临其境,人物的刻画更是惟妙惟肖,尤其在提到道教的庄严和法力时,让人有一种涤荡心神和充满正气的感觉。其余类似的故事还有《王远传》《刘根传》和《吕恭传》等,作者对每一篇故事都做下了功夫,其运笔之有力、想象之丰富,一直被后世学者津津乐道。

此外,本书还宣扬了道教的神术,称颂了神仙的大德,提出了"神化可得,不死可学"的主张,即"生前不断修炼,死后可成神仙"。具体来讲,书中一共列举了92位仙人,他们各个都是境界高远、法力无边,以至于成为无所不至和无所不能的大神。值得一提的是,作者为每一位神仙都编写了丰富而传奇的经历,力求使其充满神化色彩。

作者介绍

葛洪(284年—343年),字稚川,自号抱朴子,晋丹阳郡句容(今江苏句容)人。东晋时期道家代表人物,我国历史上著名的思想家、炼丹家和医药学家等。三国著名方士葛玄之侄孙,由于道学造诣的登峰造极,世人称之为"小仙翁"。

除了本书之外,葛洪还著有《抱朴子》《肘后备卒方》和《西京杂记》等书,为我国的道学和医学界留下宝贵财富。同时,葛洪虽然修炼的是"出世之学",但他也曾踏入仕途,东晋开国后更是因军功拜为关内侯。但最终他还是辞去官职,到罗浮山隐居,在修道炼丹中度过了自己的余生。

玄真子

内容概要

《玄真子》原书有十二卷(见陈振孙的《书录解题著录》),南宋时期大部散佚,最终只留下三部残卷。作为补充,后人将《道藏》一书的第三卷收入该书,并且进行了统一的整理和编排。此外,《四库提要》也曾为其著录一卷,又分为上、中、下三篇,即《碧虚》《鸑鷟(yuè zhuó)》《涛之灵》。

《碧虚》的主要内容是讲述造化之道。作者结合《列子》中的"虚论"和《吕氏春秋》中的"圆道",说明"道"的领悟只可意会不可言传,无法用经验去体察,也无法用思维去设想。当然,"道"并非不可知晓,实际上它蕴含在万事万物当中,人们对于任何事物的透彻理解,都能够领略"道"的真谛。

应该说,作者对"道"的讲解,还是让万物回到本源,即无名无状的初始,目的是为了避免受到事物的后天名状影响。在具体领悟过程中,又需要学习者用发展的眼光去审视,因为万事万物从来都不会静止不变,而是处在一个动态平衡中。因此,道家思想认为,任何事物都不是固定的,即便是完全对立的两样事物,也可能是一样事物在不同时期或不同状态下的表现。是老子所说的"道可道,非常道"思想的理解以及庄子所说的"万物齐一"思想的发展。

《鸑鷟》的主要内容是歌颂自然之道。全文分为前后两个部分，前者以风、云、雷、海、火、日、地、天、空九种自然事物为基础，引出了"道"的运转规律，并且总结为"虚无初如、遗遢明默、悫（què）博玄园"，同时进行详细分析。后者讲养生之道，具体方法有"烛腹"、"篋躯"和"负垢"等，同时注重心境的培养，主张"寂归乎太虚，能游乎不物之域"。此外，本书取材于老庄思想，亮点是在描绘"道"的具体形态时，对于其神秘性的渲染更为充分，对于其特征的概括也更为全面。

《涛之灵》的主要内容是对"道"进行论述，格式为散文体，全文分为三段。第一段讲各种自然现象的相互作用和变化，同时引出"生"和"死"、"有"和"无"的论述，主张忘掉生死，转而注重"时间"和"空间"问题；第二段取材于《庄子·齐物论》，以光和影的对话阐明主题，对于庄子的观点有所发扬；第三段讲"寂"和"默"的关系，首先讲二者的对立和转化，最终将整个过程归入"道"，从而达到较高的修为境界。

阅读指南

《玄真子》从其问世之日起，即引起当时学界的关注，或著录，或评论，或作"内解"。阐发其真谛。在当时风靡一时，是一部非常有影响的著作。但也因其玄奥隐晦难为社会下层人士所接受，故流传不广。

《玄真子》一书，行文格调颇似《庄子》，描写紫微之帝掌管天，碧虚之帝掌管空，祇卑掌管地，全以寓言写出。其言博大恢宏，而且从相对主义的沉思中悟出许多辩证法的真理。张志和在天文学上亦有精深的造诣。亦对潮、银河、雷、电、虹、表面张力、视觉暂留、视错觉等物理知识进行了分析研究，并对他的人造虹霓实验作出了新的解释。反映了道家自然观思想。书中在阐述道家思想时，往往以自然科学知识为论据。因此，《玄真子》中包含了丰富的自然科学知识，尤以下卷《涛之灵》更为突出。

作者介绍

张志和（732年—774年），字子同，初名龟龄，号玄真子，祖籍浙江金华。受其父影响，张志和从小对道家思想耳濡目染，为其一生的道学成就奠定了基础。16岁时，张志和进士及第，先后任翰林待诏、左金吾卫录事参军和南浦县尉等职。后有感于宦海浮沉和人生无常，辞官游历各地，过上了无忧无虑的逍遥生活。唐大历九年（774年），张志和应湖州刺史颜真卿邀请，前往拜会，同年冬十二月和颜真卿等东游平望驿，不慎落水身亡。

张志和是唐代最早填词并有较大影响的词人之一，他的《渔父词》源于吴地吴歌中的渔歌，他的五首《渔父》词，特别是第一首，词调与意境完全相符，再衬之以美好的自然山水，境高韵远，很有艺术魅力，因此广为传诵。晚唐释德成39首《渔父拨棹子》中，有36首的句式格律全依张志和《渔父》。八仙之一的吕洞宾亦有《渔父》词18首，不仅其句式格律全依张志和《渔父》，并直接运用到道教的术语中。此后的和凝、欧阳炯、李珣、李煜所作《渔父》，其内容大同小异。均受张志和《渔父》词的影响。可见对后世的词人影响之大。

道藏目录详注

《道藏目录详注》成书于明天启年间，作者名叫白云霁，是一位道士。该书共分为4卷，以《道藏》之文，分门编次，大纲有三洞、四辅、十二类，清人将其收入《四库全书》。

具体来分，包括洞真部（卷一），洞玄部（卷二），洞神部（卷三），每部又分为十二大类；卷四包含太玄部、太平部、太清部和正一部。其中，有多部道书合为一卷者，以及有符、图、像者，另作别注。也有摘录其他著作的内容，作者都加注了简单说明，如第四卷有注文曰："已上天字号起，至英字号止。"

由于本书作者是一名道士，他所作的很多注释都掺杂了道家理念，如对《灵宝度人真音》，《详注》曰："已上《度人经》出自空洞浮光、浑沦未判。大道之将化，故玄文发于中天；虚无之乍凝，乃妙气结乎碧落。字方一丈之广，势垂八角之芒……"道家的文化元素可谓比比皆是。

阅读指南

《道藏目录详注》虽然书名中有"详注"字样，实际上内容则为简注，其收录的很多书籍只有简单的名称、卷数和作者，其余内容能简则简。例如《道体论》一书，关于内容仅记载"论清净至理"字样，难免让读者摸不着头脑。

当然，如果单纯从目录角度来看，即书名中所说的"详"字在于收录足够多书名，本书还是名副其实的。此外，书中记载虽然简略，但是对于书籍的主旨和性质等，却基本上都很精准。而且对于那些比较容易混淆的书名，作者也进行了周密地排布和介绍，因而具有一定的史料价值，对于后世学者的影响也比较深远。

其实，《道藏目录详注》是《正统道藏》和《万历续道藏》的总目提要。从中既能了解道教有关道书的观念，略得读"藏"门径，又能获得有关道书的知识，以为考据之资。实为阅览《道藏》之重要目录参考书。然该书亦多讹误。部分为沿袭《道藏》之讹。例如《正统道藏》才字号《道德真经疏》四卷并附《疏外传》一卷，误题"唐玄宗御制"。此疏与效字号所收唐玄宗疏大为不同，有部分内容可考为成玄英疏，且杂有《庄子注》，颇多错简。《疏外传》亦非唐玄宗作，而是宋代的作品。

还有部分为《详注》本身的舛误。如关于《通玄真经注》（十二卷，《正统道藏》壁字号收，题"默希子注"），《详注》云："后唐玄宗时有征士徐灵府隐修衡岳，注文子之书进上，遂封通玄真人，号其书为《通玄经》。"徐灵府号"默希子"，唐武宗时道士。武宗距玄宗时上百年，而徐灵府享年82岁，根本与唐玄宗封文子为通玄真人、号其书为《通玄经》无关。《宫观碑志》编于元代，集宋金元碑文九种。《详注》只据第一种碑文，即著题"翰林学士陶穀撰"，亦属谬误。《道门经法相承次序》不题撰人，文中有唐天皇（即高宗）与潘尊师（即潘师正）的问答。《详注》却讹作"唐明皇回天师道教经法教诫、证果报应等语"，将唐天皇与唐明皇混为一人。

此外，著录书名、卷数亦间有错误。

白云霁，生卒年不详。明代道士，字明之，号在虚子，上元(今江苏南京)人。天启六年(1626年)撰成《道藏目录详注》四卷，记篇名、作者、卷数，间有解题数语，甚为简略。

◎兵家

六韬

内容概要

《六韬》,又称《太公六韬》《太公兵法》,是一部兵书,属于我国古代道家学派的著作。

本书共有6卷,共60篇。书中所包含的内容十分广泛,几乎对有关战争的各方面问题都涉及了。其中最精彩的部分是它的战略论和战术论。

本书通过周文王、武王与吕望(即姜太公)对话的形式,对于治国和治军的战略和理论进行了讨论,这对后代军事思想的发展影响巨大,因此被誉为兵家权谋类的始祖。司马迁《史记·齐太公世家》称:"后世之言兵及周之阴权,皆宗太公为本谋。"北宋神宗元丰年间,《六韬》被列为《武经七书》之一,为武学必读之书。《六韬》在16世纪传入日本,18世纪传入欧洲,现今已翻译成日、法、朝、越、英、俄等多种文字。

最早是由《隋书·经籍志》明确收录此书,里面题为"周文王师姜望撰"。姜望也就是姜太公吕望。不过自从宋代之后,就开始不断有人对这一点提出质疑。现代研究学者根据本书的内容、文风和近年出土的文物资料来分析,可以大致断定《六韬》是战国末期某人托姜望之名而撰。

本书内容博大精深,思想精邃富赡,逻辑缜密严谨,是我古代国汉族古典军事文化遗产的重要组成部分,也是古代汉族军事思想精华的集中体现。

阅读指南

本书所涉及的内容广泛,包括了战争观、军队建设、战略战术等有关军事的诸多方面,其中又以战略和战术的论述最为精彩,它的权谋家思想也很突出,主要表现为

以下几点:

首先,强调对于人心的争取。

在本书中,作者多次提到赢得人心的重要性,并且指出了具体的操作方法。例如"同天下之利者则得天下,擅天下之利者则失天下",大意是"与人共同分享利益能够得到天下,一个人独享利益则会失去天下"。在此基础上,作者又延伸出"爱民"、"惠民"、"修德"及"有德不可敌"等观点,都是注重收揽人心的主张。

很显然,姜太公学识渊博,对历史智慧的汲取非常深入,再加上一系列政治军事斗争的实践经验,很容易得出"失道寡助,得道多助"的结论,从而意识到收揽人心的重要性。为了达到这一政治目的,姜太公针对各个社会阶层,制定了一系列政治措施,取得了极为广泛的社会支持。不过,受时代和阶级地位所限,姜太公收揽人心的对象基本只包括奴隶主,而且即便是收揽这些人,也带有明显的功利色彩,其目的不过是为了巩固自身权力,进而获取自己的政治利益。

其次,强调"攻心"的对敌策略。

在本书中,作者创造性地提出了"文伐"概念,简单来讲就是政治攻势或舆论攻势,同时提出和"武伐"并用的重要性。在《文伐》篇中,作者主要论述了通过政治攻势战胜敌人的方法,从而收到"武伐"无法达到的效果。在此过程中,一旦通过"文伐"方法创造成熟时机,应妥善、精准、快速地发动"武伐",并且在"武伐"陷入僵局后,可以视情况再次转为"文伐"。正是利用这一政策,姜太公在辅佐文王夺取天下时,成功地麻痹了纣王,从而分化瓦解了商朝的统治集团。

最后,强调"文武相济,谋略为先"。

作者在《六韬·武韬·发启》篇中论述道:"全胜不斗,大兵无创","大智不智,大谋不谋。"大意是:"真正的胜利不在于斗争,真正的军队不在于出击,洞悉大道的人往往大智若愚,大奸似忠,能够'不战而屈人之兵',以最小的代价换取最大的胜利。"此外,在《兵道》篇中,作者还提到"用之在于机,显之在于势",即"真正的动作要等待合适时机,露出真正的意图必须在大势已定时",进一步阐述了用兵的基本法则。

作者介绍

吕尚（约公元前 1156—约公元前 1017 年），姜姓，吕氏，名望，字子牙，或单呼牙，别号飞熊。商朝末年人。

《孟子》的《离娄上》和《尽心上》两章，都提到姜子牙"居东海之滨"；《吕氏春秋·首时》也说，"太公望，东夷之士也"；《史记·齐太公世家》也说他是"东海上人"。但这些说法都很笼统含糊。晋代张华《博物志》说得较为明确："海曲城有东吕乡东吕里，太公望所出也"；《水经注·齐乘》也说，"莒州东百六十里有东吕乡，棘津在琅琊海曲，太公望所出"。

姜子牙后辅佐了西周王，西周初年，被周文王封为"太师"（武官名），被尊为"师尚父"。他是齐国的缔造者，亦是齐文化的创始人。当然，他也是我国古代的一位影响久远的杰出的韬略家、军事家与政治家。历代典籍都公认他的历史地位，儒、法、兵、纵横诸家皆追他为本家人物，被尊为"百家宗师"。

孙子兵法

内容概要

《孙子兵法》是我国军事史上的鼻祖级著作，又称《孙武兵法》、《吴孙子兵法》、《孙子兵书》和《孙武兵书》等，全书共 13 篇，计 6000 余字，其军事智慧却浩若大海。与此同时，本书在国际军事领域也有崇高地位，几乎所有国家的军校都会对其专门研究，因而《孙子兵法》被现代军事学者誉为"兵学圣典"。

从内容上来看，本书包括以下五方面内容：

第一方面，战略指导，包括：《始计篇》《作战篇》《谋攻篇》。

《始计篇》，主要内容为"庙算"，也就是在用兵前计算各种战争因素，为最终是否出兵提供依据。如果最终的结论是可以出兵，应立即进行战略部署规划，并尽快付诸实际军事行动，以出其不意的行动把握战场优势。可以说，作者将该篇列于全书开端，足以证明其对于"庙算"的重视，同时这也代表了孙子的核心军事思想。

《作战篇》，主要讲解战争动员和取用于敌。在此，作者提出"慎战论"，因而将规划和准备战争视为重中之重。与此同时，作者还提出了经济对战争胜负的重要关系，即战争需要强大的经济实力支撑，经济实力是否足够强大，将对最终的胜负起决定性作用。

《谋攻篇》，主要讲解以智谋攻城，所谓"上兵伐谋"，如果能够用非军事手段达成军事目标，自然是值得欣慰的事情。具体的方法如诱降，首先了解守将的喜恶，然后有针对性地进行贿赂，不到万不得已不要用兵。当然，在此过程中必须保持军事高压，在发动进攻时也要有雷霆万钧之势。

第二方面，作战指导，包括《军形篇》《兵势篇》《虚实篇》。

《军形篇》，对战争中稳定因素的分析讲解，如一支军队的战力如何，一场战争需要消耗多少物资，以及行军的路线和时间等。

《兵势篇》，对战争中偶然因素的分析讲解，如天气、疫情和士气等，这些因素虽然难以把握，但是只要事先进行充分考虑，并且适时做好准备，就能够有效避免不利因素的困扰，不至于遭遇失败结局。

《虚实篇》，主要讲解如何取得战场主动权，具体方法在于一个"虚"字，从而让敌人受到自己的迷惑。比如，在敌人集中时，我分散应对，以保持自己的有生力量；等到敌人分散时，我再集中应对，当取得局部战场的兵力优势后，快速予以歼灭，并随即撤离无法守住或没有防守意义的地方。

第三方面，应对变化，包括《军争篇》《九变篇》《行军篇》。

《军争篇》，讲的是如何"以迂为直"、"以患为利"，夺取会战的先机之利。

《九变篇》，讲的是将军根据不同情况采取不同的战略战术。

《行军篇》，讲的是如何在行军中宿营和观察敌情。

第四方面，军事地理，包括《地形篇》《九地篇》。

《地形篇》，讲的是六种不同的作战地形及相应的战术要求。

《九地篇》，讲的是依"主客"形势和深入敌方的程度等划分的九种作战环境及相应的战术要求。

第五方面，特殊战法，包括《火攻篇》《用间篇》。

《火攻篇》，讲的是以火助攻与"慎战"思想。

《用间篇》，讲的是五种间谍的配合使用。

阅读指南

《孙子兵法》不仅仅是一部军事著作，它更代表着炎黄子孙的智慧、思想、文化，是几千年华夏文明的结晶，是中华文明的智慧根基和源泉。

国人尊孙子为"兵圣"，而国外的学者则说他的《孙子兵法》是战争研究著作中的"最佳"，并指出克劳塞维茨的《战争论》只能屈居第二。

对于现代社会而言，《孙子兵法》的作用已经不仅仅局限于军事领域的范畴了，它还被广泛应用于政治斗争、商业竞争等社会生活的方方面面。给我们提供了许多思考问题、解决问题的方法，使我们办起事来多几分智慧，少走些弯路。

作为我国古代流传下来的最早、最完整、最著名的军事著作，《孙子兵法》在中国军事史上占有举足轻重的地位，其军事思想对中国历代军事家、政治家、思想家产生了非常深远的影响。如今，已被翻译成日、英、法、德、俄等十几种文字，在世界各地广为流传，享有"兵学圣典"的美誉。应该说，《孙子兵法》这一华夏文明乃至世界文明中璀璨的瑰宝，已经不仅仅是一部兵书，也不仅仅是中华文化中的重要遗产，它更是华夏智慧与朴素思想的象征。

作者介绍

孙武（约公元前545年—公元前470年），字长卿，齐国乐安人，春秋时期著名的军事家、政治家，尊称兵圣。后人尊称其为孙子、孙武子、百世兵家之师、东方兵学的鼻祖。

约活动于公元前6世纪末至前5世纪初。由齐至吴，经吴国重臣伍员举荐，向吴王阖闾进呈所著兵法十三篇，受到重用为将。

他曾率领吴国军队大败楚国军队，占领楚国都城郢城，几近覆亡楚国。其著有巨作《孙子兵法》十三篇，为后世兵法家所推崇，被誉为"兵学圣典"，列于《武经七书》之首。被译为英文、法文、德文、日文，该书成为国际间最著名的兵学典范之书。

吴子

《吴子》也是我国古代的一部著名军事著作，是《武经七书》之一。具体成书年代不详，相传是战国初期由吴起所著，到战国末年开始流传开来。

《汉书·艺文志》称"吴起四十八篇"，《隋书·经籍志》《新唐书·艺文志》均载为一卷。今有《续古逸丛书》影宋本及明、清刊本，存图国、料敌、治兵、论将、应变、励士六篇，分上下两卷。

就成书背景来说，《吴子》是在封建制度确立后，战争和军事思想有了显著发展的历史条件下产生的。这个时候，随着铁兵器和弩的广泛使用以及骑兵的出现，军队成分发生了改变，同时也引起了作战方式的明显变化。本书反映了新兴地主阶级的战争理论、军队建设和作战指导方面的观念。

在本书中，人们不难感受这样的观念，即：内修文德，外治武备（《续古逸丛书》影宋本，下同）。也就是把政治和军事紧密结合起来，所谓"文德"，就是"道、义、礼、仁"，并以此治理军队和民众。认为"民安其田宅，亲其有司"，"百姓皆是吾君而非邻国，则战已胜矣"，强调军队、国家要和睦。所谓"武备"，就是"安国家之道，先戒为宝"，必须"简募良材，以备不虞"。它把战争区分为义兵、强兵、刚兵、暴兵、逆兵等不同性质，主张对战争要采取慎重的态度，反对穷兵黩武。

想要了解《吴子》一书，首先需要了解其军事思想。

首先，作者提出"政治与军事并重，且以政治为先"的战争理念。比如在《吴子兵法·图国》篇中，作者提到富国强兵必须做到"内修文德，外治武备"。

所谓"文德"，实际上就是政治教化；而所谓"武备"，实际上就是增强军力。按照作者的说法，二者同等重要，偏废任何一方都会造成不利后果。为了增强说服力，作者还列举了历史典故：承桑氏（古代部落）只修文德，不重武备，结果遭遇灭顶之灾；相反，有扈氏（夏代部落）恃强凌弱，不修文德，最终也灭亡了。

不过，"文德"和"武备"虽然同等重要，但还是要侧重于"文德"，即对国家内部的政治教化。作者对此提出论述："昔之图国家者，必先教百姓而亲万民。"同时，作者还提出具体方法——"四和"，即"国家和睦，军队团结，上阵统一，战斗协调"。君主能够做到这些，才能够建立国本，并最终使国家繁荣昌盛。至于教化百姓，应推崇"四德"建设，即"道、义、礼、仁"。

此外，作者还对战争实质进行了分析。文曰："凡兵之所起者有五：一曰争名，二曰争利，三曰积恶，四曰内乱，五曰因饥。"大意是"但凡发生战争，原因无非有以下五点，即'争名'、'争利'、'报仇'、'内乱'、'饥荒'"。作者由此得出结论，只要能够避免这五点弊端，理论上就能够规避战争的爆发。当然，为了避免理论与实际存在差异，必须建立一支强大的军队，因而根本的避战方法还是富国强兵。

在论将方面，《吴子》也有新的思想。书中提出了"理、备、果、戒、约"五种才能，是将帅的综合考评指标。具体来说，具有"理"是能"治众如治寡"；"备"是能"出门如见敌"；"果"是能"临敌不怀生"；"戒"是能"虽克如始战"；"约"是能"法令省而不烦"。

另一方面，本书还提出了在作战过程中要想法判定敌对将领的才干。实际上也就是我们现代人常说的"知己知彼"，其目的也是为了针对敌将的不同特点采取不同的谋略。本书中，作者将敌军将领分为多种类型，比如"愚而信"、"贪而忽名"、"轻变无谋"、"富而骄"、"进退多疑"等,并且分别制定了相应的作战方针,诸如"诈而诱、货而赂、离而间、震而走、邀而取"等等。

作者介绍

吴起(公元前 440 年—公元前 381 年),卫国左氏(今山东省定陶县,一说山东省曹县东北)人,为战国初期的著名政治家、改革家、军事家,是兵家的代表人物。

吴起的一生,无论在内政,还是军事上,都有着极高的成就。他一生历仕鲁、魏、楚三国,通晓兵家、法家、儒家三家思想,是不可多得的一位"全能型人才"。

吴起在鲁国时,曾经击退齐国的入侵;到了魏国的时候,吴起屡次破秦,尽得秦国河西之地,成就魏文侯的霸业;而到了楚国之后,吴起又主持改革,史称"吴起变法",公元前 381 年,楚悼王去世,楚国贵族趁机发动兵变攻杀吴起。后世把他和孙武并称为"孙吴",《吴子》与《孙子》又合称《孙吴兵法》,在中国古代军事典籍中占有重要地位。

正是因为吴起在军事和政治上的"全才",并且做到了料敌应变、爱兵如子,所以他在历朝历代都享有很高的赞誉。但是他有一点显著的人格缺陷,那就是吴起太过贪恋功名,他甚至为了取得成功不择手段。比如他杀妻求将、为子不孝和好色的人格缺陷为这位文武全才的将领增加了人生污点,也成为文人墨客诟病的对象;此外,对于吴起执法严厉、不近人情,用兵杀伐无度,造成横尸遍野、生灵涂炭的行为也多有非议。

司马法

《司马法》成书的大概时间在战国初期,有很多已经亡佚了,唐代时已经从155篇减少到数十篇,到了宋代,减少到了5篇,也就是现存的5篇。

虽然只是仅有5篇,但它记载的内容却并不少,包括了殷周到春秋、战国时期的一些古代作战原则和方法,对后世研究那个时期的军事思想,提供了重要的资料。所以被后世认为是重要的先秦时期的军事著作之一。

这五篇的内容分别为:

一、《仁本》篇,主要观点为"战争要以仁为本"。作者把战争看成是政治的延续,是政治手段用尽时不得已采取的方法,这在当时具有极大的进步意义。

二、《天子之义》篇,主要讲解军事教育。作者开篇即提出:凡贤明英伟的君主,不会任用没有经过专门教育的将领,也不会让没有经过训练的士兵参战。同时,作者还提出了一系列具体的军事教育理念,包括:贵贱等级观念、人伦道德规范、认识朝廷礼法与军中礼法、树立不夸功与不争功的思想、建立以服从军令为核心的赏罚制度等。

三、《定爵》篇,主要讲解如何为战争做好准备,包括政治、思想、物资、军事和自然等方面。

四、《严位》篇,主要讲解作战中的阵法、阵型和阵式等。

五、《用众》篇,主要讲解临阵对敌、用众用寡、避实击虚等战略战术。

由此可以得出结论,《司马法》一书的最大特点,在于实事求是,以此来应对客观存在的天、地等自然条件,以及人力、物力等政治经济条件,从而形成了系统的军政事务和战略战术原则。在此基础上,作者还提出了一系列对立统一的法则,如大小、多少、强弱、虚实、攻守、疏密、动静等,从中分析和讲解了事物的发展变化,这些都是古代社会朴素的唯物主义和辩证的体现。

阅读指南

在本书中，作者首先将战争法分为正义和非正义两大类。其中，凡是为了平定战乱和为老百姓免除灾害的战争，被视为正义的；凡是为了开疆拓土和夺取财货，或者仗着自己的强大随意欺辱小国的战争，是非正义的。换句话说，作者所倡导的战争，一定是为了人民谋福利的，而这样的战争自然也会得到人民的支持。

在对敌政策上，作者主张从大局和长远利益着眼，军队在进入敌方境内之后，必须严格遵守纪律，不能侵犯敌国民众的利益，以争取敌国民众的信任和支持。文曰："入罪人之地，无暴神祇，无行田猎，无毁土功，无燔墙屋，无伐林木，无取六畜、禾黍、器械。见其老幼，奉归勿伤，虽遇壮者，不校勿敌；敌若伤之，医药归之"。同时，这也是我国最早关于对敌政策和群众纪律的记载。

在战争思想方面，《司马法》以朴素的军事辩证法为基础，强调对战争形势进行全面考察。具体来讲，需要做到"五虑"，即"顺应天时，广集财富，人和，地利，兵器精良"。此外，战前要周密部署，战中要通达权变，注意了解敌方动态，对待不同的敌人还要采取不同的应对策略。

由于《司马法》的理论非常具有实践价值和参考意义，所以历来受到统治者、兵家和学者们的重视。本书中，阐述的以法治军的思想和具体的军法内容，也为其后各时期制定军队法令、条例提供了依据。尤其是宋代以来，《司马法》被列为武举应试的经典之一，由此得到了更为广泛的传播。《司马法》不仅在中国受到如此的重视，而且在世界上也有一定的影响，不过其泥古保守的思想是不可取的。

作者介绍

田穰苴（ráng jū），又称司马穰苴，春秋末期齐国人，生卒年不详。他是继姜尚之后我国历史上最著名的军事家，在军事历史上起到了"承上启下"的重要作用。在军事成就方面，田穰苴曾统领齐军击退晋燕联军的入侵，因功获封"大司马"一职，其子孙因此改称"司马氏"。最终，齐景公因听信谗言，废黜田穰苴的官职，致使他郁郁而亡。关于田穰苴的人生事迹，由于年代相隔久远，流传于世的并不多，但是其军事思想的影响力极为深远。

唐肃宗时期,田穰苴被供奉于武成王庙内,与历史上其余九位武功卓著的名将合称"武庙十哲"。宋徽宗时期,田穰苴被追尊为横山侯,跻身宋代的"武庙七十二将"之列。

尉缭子

《尉缭子》成书于战国末期,是一部论述军事、政治的综合著作,全书共5卷(24篇)。此外,东汉时期的《汉书·艺文志》收录《尉缭子》29篇;唐朝初年的《群书治要》收录《尉缭子》4篇;1972年,山东临沂银雀山的一号汉墓出土《尉缭子》6篇。从这些情况来看,现流传于世的版本多有删节和讹误,甚至连篇名都与最初有所不同,但基本上后人并未增补新的内容。

现存《尉缭子》共有五卷,内容分别如下:

卷一包含"天官"、"兵谈"、"制谈"、"战威"四篇,主要论述政治、经济和军事,包括三者之间的相互关系,其余还包括一些基本的作战原则。值得一提的是,作者还在书中提出注重人的主观能动性,而不应该盲目地信奉和依赖天地、鬼神等。

卷二包含"攻权"、"守议"、"十二陵"、"武议"、"将理"五篇,内容涉及战争的性质和作用等,其余还包括守卫城池的军事原则。

卷三包含"原官"、"治本"、"战权"、"重刑令"、"伍制令"、"分塞令"六篇,主要论述用兵的原则、军队的纪律和奖惩制度等。

卷四包含"束伍令"、"经卒令"、"勒卒令"、"将令"、"踵军令"五篇,主要论述战场法纪、部队编制、标志、指挥信号和行军序列等。

卷五包含"兵教上"、"兵教下"、"兵令上"、"兵令下"四篇，主要论述军队的训练和取胜法则。

阅读指南

《尉缭子》同样将战争分为正义和非正义两大类，只不过转而冠以"挟义而战"和"争私结怨"的名称。对于"诛暴乱，禁不义"的战争，作者坚决支持；而对于"杀人之父兄，利人之货财，臣妾人之子女"的战争，作者则提出了明确反对。

同时，作者还在书中强调，战争的目的是为了保境安民，而不是盲目地开疆拓土。在此基础上，作者对于战争的认识也已经臻于成熟，即战争只是政治斗争的延续，是政治目的无法实现时不得已而为之的手腕，文曰："兵者，以武为植，以文为种，武为表，文为里。"对于经济在战争中所起到的作用，作者也有深入论述，而且由于古代社会的国家经济主要为农业经济，作者还将经济问题具体化为耕种问题，提出了"富农强兵"的全新思想。

在军队的法制建设方面，本书也有很高造诣，作者认为所有军队首先都必须建立严密的制度，所谓"凡兵，制必先定"，"明制度于前，重威刑于后"。而对于那些敢于违反禁令的将士，则必须进行重罚，以赏罚分明建立制度的权威性，所谓"刑上究"，"赏下流"。

在外交方面，作者提出了联保观念，包括各支军队间的联保和军队内部的联保制度。与此同时，在编制、警戒、禁令、权限、信号、指挥等方面，作者也提出了一系列的具体条令。在此基础上，作者还提出了法制与教化相结合的重要性，并且做出了具体方法指导，文曰："先礼信而后爵禄，先廉耻而后刑罚，先亲爱而后律其身。"从而以恩威兼施的原则达到"治军"目的。

在将帅任用方面，作者坚决反对"世将"制度（即将帅职位世袭制度），主张"举贤任能"和"贵功养劳"，以增强军队的战斗力。

本书把战争胜利划分为三种，即：不战服人的"道胜"，威慑屈人的"威胜"和战场交锋的"力胜"。书中的战略思想，提倡进行充分的战争准备，在战略决策、选用将领、进攻理论等方面要胜过敌人。不仅如此，书中还提倡兴师用兵，必须首先详审"内外之权"，准确掌握敌我"兵有备阙，粮食有余不足"、"出入之路"等情况，计先定，虑早决。

在军事辩证法思想方面，《尉缭子》注重从事物的联系中研究战争。它强调应发挥人的主观能动性，认为求神鬼不如重"人事"，反对"考孤虚，占咸池，合龟兆，视吉凶，观星辰风云之变"的迷信做法；提出"往世不可及，来世不可待，求己者也"的观点。

应该说，《尉缭子》是一部汲取了法、儒、墨、道诸家思想而谈论用兵之道的著作，这在秦兵书中是独具一格的，也对后世产生了深远影响。

作者介绍

对于它的作者、成书年代以及性质归属历代都颇有争议。一说《尉缭子》的作者是魏惠王时的隐士，一说为秦始皇时的大梁人尉缭。一般署名是尉缭子。

尉缭，生卒年不详，原姓魏，名缭，秦王政十年（公元前 237 年）入秦游说，被任为国尉后，改称尉缭。

尉缭的一生为秦王嬴政统一六国立下汗马功劳。相传他还懂得相面占卜，在最初受到秦王嬴政赏识的时候，他就认定嬴政的面相刚烈，比如有求于他人时能够做到虚心诚恳，但是一旦被冒犯就会变得极其残暴，对敌人也毫不手软。在尉缭看来，这样的君主欠缺照顾天下百姓的仁德之心，所以他曾多次尝试逃离嬴政为他安排的住处。

三略

内容概要

《三略》，又名《黄石公三略》，道家兵书，为我国古代著名的军事著作。本书分为上略、中略、下略三个部分，共 3800 余字。和前代的兵书有所不同，《三略》是一部专门论述战略内容的兵书，尤其侧重于阐述政略。

为了阐明自己的战略观点，作者大量引用古代兵书《军谶（chèn）》和《军势》中的内容，篇幅占到全书的六分之一。后来，《军谶》和《军势》两书散佚，只在一些史籍中有零星记载，《三略》所收录的内容就成了重要材料。

本书中的上略是主要部分，共 2100 余字，内容非常丰富。包括：民本思想、兵本思想，以及赢取人心、民心，这也是本书的核心政治思想。

此外，《三略》是大一统王朝（秦朝）建立以后的第一部兵书，不仅继承了《孙子》《吴子》等先秦兵学的精华，而且具有明显的时代特色。概括来说，主要包括深刻的战争观念、系统的战争指导理论、全面的选将用将原则、精辟的治军思想几大部分。同时，书中所展现的兵学内涵十分丰富，军事思想也十分深刻。

实际上，从《孙子兵法》以来，我国兵学在战争问题上形成了一种重战、慎战而又强调义战的思想。《三略》在这几个方面加以继承，并在此思想理论基础之上，对战争的基本态度、对战争目的和性质的分析、战争与政治经济的关系、战争与民众的关系、战争与天时地利的关系、战争与主观指导等又提出了自己的论断，形成了较为系统的战争观念。

阅读指南

《三略》在对待战争的基本态度问题上，是受到了道家和儒家思想影响的，这使它形成了强调慎战与义战的战争观念。

本书作者比较注重战争的破坏性，认为只要统治者稍有失误，就会因战争给社会政治秩序和民众生活带来巨大灾难。因此，作者主张对待战争的态度必须慎而又慎，不到万不得已绝对不能使用，文曰："王者，制人以道，降心服志，设矩备衰，四海会同，王职不废，虽有甲兵之备，而无斗战之患。"大意是"圣明的君主只会以德服人，即便用心备战，甚至发动战争，真正的目的也是为了扼制和结束战争"。

此外，《三略》又从事实出发，阐明了战争是人类社会的必然产物，即便君主有足够的认识，并且推行了切实的防范措施，也不可能完全杜绝。因此，君主必须以事实为依据，建立足以维护自身安全的军事力量，并且在迫不得已的情况下，善于运用战争手段，所谓"法天道，兴义师，以诛暴讨乱"，"扶天下之危"，"除天下之忧"是也。

在作者的论述中，这种做法属于正义战争，是"以义诛不义"，是合乎天道人理的，因而一定会所向披靡，战无不胜。文曰："夫以义诛不义，若决江河而溉爝火，临不测而挤欲堕，其克必矣。"

由于揭示出了治国方略、用兵韬略的一些普遍规律，《三略》不仅在国内受到推崇，在国外也产生了相当影响。唐朝年间，《三略》传入日本。日本的战国时代，《三略》与《六韬》一起被定为武校的主要教科书，并产生了林道春的《黄石公三略评判》、《三略讲义私考》，山冢义炬的《三略备考》，山鹿高祐的《三略要证》，喜多村政方的《三略便义》等。同时，《三略》在朝鲜等国家也得到了广泛传播。所有这些，都证明了《三略》的不朽价值。

黄石公（约公元前292年—公元前195年），道家学者，秦汉时人，后得道成仙，被道教纳入神谱。据传黄石公是秦末汉初的五大隐士之一，排名第五。《史记·留侯世家》中称，黄石公因为避秦世之乱，所以隐居到了东海下邳。之后张良因为谋刺秦始皇未果，亡匿下邳。碰巧在下邳桥上遇到黄石公。黄石公三试张良后，授与《素书》，临别时有言："十三年后，在济北谷城山下，黄石公即我矣。"张良后来以黄石公所授兵书助汉高祖刘邦夺得天下，并于十三年后，在济北谷城山下找到了黄石。

可以说，黄石公将自己毕生所学的知识和理想都倾注于笔墨。按现代人的说法，他既是思想家、文学家，又是军事家、政治家，同时在神学和天文地理等方面的知识储备也非常丰富。后世流传有黄石公《素书》和《黄石公三略》。

武备志

《武备志》由兵诀评、战略考、阵练制、军资乘、占度载五部分组成。

第一部分：兵诀评 18 卷

这部分收录了《武经七书》，并选录《太白阴经》《虎钤经》的部分内容，并对所选录内容加以点评。作者认为："先秦之言兵者六家，前孙子者，孙子不遗，后孙子者，不能遗孙子。"

第二部分：战略考 33 卷

这一部分内容是以时间为序，从战略的高度选录了自春秋到元各代有参考价值的 600 余个战例。所摘选的内容着重于奇略方面，比如，吴越争霸，勾践的卧薪尝胆、乘虚捣隙；马陵之战，孙膑的减灶示弱，诱敌入伏；赤壁之战，孙刘的联合破曹，巧用火攻；淝水之战，符坚的分兵冒进，谢玄的以战为守；虎牢之战，李世民的据险扼要，疲敌制胜；蔡州之战，李愬的乘虚奇袭等等战法。又如诸葛亮的据荆益、和诸戎、结孙权、向宛洛、出秦川的隆中决策；岳飞的行营田，连河朔，捣中原、以复故土的计划；成吉思汗的避潼关、假宋道、下唐邓、捣大梁的谋略等等。可以说，这部分所摘录的战例大多是以奇谋伟略取胜的，作者在紧要之处都会有所评点。

第三部分：阵练制 41 卷

这一部分记录的是西周至明代各种阵法，并配上了 319 幅图。书中所收录的以诸葛亮的八阵、李靖的六花阵、戚继光的鸳鸯阵最为详细。阵有说记，有辩证。"记"载"圣王贤将"所立之阵，予以广扬；"辩"言唐宋伪托附会之阵，予以廓清。

第四部分：军资乘 55 卷

分营、战、攻、守、水、火、饷、马 8 类，下设 65 项细目，内容十分广泛，涉及行军设营、作战布阵、旌旗号令、审时料敌、攻守城池、配制火药、造用火器、河海运输、战船军马、屯田开矿、粮饷供应、人马医护等事项,颇为详备。如收录的攻守器具、战车、舰、船、各种兵器就达 600 种。其中火器 180 多种,有陆战用、有水战用、有飞镖式,也有地雷式,在中国古代的兵书中是记载最多的。

第五部分:占度载 93 卷

这一部分分为占和度两部分。

所谓占,即指占天,主要记载天文气象。子目有占天、占日、占月、占星、占云、占风雨、占风、占蒙雾、占红霓、占霞、占雨雹、占雷电、占霜露、占冰雪、占五行等。这部分内容是把自然与人事联系在一起,认为某种天象往往就是某种人事即将发生的征兆。如"天色惨白,风声凄切,大兵起"。

所谓度,即指度地,记载兵要地志,分方舆、镇戍、海防、江防、四夷、航海六类,图文并举地叙述了地理形势、关塞险要、海陆敌情、卫所部署、督抚监司、将领兵额、兵源财赋等内容。指出,兵家谈地理或无方舆之概、户口兵马之数,或缺关塞险要,"非所以言武备也,故我志武备,经之以度"。记载了明代山川形势、关隘要塞、道里远近、州府及卫所设置、兵马驻防督抚监司、镇守将领、钱粮兵额等。

阅读指南

《武备志》是一部百科全书式的兵书,其体系之宏大、条理之清晰、体例之统一,在军事史上实属罕见。在该书当中,作者将历史上的 2000 余种军事著作进行整理,并且每类之前有序言,有考据出处,有概括内容,同时阐述自己的指导思想和资料依据。在此基础上,每一大类之下又分为若干小类,根据各种需要,小类之下又设置细目,如《军资乘》就分成了 8 类 64 细目。

在编纂手法和内容取材上,《武备志》具有以下特点:

其一,材料丰富且取舍精到。茅元仪的祖父茅坤是明代著名文学家和藏书家,家中藏书汗牛充栋,再加上茅元仪的四方搜寻、借阅和总结等,自然为《武备志》的成书创造了有利条件。据考证,作者采录的图书达 2000 余部,几乎涵盖了当时已有的所有兵书著作。

其二,编排合理且逻辑清晰。本书共分五个部分,从理论到实践,浑然一体又井井有条。值得一提的是，其子目按照内在联系进行排序，为后世学者提供了全新的研究角度，如《军资乘》子目的排列顺序，文曰："三军既聚必先安其身，身安而后气可养，身安而后患可防。故首以营，营具而可以战矣，故次之战。"

由此可以看出，作者的军事思想主要包括"加强武备"和"富国强兵"，同时道出了二者相辅相成的内在联系。故作者在文中提道："人文事者必有武备，此三代之所以为有道之长也。自武备弛，而文事遂不可保。"

概括来讲，《武备志》的成书有两大特点：其一是史料价值高，其一是理论价值高，二者相较，又以史料价值为高。可以说，本书既保存了大量古代军事资料，又进行了科学合理的划分和编排，从而为后世学者提供了宝贵的军事知识，当之无愧地成为了我国古代军事史上的"兵书宝库"。

作者介绍

茅元仪（生卒年份不详），字止生，号石民，又署东海波臣、梦阁主人、半石址山公，归安（今浙江吴兴）人，文学家茅坤之孙。自幼喜读兵农之书，成年熟悉用兵方略、九边关塞，曾任经略辽东的兵部右侍郎杨镐幕僚，后为兵部尚书孙承宗所重用。崇祯二年（1629年）因战功升任副总兵，治舟师戍守觉华岛，获罪遣戍漳浦，忧愤国事，郁郁而死。茅元仪目睹武备废弛状况，曾多次上言富强大计，汇集兵家、术数之书2000余种，历时15年辑成《武备志》，对后世影响较为深远。

纪效新书

内容概要

《纪效新书》原本有 18 卷，卷首 1 卷。卷首包括三篇内容，分别是："任临观请创立兵营公移"、"新任台金严请任事公移"、"纪效或问"。

"公移"主要论述练兵的重要性和必要性，同时结合了我国东南沿海的地形、民情与倭情，从而确保了练兵用兵的合理性和完整性。"纪效或问"主要论述急需解决的问题，如战事经费和选贤任能等，以防止将帅在疑惑不解的状态下盲目行事。文中有曰："束伍既有成法，必信于众，则令可申。苟一字之忡疑，则百法之是废，故历述所急与可辨者，为或问以明之。"

正文部分共有 18 卷，详细论述了兵员的选拔编伍、水陆训练、作战和阵图、律令和赏罚、武器的制造和使用等情况，对于报警（如烽堠）和指挥（如旗语）也有具体阐释，同时还附有大量形象逼真的插图，内容涉及兵器、旗帜、阵法和习艺姿势等。值得一提的是，本书还详细记载了戚继光发明的"鸳鸯阵"，以及后世兵家从"鸳鸯阵"衍化而来的"三才阵"等，这些阵法都是各军事天才的智慧结晶，在实战当中具有极大效力。

阅读指南

从文字风格上来说，《纪效新书》是一部语言通俗的著作，它结合士卒的实际情况讲述平实的道理，让人感到情深意切，易学易记。

从体例来说，《纪效新书》"乃集所练士卒条目"汇辑而成，和军中各种条例条令类似，这也比较充分地反映了戚继光在东南沿海抗倭时练兵、作战的思想。

关于如何练兵，《纪效新书》主张"从难从严"，并且制定与实战相同的标准，坚决反对为了练兵而练兵的"花架子"。作者认为，只要将士按照相关规定严格操练，一天可以见到一天的功力，一个时辰亦可见到一个时辰的功力。将来赶赴战场，平日里操练的技巧都将成为保命杀敌的本领。文曰："设使平日所习所学的号令营艺，都是照临阵的一般，及至临阵，就以平日所习者用之，则于操一日，必有一日之效，一件熟，便得一件之利。"

关于带兵和制敌的文韬武略，《纪效新书》对于将帅们也给出了很好的建议和要求，比如：要精通各种技艺，要作士卒的表率；不仅战时与士卒患难与共，而且平时也要处处与士卒同甘共苦。书中指出："为将之道，所谓身先士卒者，非独临阵身先，件件苦处，要当身先。所谓同滋味者，非独患难时同滋味，平处时亦要同滋味，而况技艺岂可独使士卒该习，主将不屑习乎？"

此外，本书还特别强调了赏罚的重要性，主张公正赏罚，赏不避仇，罚不避亲："凡赏罚，军中要柄。若该赏处，就是平时要害我的冤家，有功也是赏，有患难也是扶持看顾；若犯军令，就是我的亲子侄，也要依法施行，决不干预恩仇。"

不过，随着军事技术的发展，《纪效新书》这部在当时较为实用的兵书，很多条款已经逐渐派不上用场了。另外，里面所夹杂的一些糟粕，比如用所谓"相法"选士，"忌凶死之形，重福气之相"或者认为士卒是愚人等，这些都是我们需要摒弃的。

作者介绍

戚继光（1528年—1588年），字元敬，号南塘，晚号孟诸，谥武毅。汉族，山东蓬莱人（一说祖籍安徽定远，生于山东济宁微山县鲁桥镇）。明朝时期的抗倭名将，杰出的军事家、书法家、诗人、民族英雄。

戚继光在东南沿海抗击倭寇十多年，终于扫平了一直以来为虐沿海的倭患，确保了沿海人民的生命财产安全。之后，戚继光又在北方抗击蒙古部族内患十余年，保卫了北部疆域的安全，促进了蒙汉民族的和平发展。写下了18卷本《纪效新书》和14卷本《练兵实纪》等著名兵书，还有《止止堂集》及在各个不同历史时期呈报朝廷的奏疏和修议。

同时，作为一位杰出的兵器专家和军事工程家，戚继光还改造、发明了各种火攻武器；他建造的大小战船、战车，使明军水陆装备优于敌人；他富有创造性地在长城上修建空心敌台，进可攻退可守，是极具特色的军事工程。

◎农家

齐民要术

内容概要

《齐民要术》是一部综合性农学著作,也是世界农学史上最早的专著之一。是中国现存的最完整的农书,正文分成10卷,92篇。

此书援引了近200种古籍,收录了1500年前,我国在园艺、农艺、蚕桑、造林、畜牧、兽医、配种、酿造、烹饪以及治荒等生产实践中的方法。

主要内容是记述黄河流域下游地区的农业生产,介绍了季节、气候和不同土壤与不同农作物的关系,强调要因时制宜、因地制宜。提倡多施绿肥、精耕细作、培育优良品种等,对我国古代农业的发展产生了很大的影响。

阅读指南

东汉后的200年间,各地战火频发,农业生产受到了严重破坏,但是农业技术并没有中断。在这种背景下完成的《齐民要术》,最开始是以手抄本的形式传播的,书中除了详细记录有关农业方面的知识外,还有一些抨击商贾的内容,如"买贱鬻贵",意思是商贾贱买贵卖,漠视民生。

自问世以来,《齐民要术》引起了历代统治者的重视。明代王廷相称其为"惠民之政,训农裕国之术"。此外,唐、宋以来出现不少农书,如元代的《农桑辑要》、明代的《农政全书》、清代的《授时通考》,这些农书都是以它为范本创作的。

在《齐民要术》的序文中有一句话:"起自农耕,终于醯醢,资生之业,靡不毕书。"由此可以看出,此书的主导思想是"食为政首"。

书中的每一个章节,都是由篇题、正文和经传文献这三部分组成的。其中,篇题引用了一些历史文献,同时备有注文,来述说异名、别名、品种、地方名产、物种来源等。书中还记述了酒、醋、酱、饴、糖、羹、豉脯、泡菜等的制作方法，五谷、瓜果、蔬菜、树木的栽培技术，以及饲养家禽、牲畜、养鱼的方法等。

这部书受重视的原因，除了内容非常详细以外，还因为文中记录了大量作者亲身验证得来的经验，如书中所说的蚕茧用盐杀蛹法比曝晒为好、齐人的尉犁比济州以西的长辕犁更加轻便等。

《齐民要术》不仅在我国历代传承，还声名远播，在唐末时传入日本，至今日本还藏有北宋最早刊印的残本。在19世纪时，传到了欧洲，在达尔文的名著《物种起源》和《植物和动物在家养下的变异》中曾提到，"参阅了一部中国古代百科全书"，并引用书中的有关事例作为进化论的证据，据研究考证，该书正是《齐民要术》。

作者介绍

贾思勰（生卒年不详），是我国古代杰出的农学家。生活于北魏末期和东魏，曾经当过高阳郡太守。

他的青年时代，正赶上北魏孝文帝所倡导汉化运动的高峰，朝廷以农为首，督办农业，违者免官。当时的农业生产蒸蒸日上、统治者励精图治，为贾思勰撰写农书提供了非常便利的条件。

在贾思勰做官的时期，曾经到过河北、山东、河南等很多地方。

他积极参与农业生产实践，栽种过粮食，也饲养过牲畜。在实践的过程中，还非常善于向经验丰富的老农学习，吸收劳动人民在长期的生产生活中总结出来的宝贵经验。

经过总结前人的经验和自己对农业生产长时间的亲身实践，他通过认真分析、系统整理、概括总结，最后完成了《齐民要术》这部伟大的著作。

农书

内容概要

《农书》是元代总结中国农业生产经验的一部农学著作。全书正文共计37集，371目，约13万字。主要内容是关于农业的总体论述，包括农业史、授时、地利、耕垦、耙劳、播种、锄治、粪壤、灌溉、收获等。全书贯穿着"人定胜天"的思想。

该书分《农桑通诀》《百谷谱》《农器图谱》三大部分。

《农桑通诀》相当于农业总论。首先，书中概述了种植、养蚕、牛耕的历史渊源；其次，论述了农业生产中起主导作用的时宜和地宜问题；最后，论述了开垦、土壤、耕种、施肥、水利灌溉等农业操作的措施和基本原则。

《百谷谱》叙述了各种农作物的种植方法，其中最有价值的部分就是棉花的种植和推广。

《农器图谱》中共有306幅农具、农业机械、运输工具、灌溉工具、纺织机械图，在每幅图的后面还附有文字说明，详细介绍其结构和使用方法。其中，有不少是当时制造和推广的新式农具和机械。

阅读指南

《农书》是一部综合性农书，在前人基础上，第一次对广义的农业生产知识作了较全面系统的论述，提出中国农学的传统体系。

以往出现的一些农书，如《齐民要术》《农桑辑要》等，都只记述了北方农业生产情况，并没有涉及南方的农业技术，更没有注意到南北技术的交流。

而《农书》与此不同，由于作者是北方人，做官时在南方，还经常到江、浙一带考察。因此，无论是在农具的使用、耕作技术上，还是栽桑养蚕方面，都会顾及南北之别，致力于其间的交流。

例如，书中描述垦耕时，就详细写出了南北各自的特点："自北至南，习俗不同,曰垦曰耕,作事亦异。"还把几种造型不同,但作用相同的农具放在一起加以描述,这样便于人们在比较之后选用。

在养蚕方面,书中分别叙述了南北两地的养蚕方法,并指出各自的优缺点,目的在于"择其精妙,笔之于书,以为必效之法"。

除了注重南北农业的交流外,书中还充满了王祯的忧民悯民思想。他为农业增产、积谷防饥,从而达到"富民"的目的,介绍了很多经验,设想了很多办法;同时,对王公贵族的挥霍浪费,苛敛剥民,表示愤慨。因此,《农书》又是一部具有进步性和人民性的著作。

作者介绍

王祯(1271年—1368年),字伯善,是我国古代著名的农业和农业机械学家。

在元贞、大德年间曾任旌德、永丰等地的县令,为官期间,他勤勉务实、生活俭朴,为百姓办了很多好事,例如,他将薪俸捐给地方兴办学校,整修道路、修建桥梁、施舍医药,得到当时百姓的一致赞誉。

王祯继承了传统的"农本"思想,他认为,吃饭是百姓的头等大事,一个国家从中央到地方,政府首要政事就是抓农业生产。作为地方官,应该熟悉农业生产知识,否则就无法担负劝导农桑的责任。

正因如此,王祯处处留心农事,他细心观察,积累了很丰富的农业知识。每到一地,就传播先进耕作技术,引进农作物的优良品种,推广先进农具,教农民种植、耕织等。这些做法为后来撰写《农书》积累了丰富的材料。

农桑辑要

 内容概要

本书是一部综合性农书,编纂于我国元代初年,成书时间为至元十年(1273年)。当时元已灭金,还没有并宋。黄河流域由于经历多年战乱,生产处于凋敝状态。这本书的编纂为指导农业生产起到了积极作用。

由于这本书是官书,没有提编纂者的姓名。不过根据一些史籍记载,参与该书编纂的主要有孟祺、畅师文和苗好谦等人。元代时,本书曾重刊过多次,但以后流传的版本是清代编修《四库全书》时从明代《永乐大典》中辑出的。1979年上海图书馆影印出版了馆藏元刊大字孤本,发现流行版本错漏颇多,应以元刊本为准。

全书共7卷,6万余字。内容以北方农业为对象,农耕与蚕桑并重。

卷一为典训,讲述的是农桑起源及文献中重农言论和事迹;

卷二耕垦、播种,包括总论整地、选种和种子处理及作物栽培各论;

卷三栽桑;

卷四养蚕;

卷五瓜菜、果实;

卷六竹木、药草;

卷七孳畜、禽鱼等。内容绝大部分引自《齐民要术》以及《士农必用》《务本新书》《四时纂要》《韩氏直说》等书。

虽然只是摘录各书内容,但因取其精华部分,弃其糟粕部分,从而使得本书内容精炼,颇具价值。

阅读指南

《农桑辑要》是我国现存最早的官方编纂的农用书籍。在这部著作之前,唐代武则天时期曾编《兆人本业》,宋代真宗时期也曾编《真宗授时要录》,但这两部官方农

用书籍均已散佚。因此，《农桑辑要》在我国农业发展史上的地位无可替代，为后世学者研究农业文化提供了重要材料。

从内容上来看，本书不仅继承前代农业文化的发展成果，而且在作者的研究下得以大幅提高。史料记载，《农桑辑要》对北方地区精耕细作和栽桑养蚕的技术有重要帮助，对于经济作物如棉花和苎麻等的栽培技术，也有详细阐述。可以说，这是一本实用性非常强的农用著作，而且叙述语言通俗易懂，除了对我国的农业产生深远影响外，也使国际上的很多国家受益无穷。

作者介绍

孟祺，字德卿，宿州符离人。自幼家境优裕，在十里八乡都是数一数二的。后来，孟祺做了事郎、山东东西道劝农副使等官职。

畅师文，字纯甫，南阳人。祖上渊博广学，先后担任中顺大夫、上骑都尉等职。元朝时主修《成宗实录》，翰林学士，封魏郡公。

苗好谦，字守信，今成武镇韩庄人。初任都察院属员，延祐三年（1316年）升任淮东廉访司佥事，因"善课桑农"，皇帝"赐衣一袭"，后入朝为司农丞，撰写了《农桑辑要》，受到皇帝赞许："农桑衣食之本，此图甚善。"遂命刊印千册，散之民间。并晋升苗好谦为御史中丞。

农桑衣食撮要

内容概要

《农桑衣食撮要》，又名《农桑撮要》《养民月宜》，二卷。本书按照"月令"体裁撰写，列有农事208条，共有15000多字。

书中的内容，全部按月令列举了应该从事的农事，其中包括农作物栽培、家畜、家禽饲养，农产品的加工、贮藏等。全书文字通俗，简明扼要。到了至顺元年（1330年），本书再次刊印。应该说，《农桑衣食撮要》的出现，对元代农业生产的恢复和发展，都起了一定的作用。

阅读指南

忽必烈定都北京后，深切感受到发展农业的重要性。因此他专门设了大司专门掌管农桑水利之事，将《农桑辑要》一书在全国颁行；同时，他还分派劝农官对各地的农事状况进行巡视，把农业发展状况作为考核地方官吏政绩的主要依据。

1314年，鲁明善到安徽担任检察官。在他任职期间，大力发展农桑，当地的农民自然也积极响应。为了帮助农民更好地安排农业生产活动，他决心编写一本实用性强、便于农民阅读的书。

于是，鲁明善开始攻读各类农书，同时还经常深入田间地头，了解农业生产的规律，并收集民间农业耕种方面的各种知识。经过很长时间的累积，终于写成了这本《农桑衣食撮要》。

本书内容极为丰富，书中所反映的思想也很具价值。里面提到重农的思想，他说："务农桑，则衣食足；衣食足，则民可教以礼义；民可教以礼义，则国家天下可久安长治也。"其次，书中还体现了以深耕细作、增加地力、提高单产为发展农业的指导思想。另外，本书还在农业经营思想上，提倡农林畜副多种经营，强调综合利用，讲求经济实效。最后，本书还提倡勤俭，注意备荒。正如作者在自序所说："凡天时地利之宜，种植敛藏之法，纤悉无遗，具在是书。"

应该说，在当时的条件下，这本农书算得上是一部庄稼人的农业小百科了，它既通俗易懂，又有很明确的实践性。由此也可以看出鲁明善是一位关心民生的地方官。作为维吾尔族农学家的鲁明善，不仅总结了汉族劳动人民的生产经验加以传播，同时也把西北地区兄弟民族的生产经验进行总结加以传播，为祖国的农学书籍增添了新的内容。

鲁明善，名铁柱，元代杰出的畏兀儿农学家。高昌（今新疆吐鲁番东二十余里的哈拉和卓堡）人。生卒年不详，生活于元代后期。

在鲁明善看来，作为地方官，最根本的是要做好"劝农"这件事，使老百姓能安心从事农业生产，在他担任地方官的寿春郡（今安徽寿县）社会秩序比较安定。但他对此并不满足。鲁明善指出："农桑是衣食之本。务农桑，则衣食足；衣食足，则天下可久安长治。"

1314年，由鲁明善经过辛苦努力编纂而成的《农桑衣食撮要》刻印。这是他经过刻苦学习和实践编写成的一部通俗易懂的农业技术推广资料。他从指导农民进行农业生产出发，大胆否定和剔除了以往农家月令书中不切实际的内容及糟粕。

救荒本草

《救荒本草》成书于明代早期（即15世纪初叶），是一部图谱类植物著作，其主要价值是为当时的经济植物进行了分类。从严格意义上来讲，本书不仅是一本农用书籍，而且还是一本植物学专著。值得一提的是，本书的编撰目的在于救灾救荒，除了食用之外，还详细阐述了多种植物的药物作用，对我国植物学、农学和医药学的发展起到重要作用。

内容方面，全书分为上、下两卷，记载了414种植物，每种植物都配有逼真的木刻版插图。其中，出自历代医书的有138种，作者新增276种，按部编目，包括草类245种、木类80种、米谷类20种、果类23种和菜类46种。

除了这些，作者还对每种植物的取用部分进行记述，并以此为依据进行了分类，包括叶可食237种、实可食61种、叶及实皆可食43种；根可食28种、根叶可食16种、根及实皆可食5种、根笋可食3种、根及花可食2种；花可食5种、花叶可食5种、花叶及实皆可食2种、叶皮及实皆可食2种；茎可食3种、笋可食1种、笋及实皆可食1种。

此外，草本野生谷物归入种实可食部，如稗子、雀麦、薏苡仁、莠草子、野黍、燕麦等，属于禾本科植物；米谷部的野豌豆、山扁豆、胡豆、蚕豆、山绿豆等，都属于豆科植物。本书将同类植物排列在一起，表明了它们之间近缘关系，方便了后世学者的研究理解。

至于新增的部分，作者不仅收录了开封本地的食用植物，还有河南大部分地区的植物。包括日常食用的米谷、豆类、瓜果、蔬菜等，以及一些经过处理后可食用的有毒植物，从而尽可能地让饥民度过灾荒。对于书中采集的植物，作者首先绘了逼真的图画，然后又进行了详细的特征描述，如形态、生长环境以及加工方法等。

同时代的学者李濂为《救荒本草》作序,对该书给予中肯评价,文曰:"或遇荒岁,按图而求之,随地皆有,无艰得者,苟如法采食,可以活命,是书也有助于民生大矣。"

阅读指南

《救荒本草》与同类书籍不同,它不仅是一本农用和医用书籍,而且主要侧重于"救荒"价值的创造。众所周知,即便是富裕年景,野生植物仍然是人们必不可少的菜肴,到了颗粒无收的灾荒年景,但凡能吃的野生植物,都会被人们抢光。

本书作者正是从这一点出发进行考虑,提出了食用有毒野生植物的方法,也就是去毒后再食用。同时,作者还阐述了大量去除毒性的方法,如白屈菜,可以加入适量"净土"后煮沸,静置晾凉后即可食用。1906年,俄国著名植物学家茨维特曾发明"色层吸附分离法",用来去除白屈菜及同类植物的毒性,此方法和作者提到的方法本性相同。

实际上,《救荒本草》很早就已经流传到国外,首先是流传到日本,后来又经过日本流传到西方各国。史料记载,日本在德川时代(1603年—1867年)曾发生大灾,民众急需可甄别出可食用的野菜充饥的方法,《救荒本草》随即起到重要作用,以至于灾后陆续出现了十余种翻译和研究本书的著作。

作者介绍

朱橚(1361年–1425年)。明太祖朱元璋第五子,明成祖朱棣的胞弟。洪武三年(1370年)封吴王,洪武十一年(1378年)改封为周王,十四年(1381年)就藩开封。洪武二十二年(1389年)冬,因擅自离开封地到凤阳而获罪,被太祖下令迁往云南。洪武二十四年(1391年)底获准回到开封。此后三十余年间,由他组织编著的著作有《保生余录》《袖珍方》《普济方》和《救荒本草》等,这些著述对我国西南边陲医药事业的发展做出了巨大的贡献。

农政全书

内容概要

本书共60卷,分为12目,全书有50余万字。12目中包括:农本3卷;田制2卷;农事6卷;水利9卷;农器4卷;树艺6卷;蚕桑4卷;蚕桑广类2卷;种植4卷;牧养1卷;制造1卷;荒政18卷。

此外,本书又可以分为农政措施和农业技术两部分,前者是全书总纲,后者是实现纲领的具体方法。因此,书中记述了大量开垦、水利和荒政(即赈灾救荒的对策)的方法,并且篇幅达到一半之多,这在同类农用书籍中极为少见。如西汉的《氾胜之书》、北魏的《齐民要术》,只是零星出现一些备荒作物的记载。本书则对历代备荒的议论、政策和方法等进行分析论述,并且在此基础上加以发扬,最后还附有可以充饥的植物414种。

阅读指南

概括来讲,《农政全书》首先对之前已有的农用著作进行分析整理,在取用其中有价值的内容后,又加入了作者的研究成果和心得体会。应该说,本书作者对农业的研究造诣极深,这一点从他取用材料的书籍多达225种便可看出。

当然,作者并没有盲目效法前人,而是取其精华,去其糟粕,同时又有自己的建树。比如,对于一些迷信文化,作者统统予以删除,并且做出批判。即便是对于录用的内容,作者也会对照古今不同,进行详尽的分析讲解,并且指出其中的错误,从而确保了该书的使用价值。

而对于灾荒,《农政全书》的核心思想在于预防。以蝗灾为例,作者通过对大量史料的研究,发现我国历史上一共发生过111次大规模蝗灾,并且通过对这些蝗灾的对比研究,得出了两个重要结论即"最盛于夏秋之间"和"涸泽者蝗之原本也",然后就此提出了具体的防治办法。

最后，作者在书中还对"唯风土论"进行了严厉批判，同时提出了"有风土论"和"不唯风土论"。简单来说，此前的农业学者和底层农民大多信奉"靠天吃饭"，认为光景不好的年头必然受灾。但作者却认为，只要充分发挥人的主观能动性（如引进新作物、推广新品种、修建防灾设施等），即便遇到光景不好的年头，也可以把灾荒程度降到最低，至少不会发生遍地饿殍的惨剧。

作者介绍

徐光启（1562年—1633年），字子先，号玄扈，明末时期著名的科学家。徐光启一生科学成就颇多，主要集中在科学著作上，包括和西方传教士共同翻译的著作，以及自己创作的著作，如《几何原本》《泰西水法》《测量异同》《勾股义》和《崇祯历书》等。与此同时，徐光启还善于利用西方先进文化制造火器，大幅增强了明朝的军事实力，相关著作有《徐氏庖言》和《兵事或问》等。当然，徐光启最大的成就还是在于农业，尤其善于研究、设计和修筑各类水利设施。

徐光启之所以能够在杂采众家的基础上兼出独见，是与他勤于咨访，不耻下问的好学精神和破除陈见，亲自试验的科学态度分不开的。徐光启一生以俭朴著称，"于物无所好，唯好经济，考古证今，广咨博讯。遇一人辄问，至一地辄问，闻则随闻随笔。一事一物，必讲究精研，不穷其极不已。"因此，人们在阅读《农政全书》的时候，所了解到的不仅仅是有关古代农业的百科知识，而且还能够窥见到一个古代科学家严谨而求实的大家风范。

野菜博录

内容概要

本书现存有三个版本，分别为明朝天启年间刻本、清朝《四库全书》本、现代《四部丛刊三编》影印本。其中，明朝天启年间刻本分为上、中、下三卷，其中，上卷和中卷为草部，下卷为木部，共收录草木435种；清朝《四库全书》本分类相同，但收录草木多出3种；《四部丛刊三编》影印本结合前面两个版本，又加入朱橚所著《救荒本草》的部分内容而成。

阅读指南

由于我国农业文明发达，因而自古以来有很多农用著作，发展到明朝之后，附有图谱的农用著作已经日臻成熟。传世较广的有朱橚的《救荒本草》、王磐的《野菜谱》、周履靖的《茹草编》及本书《野菜博录》。而本书虽然成书最晚，但是充分汲取了前面三本书的精华，再加上作者常年扎根于田间地头，访问无数资深农民，并且亲自参与他们的劳作，因而其价值相比前面三本书有过之而无不及。

作者介绍

鲍山，字元则，号在斋，自署香林主人，婺源（今江西婺源）人。为了编纂《野菜博录》一书，鲍山不仅阅遍历代农用和医用书籍，而且曾经在黄山的白龙潭结庐而居，一住就是7年。在此过程中，他亲尝百草，记其形、味、性等特征，旨在为当时及后世之人提供一本具有实用价值的农书，其心其功可比神农。

◎医家

灵枢经

内容概要

《灵枢经》，简称《灵枢》，也就是《黄帝内经·灵枢》。它是一部中医理论著作。《黄帝内经》是我国现存最早最重要的一部医学著作，是中医学理论体系形成和奠基之作。除了《灵枢》，还有《素问》，它们同是《黄帝内经》的组成部分。

《灵枢经》早期为9卷，81篇。南宋史崧将其改编为24卷本，成为了现存最早和唯一行世的《灵枢》版本。本书论述了脏腑、经络、病因、病机、病症、诊法等内容，还重点阐述了经络腧穴，针具、刺法及治疗原则等。

阅读指南

《灵枢》是一部医学理论著作，能够为中医的临床经络学和针灸学提供依据，在我国传统医学史上占有重要地位。如《灵枢·刺节真邪》篇文曰："用针者，必先察其经络之虚实。一经上实下虚而不通者，此必有横络盛加于大经，令之不通，视而泻之，此所谓解结也。"

论致病邪气，不外乎分为内因、外因、不内外因。其中，外因以"六淫（即风、寒、暑、湿、燥、火）"为主，内因以七情为主所致，不内外因则指的是过劳伤、金刃伤、烫火伤、虫兽伤及中毒等。

按照书中所说，致病因素侵入身体，导致邪盛正衰，阴阳失调，出现机体各种病证，如瘀滞、阻逆、寒凝、留浊及各种痹证等。其中，最明显的病症表现在经脉上，并且不同病因会表现出不同症状，这正是中医当中"切脉"诊断的理论依据。

当然，本书主要讲述的针灸学，即遇到各种病症导致的气、血和津液瘀滞，可以通过相关穴位的行针进行化解。中医中用"结"字称呼瘀滞部位，而"结"的存在又分为隐性和显性两种，通常患者只有到显性阶段才会觉出不适，但如果让医生提前诊断，也可以进行防治工作。

用针灸治疗疾病，称之为"解结"，书中叙述了系统的指导思想和诊治方法。中医临床当中，以"望、闻、问、切"四诊合参的诊法，明确皮下组织有无异常，尤其判断穴位是否存在瘀滞情况。如果确定存在瘀滞，则通过相关的经络学进行腧穴定位，然后便可以下针进行治疗。

此书为古代医者托黄帝所作。黄帝，古华夏部落联盟首领，中国远古时代华夏民族的共主。五帝之首。被尊为中华"人文初祖"。

根据历史资料记载，黄帝因有土德之瑞，所以起名号为黄帝。黄帝以统一华夏部落与征服东夷、九黎族而统一中华的伟绩载入史册。黄帝在位期间，播百谷草木，大力发展生产，始制衣冠、建舟车、制音律、创医学等。

针灸甲乙经

《针灸甲乙经》成书于曹魏甘露四年（259年），原名《黄帝三部针灸甲乙经》，简称《甲乙经》。该书共分10卷（南北朝时重新划分为12卷，128篇），是我国现存最早的一部针灸学专著，而且是一部理论结合临床的综合性著作，在我国传统医学史上具有重要地位。

从内容上来看，本书系统论述了人体的生理、病理，经脉的循行，以及腧穴的总数、部位、取穴、针法、适应症、禁忌症等。具体来讲，书中涉及人体生理、病理的部分，基本取用了《黄帝内经》中的相关内容，只是对针灸学进行了重新编排，并且将这部分内容放在了开端。

当然，除了继承前人的针灸学成果，作者也进行了一些创新，同时对前人的一些错误之处予以纠正。如位于腹部正中线上的中脘穴（古称"太仓穴"），古书中提到其位置在肚脐上方三寸处，而本书作者通过验证将其改为肚脐上方四寸处，为后世医学者所采用。对于"禁穴"，作者也有明确的指导，文曰"刺中心，一日死"、"刺中肺，三日死"、"刺中肝，五日死"、"刺中脾，十五日死"、"刺中肾，三日死"、"刺中胆，一日半死"、"刺坏大血脉，血出不止而死"等。

与此同时，本书列举病例达880余种，并且对这些病例的治疗方法、配穴规律、操作方法等做出详细记载，从而为针灸医学提供了大量临床参考实例。由此也可以看出，本书作者非常重视针灸医学的实际操作性，这也奠定了作者及其著作在针灸医学史上的崇高地位。

阅读指南

本部著作有不少值得保存的研究成果，具有很重要的文献价值。此外，还可以利用它来校勘医学古籍。例如《黄帝内经》由于历代传抄而出现错误、断简残牍所致的阙漏，后人主要靠《针灸甲乙经》来对此进行校勘。

对本书来说，它最重要的还不是文献价值，而是医学价值。它把以经脉学说为主体的针灸学理论与腧穴理论紧密结合了起来。这种结合大大推进了针灸治疗理论和技术的提高。而且综合各家，在许多方面都有突进。

《素问》和《灵枢》中腧穴的发展都还处于十分有限的境地。两书实际所举穴位不过160个左右，而且不少只有部位还无命名。而《甲乙经》使中国针灸穴位总数达到654穴。

之所以会达到这样的水平，除了作者自身的不懈努力，与作者所处的时代背景也脱不开关系。众所周知，魏晋南北朝时战乱频发，天灾人祸夺去了大量民众的生命，从而导致伤病不断，同时也刺激了中医的迅猛发展。因此，当时社会不仅名医群集，而且著述医书之风格外盛行，流传至今的书目就达百种以上，质量方面也有极高保障。本书即是这批著作中的代表作品，作者在书中继承了大量前人的研究成果，同时还进行了大胆的创新，对后世医学发展影响深远，以至于成为今人（包括外国医学者）学习针灸医学的必读著作。

当然，本书也有很多的不足之处，比如重技术轻理论。这也是当时的一个普遍现象，可能同当时战乱造成的对医学的需求量增大存在关联，而且注重实用价值一直是中国科技的一大特点。

作者介绍

皇甫谧（生卒年不详），字士安，小时名静，晚年自称玄晏先生。安定朝那（今宁夏回族自治区固原市彭阳县古城）人。著名医家，其著作《针灸甲乙经》是我国第一部针灸学的专著，在针灸学史上，占有很高的学术地位。

40岁那年，皇甫谧患了风痹病，非常痛苦。尽管如此，他丝毫不曾在学习方面有任何怠慢。熟悉他的人问他为何如此沉迷于学习，他回答说："朝闻道，夕死可也。"就连皇帝都敬重他品格高尚、学识丰富，于是就请他到朝廷做官。但他不买账，一口给回绝了。更让人惊讶的是，他竟然从皇上那里借了一车的书，这真可谓奇事一桩了。

皇甫谧抱病期间，阅读了大量的医书，尤其对于针灸学更是很感兴趣。不过，随着研究的逐步深入，皇甫谧发现了以前的针灸书籍深奥难懂而又错误百出，不方便人们学习和阅读。于是，他根据自身的真切体会，摸清了人身体上的脉络和穴位，并结合《灵枢》《素问》和《名堂孔穴针灸治要》等书，悉心钻研，著述了这本我国历史上第一部针灸学著作——《针灸甲乙经》。

金匮要略

内容概要

《金匮要略》是我国古代中医学方面的经典著作之一,也是我国现存的最早的一部诊治杂病的中医专著。由东汉时期的医生张仲景著述于3世纪初。

本书共3卷,上卷为辨伤寒,中卷则论杂病,下卷纪录药方。

到了北宋时期,由校正医书局的林亿等人根据当时所存的牍简文字重新进行编校,取其中以杂病为主的内容,仍旧订为三卷,将名字改成了《金匮要略方论》。

全书分为25篇,方剂有262例,列举病症60余种。所述病证以内科杂病为主,兼有部分外科、妇产科等病证。

从具体内容来看,本书介绍的主要是以内科杂病为主的多科病证脉治。在论述方面简明精要,能够为读者提供辨证论治及方药配伍的一些基本原则,是我国中医临床医学的奠基著作。

阅读指南

本书是我国现存最早的杂病专著,同时也是作者张仲景的代表作。在书中,他总结了前人丰富的诊疗经验,结合自己的研究成果,将所有疾病的产生原因归纳为三大类。"外感淫邪、侵入脏腑(即内所因)"是其首先讲述的内容。此外,作者重视"四诊(即望闻问切)"合参,并且以脏腑经络为基础,结合营卫气血、阳阴五行等理论进行讲解。在论治方面,作者重视提前预防和早期治疗,所谓"治未病"。同时,作者主张治病必须兼顾整体,要有"牵一发而动全身"的意识。

由于本书所载方剂药味精炼、配伍严密、主治明确,对后世学者产生重大影响,尤其为我国方剂学的发展提供了重要的理论依据,有"众方之祖"的美誉。而从作者为本书取用的名称来看,他对于这本书的医学地位也有高度自信。其中,"金匮"可以简单通俗地理解为珍贵,"要略"也可以简单通俗地理解为精炼,表明本书应当受到珍视和重用。

张仲景（约150年—215年），名机，东汉南阳郡涅阳（今河南邓州）人，在我国医学史上有"医圣"之称。张仲景的父亲张宗汉曾在朝为官，但是在他出生时家境已经开始走向没落，庆幸其父注重家学教育，因而保留了祖上传下来的大量典籍，包括为数不少的医学类典籍。

因此，张仲景从小爱好医学方面的内容，可以说"博通群书，潜乐道术"。在张仲景10岁时，就已读了许多书，特别是有关医学的书。他的同乡何颙赏识他的才智和特长，曾经对他说："君用思精而韵不高，后将为良医。"后来，张仲景果真成了良医，被人称为"医中之圣，方中之祖。"这固然和他"用思精"有关，但主要是他热爱医药专业，善于"勤求古训，博采众方"的结果。经过多年的刻苦钻研和临床实践，张仲景成为中国医学史上一位杰出的医学家。何颙在《襄阳府志》一书中曾这样赞叹说："仲景之术，精于伯祖。"

伤寒论

《伤寒论》，全书共分10卷，又细分为22篇，列举了方剂113例，各类药物八十二种。作为我国传统医学经典著作之一，本书不仅收录了前人大量诊疗经验，而且在"外感病治疗规律"方面成就巨大。

其中，第一卷主要讲解"辨脉法"和"平脉法"，论及伤寒、杂病的脉、证和预后；第二卷主要讲解"伤寒例"、"辨痉湿暍脉证"和"太阳病脉证并治上"，总论病情发生、发展、治疗、预后的一般规律等；第三卷至第六卷，主要讲解六经病（即太阳、阳明、少阳、太阴、少阴、厥阴）的治疗和预后；第七卷至第十卷主要论述霍乱、阴阳易、劳复的证治，以及伤寒病的可汗不可汗、可吐不可吐、可下不可下等。

其中，"六经"学说是全书的纲领，这是对各种病症的统一分类，后世医学者研究疑难杂症，多以此为依据。具体来讲，张仲景观察到热性病虽然错综复杂，但归纳起来，可分为六个类型，同时又运用《素问》一书中的学说，分析了阳热、表实和阴寒、里虚，也就是中医常说的"三阳证"和"三阴证"。

阅读指南

首先需要说明，我国古代医学将所有外感病统称为"伤寒"，因而伤寒并不是某一类疾病的专门称谓，其真正的含义仍为杂病。通常来讲，诱发疾病的原因被古代医学家称之为病原，所谓"人之伤，方寒者为热病"，大意是"人体在受到外来邪气伤害后，就会出现浑身发热的症状。"古代医家认为很可能是受冷所致，所以统称为"伤寒"。

理论建设方面，作者创立了"六经辨证体系"，这也是本书最大的特色。此外，作者运用四诊八纲，对伤寒发病的各个阶段进行了全面的分析，同时附有具体的治疗方法，如"太阳伤寒"用麻黄汤；"太阳中风"用桂枝汤；阳明经证用白虎汤；阳明腑证用承气汤；少阳病用小柴胡汤等。

此外，《伤寒论》还有一项重要成就，即"方剂学"。对此，作者提出了系统的配方原则，如伤寒用汗、吐、泻等方法治疗，并记述了桂枝汤、麻黄汤、大青龙汤、小青龙汤、白虎汤、麻黄杏仁石膏甘草汤、葛根黄芩黄连汤、大承气汤、小承气汤、调胃承气汤、大柴胡汤、小柴胡汤等，其中的大部分方剂直到今天仍有实用价值。

在临床方面，《伤寒论》也建立了系统的理论指导，为后世医学者在临床方面的理论研究奠定了基础。可以说，本书一方面继承了前人的大量经验，一方面又为后人建立了广泛基础，因而在我国医学史上有承前启后的重大意义，这是其他同类著作所无法比拟的。

作者介绍

张仲景（约150年—215年），名机，东汉南阳郡涅阳（今河南邓州）人，在我国医学史上有"医圣"之称。张仲景的父亲张宗汉曾在朝为官，但是在他出生时家境已经开始走向没落，庆幸其父注重家学教育，因而保留了祖上传下来的大量典籍，包括为数不少的医学类典籍。

因此，张仲景从小爱好医学方面的内容，可以说"博通群书，潜乐道术"。在张仲景10岁时，就已读了许多书，特别是有关医学的书。他的同乡何颙赏识他的才智和特长，曾经对他说："君用思精而韵不高，后将为良医。"后来，张仲景果真成了良医，被人称为"医中之圣，方中之祖。"这固然和他"用思精"有关，但主要是他热爱医药专业，善于"勤求古训，博采众方"的结果。经过多年的刻苦钻研和临床实践，张仲景成为中国医学史上一位杰出的医学家。何颙在《襄阳府志》一书中曾这样赞叹说："仲景之术，精于伯祖。"

肘后备急方

本书原名为《肘后救卒方》，简称《肘后方》。古代中医学著作，是中国第一部临床急救手册，也是中医治疗学专著。此书共8卷，70篇。

该书主要记述方剂、针灸、外治等内容，并且对于急性病症和慢性病症均有针对性记载，同时还记载了一些特殊病症及治疗方法。比如关于天花、狂犬病、恙虫病、脚气病和恙螨病等病的记载，都是首次出现在医书当中，这也成就了本书的特色。其中，作者对于狂犬病的治疗，提出了使用狂犬脑组织治疗狂犬病的方法，启发了后世的免疫疗法。

阅读指南

《肘后备急方》收录了多种病例，同时提出了很多创造性见解，但最大的价值还是在于记载了很多罕见病例，包括相应的治疗思想和方法。比如对于天花的记载，作者首先描述了它的危险性和传染性，同时提出了愈后不复发的特性，这是世界上关于天花最早的记载。书中还提到了结核病（包括肺结核、肠结核和骨关节结核等），明确指出了这种病在人死后同样具有传染性，其系统程度足以和现代医学媲美。

此外，书中还记载了治疗狂犬病的方法，即取用咬人疯狗的脑浆，涂抹在被咬者的伤口上。近年来的医学研究显示，这种方法比注射狂犬疫苗更有效，而且二者在医学理论上完全相同。另外，对于流行病和传染病，书中提出了"疠气"的概念，提出了空气可以作为传染媒介的说法，为当时的医学者推翻鬼神邪说提供了科学依据。

最后，本书针对恙虫病和疥虫病等，提出了寄生虫病的描述，这在世界医学史上同样具有开创性意义。值得一提的是，作者不仅提出了相关的理论，而且进行了详尽的叙述，并且提出了颇具实用性的治疗方剂，直到今天仍然具有极大的参考价值。

作者介绍

葛洪，江苏人，约生活于3—4世纪，享年81岁。其父、祖父都是大官僚，其本人也因参加过镇压农民起义而被赐爵关内侯。晚年隐居于广东罗浮山，"欲炼丹以祈遐寿"，"优游闲养，著述不辍"，直至去世。

巢氏诸病源候论

内容概要

本书又称《诸病源候总论》或《巢氏病源》，是我国古代的医学名著，总共 50 卷。隋朝时期，由元方等人编纂，成书于大业六年（610 年）。

本书为我国最早的论述以内科为主兼及各科病病因和证候的专著，书中总结了隋以前的医学成就，对临床各科病证进行了搜求、征集、编纂，并予以系统的分类。全书分 67 门，载列证候论 1739 条。叙述了各种疾病的病因、病理、证候等。诸证之末多附导引法，但不记载治疗方药。

阅读指南

《诸病源候论》涉及的病例极为广泛，包括内科、外科、妇科、儿科、五官、口齿、骨伤等，对一些传染病和寄生虫病等，也有大量深入论述。值得一提的是，作者在书中详细阐述了外科手术的理论和方法，如肠吻合术、人工流产和拔牙等，这些在世界医学史上是开天辟地的记载，同时也表明当时的外科手术已经达到较高水平。

从某种程度上来讲，本书是一种资料书，为医者的案头常备用书，其中大部分内容都是在收录和分析病例，因而略去了记载方剂的部分。如关于"疥虫"的记载，作者认为它是疥疮的病源，潜伏期藏在湿疥的脓疱中，可用针头挑出，形状类似蜗牛，如此细腻的观察和叙述，无疑为后世医学者提供了极大的便利。

对于"漆疮"，书中也有详细记载，这是一种发生在敏感体质人体上的米粒状丘疹。由此可见，作者对于"敏感"原因造成的疾病，已经有了相当成熟的认识，从而为免疫学说研究开辟了道路。

在养生方向，书中记载的见解也非常独到，如作者认为保持健康的关键在于牙齿，而保持牙齿健康的关键在于养成"刷牙"习惯。今天，刷牙成了人们每天必做的日常行为，但是在当时社会，这一说法无疑具有极大的科学意义和先进意义。

概括来讲，本书最大的价值在于病源研究，以及据此建立的大量医学理论。此前，各代医学者把更多的精力都用在了理、法、方、药等方面，对于病源的研究深度有限，本书正好弥补了这一空白。此外，通过《诸病源候论》中记载的内容来看，当时我国的医学水平已经发展到较高程度，其对于疾病的认识程度可谓全面周到、深入透彻。

巢元方，隋代医家。大业中 (605 年—616 年) 任太医博士、太医令。大业六年 (公元 610 年)，奉诏主持编撰《诸病源候论》。

巢元方约生活于隋唐年间，籍贯、生卒年均不详，一说为西华人。巢元方在隋大业年间 (605 年—615 年) 医事活动频繁，任太医博士，业绩卓著。然而《隋书》中并没有巢氏传记，仅宋代传奇小说《开河记》有一段关于巢氏的记载。说隋大业五年八月，开凿运河总管患风逆症，隋炀帝命太医令巢元方往视得疗。虽然巢元方的生平事迹缺乏史料记载而湮没于历史的尘封中，但巢元方对于中华民族五千年文明的伟大贡献，却以他殚精竭虑主持编纂整理的中医病因学巨著《诸病源候论》为载，而永垂史册。

千金方

内容概要

《千金要方》又称《备急千金要方》、《千金方》，全书共 30 卷，是一部综合性临床医学经典。可以说，本书集唐以前各代医学研究之大成，为后世医学者提供了宝贵的学习材料，被誉为我国最早的、百科全书式的临床典籍。

具体名目为：医学总论及本草、制药（卷一）；妇科病（卷二至卷四）；儿科病（卷五）；七窍病（卷六）；诸风、脚气、伤寒（卷七至卷十）；内科杂病（卷十一至卷二十）；消渴、淋闭等症（卷二十一）；疔肿痈疽（卷二十二）；痔漏（卷二十三）；解毒并杂治（卷二十四）；备急诸术（卷二十五）；食治并养性（卷二十六至卷二十七）；平脉（卷二十八）；针灸孔穴主治（卷二十九至卷三十）。

书中所收录的方剂，上起三皇五帝时期，下至唐初。不仅内容丰富，而且进行了系统的整理和分析，医学价值极为重大。

阅读指南

从整个医学发展史来看，《千金方》的成书又具有进步意义，即作者不仅记述了大量方剂，阐明了发生疾病的原因，而且对于疾病的复发进行了详细阐述，文曰："不减滋味，不戒嗜欲，不节喜怒，病已而可复作。"大意是：患者在病情康复之后，一定要注意优化生活习惯，节制日常饮食、戒除不良嗜好、调整生活心态，用以防止疾病复发，同时这也从侧面说明了疾病发生的原因。

很显然，本书作者已经意识到了"病从口入"的重要性，因而将"不减滋味"列为疾病复发的第一原因。而所谓"不减滋味"，主要是指患者贪图口舌之欲，在食物（主要是菜肴）中加入过多的调味品，从而影响到人体的正常吸收而致病。而这样的养生主张，最早可见于《黄帝内经·奇病论》文曰："此肥美之所发也。"再比如《论语·乡党》篇，也有相关记载，文曰："肉虽多，不使胜食气。"

现如今，人们对食物结构变化的调查越来越受到重视。谷物对胰岛细胞功能的保护作用已经被各种研究证实，尤其是谷物保护曲线的发现使很多人相信孙氏记载的糖尿病康复是真实的。

作者介绍

孙思邈（约581年—682年），我国历史上著名的医学家，同时也是中医医德规范的制定人，被人们尊称为"药王"。孙思邈的祖籍为京兆华原（今陕西耀县）。据史料记载，他自幼多病，但很有抱负，从小就立志于学习经史百家著作，尤立志于学习医学知识。

到了青年时期，孙思邈就开始在乡间行医了，并获得了良好的治疗效果。他对待病人，一视同仁，不分贫富老幼，也无关怨亲善友，全都一视同仁。在治病救人的过程中，他也不管风雨寒暑，饥渴疲劳，都有求必应，全力救治。为此，孙思邈深受众人崇敬。

隋大业（605年—618年）中，孙思邈曾游学四川，并在该地炼丹，然后隐居于终南山，与沙门道宣律师交厚，写了不少道家炼丹方面的著作。之后，唐太宗、高宗曾多次召孙思邈任国学博士、谏议大夫等职，但都被他婉言谢绝了，唯于咸亨四年（673年），孙思邈才应邀担任了承务郎直长尚药局，掌管合和御药事务。

从医学成就来说，孙思邈的成就是多方面的。在伤寒学方面，他将《伤寒论》内容较完整地收集在《千金要方》中。他提出妇、儿科都应独立设科，对妇、儿科形成专科有促进作用。他提出的妇女孕期前后的注意事项与当前妇产医学的内容有不少相合之处。他对婴儿生长的观察及护理方法亦富科学内容。

在对疾病认识上，如对附骨疽（骨关节结核）的好发部位，消渴（糖尿病）与痈疽的关系，有关麻风、脚气、夜盲、甲状腺肿的描述和治疗等都有创见。还倡行了葱管导尿术、食道异物剔除术以及自家血、脓接种以防治疖病的免疫法等。在养生延年方面，提倡按摩、导引、散步、轻微劳动及食治、讲求卫生等结合，为老年病防治留下了宝贵经验。

◎ 天文算法

周髀算经

内容概要

《周髀算经》，原名《周髀》，大致成书于西汉时期，作者名为赵君卿。北周时期甄鸾重述，历代数学家多为此书作注，其中最著名的如唐人李淳风等。本书是我国现存最早的天文学和数学著作（约成书于公元前1世纪），被列为"算经十书"之一，内容主要阐明"盖天说（即'天圆地方说'）"和"四分历法（古代计时方法）"。唐朝国子监中有"明算科"，本书被选为教材典籍，并从此改名为《周髀算经》，后来还曾传入朝鲜和日本等国。

《周髀算经》的主要价值在于阐述了"勾股定理"，同时介绍了在运算中的应用，并且引用到天文计算中，为我国数学领域的发展做出重要贡献。直到今天，本书所载的方法仍然是"勾股定理"的重要证明方法之一（"勾股定理"的证明方法有400余种）。

阅读指南

"盖天说"是我国传统天文学界的重要宇宙观念，为我国古代人民建立了基本的宇宙模型，而《周髀算经》正是"盖天说"中的代表著作。文曰："天像盖笠，地法覆盆。"即"天空就好像是帽子一样，对于大地而言，又好像是扣在上面的盆子"。

从内容来看，书中讲述了学习数学的方法，最主要的是用勾股定理计算高深远近，包括复杂的分数运算等。此外，书中还有关于矩（一种量直角、画矩形的工具）的用法，并且提到了直角三角形的应用，其内容显然已经涉及几何范畴。

除了这些，作者还在书中提到"开平方"和"等差级数"的问题，并且讲解了相当复杂的运算方法，如"四分历"的计算、数字的计算和勾股定理的应用等，这些都为我国传统的数学研究做出了贡献。

关于本书作者，史书上没有记载，同时也无从考证。

新仪象法要

本书为我国宋代天文学家苏颂为水运仪象台所作的设计说明书。成书于宋神宗绍圣初年，大约在 1094 年—1096 年间。据《宋史·艺文志》等记载，本书又曾名《绍圣仪象法要》、《仪象法纂》等。今通行各本都源出南宋乾道壬辰 (1172 年) 施元之刻本，共 3 卷。施元之曾据当时所见的各本进行过校补。书中所谓"一本"、"别本"就是施元之补入的。通行本中以《守山阁丛书》刊本为善。

本书的正文主要是图解，介绍了水运仪象台总体和各部结构。卷上介绍浑仪，有图 17 种。卷中介绍浑象。除 5 种结构图外，另有星图二种 5 幅，四时昏晓中星图 9 种。卷下则为水运仪象台总体、台内各原动及传动机械、报时机构等，共图 23 种，附别本作法的 4 种图解。

此外，书中还有唯一的一段不带图的文字："仪象运水法"，讲述利用水力带动整个仪象台运转的过程。总计全书共有图 60 种。这些结构图是中国现存最古的机械图纸。它采用透视和示意的画法，并标注名称来描绘机件。通过复原研究，证明这些图的一点一线都有根据，与书中所记尺寸数字准确相符。

《新仪象法要》是我国古代的科技著作，虽然全部内容仅有两万余字，但是其记

述的内容却非常重要。比如，书中记载了机械钟表的锚状擒纵器，这在世界上属于首例；再比如游仪窥管，是现代天文界使用的转移钟（一种跟踪机械）雏形；还有水运仪象台观测室活动屋板，是现代天文台圆顶的前身。因此，本书不仅在国内享誉颇丰，而且在国际上也具有极大影响。

此外，为了对当时的天文仪器和机械传动进行讲解，本书还绘制了50余幅全图、分图和零件图等，绘制机械零件图更是多达150余种，同时这也是我国乃至世界现存最早、最完整的机械图纸。凭借对这些图纸内容的研究，现代学者王振铎、李约瑟等，成功复原出水运仪象台。同时，《新仪象法要》中记载的"苏颂星图"，是我国现存最早的全天星图，具有重要的天文价值。

概括来讲，《新仪象法要》是一部水力运转天文仪器专著，它反映了我国11世纪的天文学理论和机械制造水平。通过对这部著作的研究，今人可以了解古代的水运仪象知识，并且拿出中国人发明锚状擒纵器（近代机械钟表的关键性部件）的历史证据。

作者介绍

苏颂（1020年—1101年），字子容，原籍福建泉州同安县（今属厦门市）。北宋杰出天文学家、天文机械制造家、药物学家。苏颂好学，天文地理、经史九流无所不通，但是其主要贡献还是在科学技术领域，特别是医药学和天文学方面。

此外，苏颂领导制造了世界上最古老的天文钟——水运仪象台，开启了近代钟表擒纵器的制造历史。英国著名科学家李约瑟（Joseph Terence Montgomery Needham）曾对苏颂作出赞誉，称他是中国古代和欧洲中世纪最伟大的博物学家、科学家之一。

著述方面，苏颂除了本书以外，还有《图经本草》和《苏魏公文集》等传世。

九章算术

本书采用问题集的形式，收入了246个与生产、生活有关的实用问题，每道"题"由问（题目）、答（答案）、术（解题的步骤）三部分组成。其中，有的题是一题一术，有的是多题一术，也有的是一题多术。依照性质和解法，作者将全部内容统一划分为九章，具体内容为方田、粟米、衰分、少广、商功、均输、盈不足、方程和勾股，分别介绍如下：

第一章，"方田"。主要讲述平面几何图形的面积计算，包括长方形、三角形、梯形、圆形、扇形、弓形和圆环这八种图形，另有分数的四则运算法则，以及求分子分母的最大公约数方法等。

第二章，"粟米"。主要讲述谷物粮食的折换比例，提出比例算法，称为"今有术"。

第三章，"衰分"。主要讲述比例分配法则，称为衰分术。

第四章，"少广"。主要讲述已知面积、体积，推算其边长和径长等，以及开平方、开立方的方法。

第五章，"商功"。主要讲述土石工程、体积计算，以及工程分配方法。

第六章，"均输"。主要讲述合理摊派赋税，以及解决赋役合理负担的问题。其中，今有术和衰分术的应用，构成了今天正反比例、比例分配、复比例、连锁比例等比例学理论的基础，这些算法大幅领先于西方国家。

第七章，"盈不足"。主要讲述双设法问题，提出三种盈亏问题，包括盈不足、盈适足；不足适足、两盈；两不足。同时介绍了相关问题的一些解法，同样领先于西方国家。

第八章，"方程"。主要讲述一次方程组问题，以及采用分离系数的方法表示线性方程组（相当于现在的矩阵）等。

第九章，"勾股"。主要讲述如何利用"勾股定理"求解（其中大部分内容涉及当时社会的实际问题），提出勾股数问题的通解公式，如"a、b、c分别是勾股形的勾、股、弦，则，m>n"，西方国家得出相应的结果已经是在3个世纪之后了。

阅读指南

汉唐时期，我国一共出现过10部估算学著作，被称作"算经十书"，《九章算术》是其中最重要的一部。

事实上，中国古代数学的发展一直处于领先地位，《九章算术》这本书确定了古代数学的框架。它达到了以计算为中心，并密切联系现实实际，用以解决人们生产、生活中的数学问题的目的。正是因此，这本书影响颇深，以致以后我国的数学著作都大致采取两种形式：或为本书作注，或仿本书体例著书；甚至西算传入中国之后，人们著书立说时还常常把西算的数学知识纳入九章的框架。

同时，该书还是世界上最早系统叙述了分数运算的著作；其中盈不足的算法更是一项令人惊奇的创造；"方程"章还在世界数学史上首次阐述了负数及其加减运算法则。在代数方面，本书在世界数学史上最早提出负数概念及正负数加减法法则；中学讲授的线性方程组的解法和《九章算术》介绍的方法大体相同。

该书的一大显著特点便是注重实际应用，所以不光受到国人的喜爱，而且还受到了国外人们的欢迎。它的一些知识传播到了印度和阿拉伯，甚至通过这些地区传至欧洲。

不过，本书也是有着不容忽视的缺点的，比如，里面没有任何数学概念的定义，也没有给出任何推导和证明。另外，虽然算法抽象，但本书前前后后的逻辑关系并不太明显，显得比较凌乱。到了魏景元四年（263年）的时候，刘徽给《九章算术》作注，才大大弥补了这个缺陷。

应该说，《九章算术》是我国古代劳动人民共同努力的结晶，它为我国数学的发展做出了杰出的贡献，同时也标志着中国古代数学体系的形成。后世的数学家，大都是从《九章算术》开始学习和研究数学知识的。唐宋两代更是将它明令规定为教科书。1084年由当时的北宋朝廷进行刊刻的《九章算术》，这是世界上最早的印刷本数学书。

 作者介绍

《九章算术》其作者已不可考。一般认为它是经历代各家的增补修订，而逐渐成为现今定本的，西汉的张苍、耿寿昌曾经做过增补和整理，其时大体已成定本。最后成书最迟在东汉前期，现今流传的大多是在三国时期魏元帝景元四年（263年），刘徽为《九章》所作的注本。

◎ 术数类

太玄经

内容概要

《太玄经》中的"玄",为玄奥的意思,源自《老子》"玄之又玄"。

本书以"玄"为中心思想,糅合了儒、道、阴阳三家的思想,成为集儒家、道家及阴阳家于一体的一部著作。本书作者运用阴阳、五行思想及天文历法知识,以占卜之形式,描绘了一个世界图示。提出"夫作者贵其有循而体自然也"、"质干在乎自然,华藻在乎人事"等观点。

《太玄经》中对于对立统一的关系及其相互转化的情况做了阐述,因此此书具有较强的辩证法思想。在作者看来,事物可以按照九个阶段发展来进行,因此,在每一首"九赞"中,作者都力求写出事物由萌芽、发展、旺盛到衰弱以至于消亡的演变过程,甚至说天有"九天",地有"九地",人有"九等",家族有"九属"。凡事都用"九"去硬套,反映了作者形而上学的观点。

阅读指南

《太玄经》是一部关于三进制体系的书,是作者在精研《周易》的二进制后演绎而出的。书中全面地阐述了天、地、人的互动理念,是世界中最早的三进制体系著作。虽然本书在当时的社会不被人理解,人们甚至用语言讥讽作者,但是作者并没有对这些流言蜚语加以理睬,还抱着乐观的心态预言此书将会在后世大放光彩。此外,书中还绘有玄图一幅,只是由于历代印刷技术有限而没流传于世。

《太玄经》对现代科学也有很好的启发作用。例如:"国家、政府、公民","宇宙、地球、生命","操作系统、载承平台、互动者","学校、书籍、读者","医院、医生、患者","仓库、物品、管理员","作用力、反作用力、制动者",等等有很多这样的体系,都是密不可分的三进制体系。不仅如此,就像计算机是在二进制的基础上发明出的科学产物一样,《太玄经》这个阐述三进制的理论体系,同样会对人类社会做出重大贡献。

作者介绍

扬雄(公元前 53—公元 18 年)字子云,汉族。西汉官吏、学者。西汉蜀郡成都(今四川成都郫县友爱镇)人。年幼时伴有口吃,但从小聪慧好学,博览群书,尤其在辞赋方面很是擅长。40 出头的时候,扬雄才第一次游京师长安,以其不错的文章受到了当朝皇帝的重视。当时执政的是成帝,他让扬雄担任了黄门郎之职。

到了王莽掌权时,扬雄被任命为士大夫,校书天禄阁。后人认为,扬雄是继司马相如之后西汉最著名的辞赋家。所谓"歇马独来寻故事,文章两汉愧扬雄"。在刘禹锡著名的《陋室铭》中"西蜀子云亭"的西蜀子云即为扬雄。后来,扬雄以老子之道的玄作为最高范畴,并在构筑宇宙生成图式、探索事物发展规律,最终以"玄"为中心思想,完成了这部《太玄经》。

三命通会

《三命通会》全书共 12 卷,后 3 卷记录了极具实际操作指导意义的大量平古歌赋,而前 9 卷则分类为十天干,每个天干以太阳为主,以月亮为核心,以四时为辅,以此来预测人的凶吉祸福情况。本书在历史上具有非常高的声誉和地位,是后世学习者不可不看的一本关于传统命理的书。从内容完整性而言,此书古本里要数文渊阁《四库全书》中收录的内容最全,而现代本的要数增广校正版《三命通会》内容最全。

阅读指南

《三命通会》总结了关于八字推命术 200 多年发展的历史，摒弃了一些内容烦琐没有逻辑性的说法，摘取其中的精华，这样不仅能够使八字推命术的体系更加完备，而且也使八字推命术，至此达到了理论的巅峰。

《三命通会》是有关八字命理学空前绝后的集大成之作。从构成和体系来看，《三命通会》是以财官格局命法和正宗古命法为主。作者曾有多年的实践经验，而后其发现无论十神、格局、神煞、纳音论命，都有一定的道理和应验性，但是非常关键的一点是能否掌握各自的精髓和运用方法，因此说作为一个历史的传承者他很好地继承了先贤的经典论命法。

关于传统的命学，共有五大名著，分别是《三命通会》《渊海子平》《星平会海》《御定子平》《子平真诠》。这些著作都是传统命学的正脉，而不是当今所流行的五行强弱旺衰平衡调候扶抑伦命的体系，例如任铁樵的《滴天髓》、余春台的《穷通宝鉴》等理论。很多学者用《滴天髓》《穷通宝鉴》的理论去理解和以白话注解《三命通会》是偏离命学正路的。

作者介绍

万民英（1521 年—1603 年），字汝豪，号育吾，他的先祖是江夏人。明嘉靖二十八年，万民英考中举人，嘉靖二十九年，考中进士，曾先后被任命为河南道监察御史、福建兵备参议等职。明朝时期，倭寇屡屡侵犯福建，万民英奉命守泉州，期间，他恪尽职守，身先士卒，骁勇善战，多次出战都告捷而归。

万民英为人性情耿直，也正是由于这一点出言得罪了权贵，因此遭遇陷害。于是，万民英借扶母灵柩之机回到了家乡，从此远离仕途，隐居 30 多年。在他的家乡，万民英建立学校，收了很多学生，并将自己的精力和心血投入到慈善和教育事业中。

由万民英负责编著的书刊行于世的包括：《易经会解》《三命通会》《星学大成》《兰台妙选》《荫符经》《相字心经》。另有《道德经解》《宗教易简录》《言志漫稿》《菊花谱》等著作收藏于其家中。

◎ 艺术类

画品

内容概要

《画品》是我国保存至今的一部最早的绘画理论著作。本书中除了对27位画家分品以鉴评外,其序中还提出了"六法"作为品评绘画的标准,这一点对后世影响极大。

所谓"六法",指的是"一气韵生动,二骨法用笔,三应物象形,四随类赋彩,五经营位置,六转移模写。"

在我国古代对于画家及其作品做出品评的文体中,一般会分品论述,以此来鉴赏优劣得失。在这个过程中,作者的见解也通过品评画家及作品进行了表达。这种体裁是受到魏晋时期士族阶层对人物气质、品格、风貌的品鉴所影响的,于六朝、隋唐时期最为流行,元明之后就逐渐少了起来。

阅读指南

《画品》是我国现存最早的一部关于评论画家艺术的完整的论著,作为齐梁时期文艺评论和品藻成为一时风气的产物,它和钟嵘的《诗品》、庾肩吾的《书品》一样。《画品》在《宋史·艺文志》中被称作是《古今画品》,明朝时期的刊本则把它标名为《古画品录》。在本书的序中,首先阐明了"夫画品者,盖众画之优劣也",意思是"本书是品评画家艺术高下的著作",又提出了绘画的社会功能是"明劝戒,著升沉,千古寂寥,披图可鉴"。

此外,书中还提出"画有六法",不仅全面概括出了绘画品评的艺术标准,也完整地确立了绘画创作的艺术规范,成为绘画美学思想优秀遗产的一个重要组成部分。《画品》为中国古代绘画史保存了丰富宝贵的资料,书中对三国时期至齐梁的27位画家列名品评，同时根据作者亲自看到的画家作品，将这些画家的题材、技法、师承关系、艺术风格等加以论述，因此说《画品》对后世绘画艺术的发展有着深远的影响毫不为过。

作者介绍

谢赫（479—502年），南朝齐、梁人，画家、绘画理论家。善于作画，尤其善于人物肖像的绘画。曾提出中国绘画史上的"六法"，成为后世画家、批评家、鉴赏家们一直遵循的原则。谢赫有很强的默画能力，并且有一定创造精神。由于他的《画品》，使他成为了绘画理论家而享名后世。

书品

内容概要

《书品》是一部评论性的著作，早期书论中的一种体裁，对中国古代的书法家及其作品作出品评。书中对作品或者分品第评论它的高下，或者不分品第而评论它的优劣。《书品》中作者的见解大多是通过品评书法家及其作品来表述。书中虽然有很多内容是摘抄书家小传、逸事，但是它的侧重点主要是阐述和说明作品的艺术特点和人品风貌，相对于其他书史侧重记载人物生平事迹则有所不同。《书品》的体裁是受魏晋时期士族阶层对人物进行识鉴、品藻的习尚影响而产生的，盛行于六朝、隋、唐时期，元明之后的著述逐渐减少。

阅读指南

书法的审美常用品评的方法，这种方法早在王羲之的《自论书》中就有了。例如"吾书比之钟、张当抗行，或谓过之，张草犹当雁行"，这是一种自我的书法品评，在与他人的比较中，显现出各自的长短优劣来。为什么鉴赏书法要用"品"字，而不是"评"、"论"？后人认为"品"给了这种审美方法一个最恰当的称谓，而且，按照"品"的字形构建了三个序列，即上、中、下，来看优长劣短。这种方法打破了以往的时间序列，许多书法家常以书家的前后为序进行品评，而《书品》的作者则以优劣为前后，前面是以书家为大纲，后面是以品评为大纲。

《书品》阐明了作者的书学观念，以及在书法实践基础上的理论认识。例如：书中强调了书法与古文字学的关系；对宋代书坛的研判，即一般学人在文字学上趋今弃古的风气和篆书不兴等；草书与汉隶在笔法发展上的内在联系；书法实践中法与意、性、神采的辩证关系等。同时，对前人艺术风格的得失也有自己独到的见解。

作者介绍

庾肩吾 (487年—551年)，字子慎，一作慎之。南阳新野 (今属河南省) 人。世居江陵。初为晋安王国常侍，同刘孝威、徐摛诸人号称"高斋学士"。随府授宣惠参军，历中郎云麾参军，并兼记室，及王为太子，兼东宫通事舍人。除安西湘东王录事参军，领荆州大中正，迁中录事参军，太子率更令，中庶子。简文即位，进度支尚书，有集十卷。

历仕太子中庶子、进度支尚书、江州刺史等职，封武康县侯。工诗，其诗雕琢辞采，讲究声律。胡应麟称其诗"风神秀相，洞合唐规"。《书品》为其重要的书法论著，文中挑选了以东汉张芝居首的草、隶书家共128人，按品位分高、中、低三等，每等再分上、中、下三级。此书的特点在于不是就每件作品加以品评，而是就每一级集中综合品评，区分优劣。

历代名画记

《历代名画记》是我国第一部绘画通史著作。全书共 10 卷,书中记载了 370 余位画家的传记,主要分为三大部分,即对绘画历史发展的评述、关于绘画理论的阐述和鉴识收藏方面的叙述。

首先,对绘画历史发展的评述与绘画理论的评述,也就是原书中卷一的全部与卷二的前两节。其中,"叙画之源流"一节讲述了绘画的起源,以及绘画与政治、教育的关系。"叙画之兴废"一节则记载了关于历代皇室贵族藏画的聚散起伏。"论画六法"一节记述了谢赫的"六法",并指出上古、中古与近代之间的画风各自迥异。"论顾陆张吴用笔"一节是对四位画家的笔法及风格加以分析,即顾恺之、陆探微、张僧繇、吴道子,其中,着重论述了吴道子的艺术造诣。

其次,关于绘画理论的阐述,也就是原书中卷二的后三节和卷三的全部。"论画体工用拓写"这一节提出了品评作品要分为五个等级:自然、神、妙、精、谨细,同时也论及了绘画材料的选择与加工摹制。"叙自古跋尾押署"一节主要记述了自古以来跋尾押署的体制,和一些重要的鉴赏识画之人与装裱之人。"叙自古公私印记"一节记载了从古至今重要收藏家所用的印。"论装褙裱轴"一节记叙了装裱历史、装裱技术与装裱体制等。"记两京外州寺观壁画"一节记录了长安、洛阳等地寺庙壁画的作者、题材、位置与艺术特点。"述古之秘画珍图"一节是自古以来流传的一些作品和图名。

再次,关于鉴识收藏方面的叙述,也就是原书中的卷四至卷十,记载了关于 370 余名画家的传记,开始于传说时代,结束于唐朝会昌元年,书中总体上按照时代的先后顺序排列。有的是一位画家一篇传记,有的是父子或者师徒合作的传记,书中内容详略得当,大多包括了画家的姓名、籍贯、擅长、享年、著述、前人评论及作品著录,并有张彦远所列的品级及所作的评论。

阅读指南

《历代名画记》中占全书篇幅比较多的是关于画家的传记以及相关资料。书中所记载的画家时代跨越涵盖了远古的时代和作者的生活年代。其中,比较重要的内容是魏晋南北朝和隋唐时期的记录,由于《历代名画记》中保存的资料包括一些史书的记载、南朝人士的评论、画家自己的著作和唐朝时期尚在的画迹,因此这些资料成为了后世研究古代绘画史仅有的依据。其中也有部分缺失,即缺少北朝时期绘画的史料,因而造成了一些不恰当的概念,让后世人认为唯有南朝才发展了绘画艺术。

《历代名画记》中叙述了书画鉴藏的历史发展,唐代时期的鉴藏情况,比如物品购买的市价、仗势巧取豪夺的行为等。同时,书中也记载了在鉴识中有重要意义的印鉴的辨识验证,以及收藏中的装褙裱轴,复制临摹等。《历代名画记》中的评述正式予以了整理及记录,由此可见,中国传统的书画鉴识在唐代已经具有一定的科学水平。

作为关于绘画艺术的著作,《历代名画记》是我国第一部系统的完整的通史。在本书出现之前,书中涉及的内容已经被其他一些著作提到过,例如后魏时期孙畅之的《述画记》,梁代的武帝、齐国的谢赫、陈国的姚最、隋朝的沙门彦悰、唐朝的李嗣真、刘整、顾况等,这些人都有过关于绘画的评论。其中,裴孝源的《贞观公私画录》和窦蒙的《画拾遗录》,这些书大多内容都还在。作者以绘画创作欣赏的全过程为着眼点,把著录、鉴藏、流传、名价以至于装裱也纳入了研究画史的必要组成部分,对于中国画史的研究提出了完整的体系。本书长期以来都被认为是绘画的"百科全书",在中国绘画史学的发展中,具有无可替代的承前启后的里程碑的意义。

《历代名画记》的绘画史料极为丰富,它的资料除了主要来自于前代绘画史籍外,还引用了许多史书、小说杂著、文集等。史书包括《世本》《续晋阳秋》《后魏书》等;小说杂著包括《说苑》《两京杂记》《续齐谐记》等;文集包括《王廙集》《谢庄集》等;绘画史籍包括孙畅之的《述画记》、彦悰的《后画录》、顾况的《画评》、窦蒙的《画拾遗录》等。书中虽然有多处内容是摘录、引用的,但是在不少原书已经散佚的情况下，《历代名画记》不仅为后世学者提供了汇集整理前人史料的范例，也保存了许多重要的绘画史料。

关于绘画的理论，《历代名画记》不但承接了前人的一些认识，且在此基础上有进一步的阐述发挥，如"论画六法"；而且概括总结了新的经验，探讨出了新的问题及解决方法。例如，书中提出了绘画的功能不仅是用以"鉴戒贤愚"，而且还可以"怡悦情性"，指出了"书画用笔同法"，同时，其提倡"自然"，以"自然、神、妙、精、谨细"等来排列画艺高低的品第。

当然，书中也有一些缺点，包括两个方面。其一，由于推崇古代轻视现代的倾向导致了对同时代的绘画缺乏重视，编入的资料比较少；其二，封建士大夫的艺术观点有所局限，书中观点受其影响，认为古代善于作画的人都非富即贵，或者是归隐的人和高人，不是修养不够的人能做的事。因此可以看出，书中存在着某些阶级偏见。

作者介绍

张彦远（815年—907年），字爱宾，唐代著名的画家、绘画理论家，蒲州猗氏（今山西临猗）人。张彦远出身于官宦世家，曾经担任舒州刺史、左仆射补阙、祠部员外郎、大理寺卿。他的家中收藏的法书名画非常丰富广泛，并且其精于鉴赏，擅长书画，但是没有作品传世。著有《历代名画记》《法书要录》《彩笺诗集》等。

张彦远出生于富贵的宦族家庭，他的家族世代都喜好书法绘画，也非常注意书法绘画的艺术实践和收藏鉴赏，家中藏有大量的古今字画佳作，数量几乎可以与皇室的收藏媲美。这种家庭文化的氛围，使张彦远在书法及绘画方面，尤其是在书画理论和书画史上取得了很高的成就。

尽管如此，张彦远仍然非常努力勤奋，最喜爱的主要还是在书画收藏鉴赏及书画理论、书画史著述方面。他的两部著作：《历代名画记》和《法书要录》，尤其前一书是对于中国古代美术科学研究工作的重要贡献。

法书要录

内容概要

《法书要录》是一部书法学论著总集,由唐朝的张彦远编著,全书共 10 卷。《法书要录》记载了从东汉时期到唐元和时期的书法理论著作,共 39 种,其中有些书籍只存了目录,实际只有 34 篇。书中亦收录了不少古代名篇,如赵壹的《非草书》、羊欣的《采古来能书人名》、王僧虔《论书》、张怀瓘的《书断》等,甚至包括流传最为广泛的卫铄的《笔阵图》和王羲之的《题笔阵图后》。

阅读指南

《法书要录》采集的资料极为丰富,在选择校勘以及核实上也非常精准。关于书学的评论著作,自东汉以来,大多得以保存在此书中。其中,使得不少散佚的文字篇章也能够流传下来,例如李嗣真的《后书品》,羊欣的《采古来能书人名》,庾肩吾的《书品》,张怀瓘的《书断》等。因此,无论从体例上,还是在内容上看,《法书要录》在我国书学史上都有着相当重要的地位。尤其值得一提的是,其对历代书法名迹的收集、鉴别和保存上所作出的杰出贡献,使得《法书要录》成为了后世书法研究者所必不可少的参考资料。

作者介绍

张彦远(815 年—907 年),字爱宾,唐代著名的画家、绘画理论家,蒲州猗氏(今山西临猗)人。张彦远出身于官宦世家,曾经担任舒州刺史、左仆射补阙、祠部员外郎、大理寺卿。他家中收藏的法书名画非常丰富广泛,并且其精于鉴赏,擅长书画,但是没有作品传世。著有《历代名画记》《法书要录》《彩笺诗集》等。

张彦远出生于富贵的宦族家庭,他的家族世代都喜好书法绘画,也非常注意书法绘画的艺术实践和收藏鉴赏,家中藏有大量的古今字画佳作,数量几乎可以与皇室的收藏媲美。这种家庭文化的氛围,使张彦远在书法及绘画方面,尤其是在书画理论和书画史上取得了很高的成就。

尽管如此，张彦远仍然非常努力勤奋，最喜爱的主要还是在书画收藏鉴赏及书画理论、书画史著述方面。他的两部著作：《历代名画记》和《法书要录》，尤其前一书是对于中国古代美术科学研究工作的重要贡献。

唐朝名画录

内容概要

《唐朝名画录》是我国现存的最早一部断代画史，又名为《唐画断》，也可以称作《唐朝名画录》。在体例上，《唐朝名画录》模仿的是张怀瓘的《画断》，其定义画家品第分为三个层次，分别是神、妙、能等三品，每品又分为上、中、下三等。此外，《唐朝名画录》还增加了"不拘常法"的逸品，只是不分等次，书中共评价了唐代画家124人。

《唐朝名画录》在目录中详细地注明了每个画家所擅长的画科，关于画家的姓名、祖籍、人物生平事迹都有记载，并且评论他们的技艺、成就。书中将画家的作品具体分类，分为人物、禽兽、山水、楼殿、屋木等，反映出了当时绘画艺术发展的繁荣，同时，也说明了评论家区分绘画题材逐渐趋于科学。由于作者以求实、求全的精神记录，虽然偶尔有一些失实的地方，但仍保存了许多重要的画史材料，因此《唐朝名画录》虽是品评之作，却兼具有断代画史的性质和价值。

阅读指南

《唐朝名画录》中记载的每个画家，其名下都会注明所画之物。书中评论的部分都是根据作者自己所看见的画加以展开的，其中有25个人的画是未曾见过的，因此附在了目录之后，而没有将它们列入品第之中。作者生于吴道子逝世后大约30年，为了弥补没能亲眼看到吴道子的遗憾，作者一边努力模仿吴道子的画迹，又四处走访了解他的事迹。其中，模仿吴道子的《地狱变相图》就是根据走访云寺老僧所画；吴道子在兴善寺作画时，有很多人围观，这也是采访记录。作者抱着亲见、实录的态度，落笔非常谨慎，甚少有妄自揣测之言。

作者在《唐朝名画录》中对于绘画的鉴赏评论，提出了一些新的标准，即"四格"，此标准在绘画评论史上具有非常重要的意义。自从谢赫提出"六法"（即气韵生动，骨法用笔，应物象形，随类赋彩，经营位置，传移模写）之后，一直到初唐的时候，"六法"都被作为品评标准而代代遵循。开元年间，张怀瓘的《画断》以神、妙、能来品评画的优劣，除了"六法"主要侧重技法之外，另新立了一些标准，相比传统的上、中、下之分有更丰富的内涵。

《唐朝名画录》除了将"三等"和"三品"相结合外，又新立了"不拘常法"的"逸品"，成为"定其等格"，使神、妙、能、逸格等"四格"俱全，影响了黄休复的《益州名画录》及后代许多画家、理论家品评画作及欣赏的标准。虽然不像宋朝时期的作者推尊逸格、逸品那样，但《唐朝名画录》作者的首立、首创之举却不能被忽视。由于朱景玄在序中认为"画者以人物居先，禽兽次之，山水次之"，因此唐代山水画成就在人物画之下，而吴道子的"天纵其能，独步当世"最足以代表盛唐雄奇奔放的画风。

在《唐朝名画录》的序中，作者就绘画性质和特征等加入自己的评论，被认为是在绘画理论中很有创造性见解的人。例如"穷天地之不至，显日月之不照"说出了绘画的创造性，同时也说出了反映与表现、现实与浪漫。

可以说，该书是一部关于唐代画家情况的较详记录。其资料来源，部分引自唐人有关著作，部分为作者亲自采访收集。对于时代较近的画家、与作者同时代的画家，本书尤多记述，故在绘画史料上具有《历代名画记》不可替代的价值。写作态度颇为严肃，所列史料，亦大多翔实可信。在编写方法上，本书开创了以分品列传体编写断代画史的先例，对后代产生了深远影响。

作者在艺术认识上,坚持绘画的真实性、概括性与形象性,重视总结"师造化"的经验,提倡形神统一,反对公式化,但对人物、禽兽的重视胜于山水屋木,均反映了当时绘画认识的特点与水平。

作者介绍

　　朱景玄,生卒年不详。生活于唐朝武宗会昌时,吴郡(今江苏苏州)人,元和初应进士举,曾任咨议,历翰林学士,官至太子谕德。著有诗一卷,今存十五首。编撰有《唐朝名画录》。

画史

内容概要

　　《画史》是一部绘画鉴评作品,又名《米海岳画史》。全书共一卷。约成书于1101年前后,举其平生所见晋代以来的名画,其中也有未曾见过的。点评作品的优劣,鉴别其真伪,考订谬误,指出作品的风格和特点,作者以及藏处,有些作品甚至具体到装裱、印章等细节,记录画坛的遗事秘闻,因此《画史》的这些详细独到之处颇具史料价值。

　　在体例上,《画史》与其作者另外编著的《书史》略有相同的地方,只是《书史》里面所录的内容都是作者亲眼看到的,而《画史》记载的并不全是作者亲眼看到的。作者还将属天文的《浑天图》和属音韵学的《五声六律十二宫旋相为君图》内容收录书中,这样使得全书内容有些杂乱。此外,书中的材料很多都是随手摘抄的,没有逻辑性,缺乏一定的条理,加上部分文字生僻难懂,所以后世学者认为《画史》在学术著作之列并不算是上乘之作。

但是，书中所评论的古代名家技巧风格、古代画法等见解颇具智慧，尤其是在鉴别作品真伪、评论其优劣的时候，能够一语中的，言简意赅，这点上《画史》一直被历代鉴赏家所看重。例如，在评论顾恺之与张僧繇(zhòu)在作品风格的时候说，张僧繇的笔法像天女和宫女一样娇羞艳丽，顾恺之的笔法乃天人相，在分辨汉唐时期老子画像的不同及其原因时，作者引用"吴王衣不当右衽"等辨析古服之言，语言引用精准。因此被后人称赞其长话短说，深中事理。

阅读指南

《画史》中在评论印鉴、绢料、裱褙、画轴制作及材料特点时，运用语言之准确，一直被历代鉴赏家、收藏家所称道。值得一提的是，书中作者评论五代时期宋初山水画风格、技法和各家长短，这些内容提升了后来文人画家的审美趣味，对他们鉴赏作品的评判标准也产生了深远影响。

郭若虚的《图画见闻志》中，单立《论三家山水》一节，以"三家鼎跱，百代标程"，这样的语言，认为已经超越了王维、李思训、荆浩等，而对董源、巨然评价却不是很高。《画史》作者却认为董源"平淡天真多，唐无此品，在毕宏上。近世神品，格高无与比也"，巨然"明润郁葱，最有爽气"，这样抬高董源、巨然的评论，成就了明朝时期董其昌"南北宗论"的基础。

作者介绍

米芾（1051年—1107年）北宋书法家、画家，宋四家之一，其余三人为苏轼、黄庭坚、蔡襄。米芾自署姓名米芾，米是芊，形容草木茂盛，芾是黻(fú)，意思是古代礼服上黑与青相间的花纹。米芾曾被任命为校书郎、书画博士、礼部员外郎。其祖籍是山西，后来迁居到湖北襄阳，曾经定居在润州（今江苏镇江）。米芾书画自成一家，他的枯木竹石，山水画独具风格特点。书法造诣也很高，擅长篆、隶、楷、行、草等书体，临摹古人书法，水平之高能够达到乱真的程度。

图绘宝鉴

内容概要

《图绘宝鉴》编纂于元朝末年，是一部绘画史传著作。全书共有 5 卷：卷一由《图画见闻志》《宋朝名画评》《画鉴》等书的有关章节整合而成，主要是叙论，有六法、三品、三病、六要、六长、制作楷模、古今优劣、粉本、赏鉴、装裱书画定式、叙历代能画人名等篇；卷二详细介绍了三国时期的吴国至五代的所有画家；卷三简单介绍了宋朝时期的画家；卷四大概介绍了南宋时期和金朝的画家；卷五介绍了元朝时期的画家以及外国的一些画家。

《图绘宝鉴》各卷所编辑的小传，大多数取自于《图画见闻志》《宣和画谱》《画鉴》等书，并在此基础上作了内容的补充。在书末的部分附有《补遗》一卷，该卷写成于 1366 年，对一至五卷的遗漏之处作了续补。明朝时期的韩昂有《图绘宝鉴续编》一卷，补充了明朝洪武元年（1368 年）至正德十四年（1518 年）间的 100 余位画家。上述著作中共记载了三国时期至明朝的画家 1500 余人，到了清朝的时候，又增补了两本，最终成为《增补图绘宝鉴》。

阅读指南

《图绘宝鉴》在中国绘画史上具有重要地位，对后世有相当大的影响，有关此书的评价也褒贬不一。《图绘宝鉴》著书的目的是供世人查阅鉴赏绘画，同时具有鲜明的时代性。但是，其被怀疑是将古代论画的名著摘抄成书，因此在这点上并没有被后世学者所看重。即便如此，《图绘宝鉴》仍有一定的资料价值，有些已经找不到的论述，比如陈德辉的《续画记》，就可以在此书中找到其大概的意思。

至于书中 1500 名画家的小传，更为历代画史、画传所遗忘。此书由元代著名文学家杨维桢（1296 年—1370 年）作序，序中的观点是画品质的优劣，关乎人品的高下，并且评价画的标准是其是否传形、传神。夏文彦沿袭朱景玄的论述，将画定义为三品：神品"气韵生动，出于天成，人莫窥其巧"，妙品"笔墨超绝，传染得宜，意趣有余"，能品"得其形似，而不失规矩"，较前人所说更为精确。

作者介绍

夏文彦，生卒年不详，元末明初画家。字士良，号兰渚、兰渚生，祖籍吴兴（今浙江湖州），从其曾祖父一代起移居松江府华亭县（今上海松江）。曾任忠翊校尉、知余姚州事等官职。善鉴赏，富收藏，人称其"蓄书万卷外，古名流墨迹，舍金购之弗吝，于文人才士之图写，尤所珍重"。亦能画，作品有《修篁芙蓉图》等。明初朱元璋为巩固其在江浙一带的统治，对地主豪绅采取打击和削弱的政策，夏文彦亦被强制迁移至淮西农村，直至终老。元至正二十五、二十六年（1365年、1366年）著有《图绘宝鉴》5卷、补遗1卷。

学古编

《学古编》成书于元成宗大德庚子年，也就是1300年，全书共上、下两卷，现已经合为一卷。《学古编》分为三部分：第一部分是《三十五举》，由元代的吾丘衍编著，为此书主体；第二部分是《合用文集品目》；第三部分是《附录》。《学古编》主要叙述的是篆隶书体的演变及篆刻的章法与刀法等有关知识，是我国第一部专门研究印学的著作。

作为《学古编》的核心部分，《三十五举》详细阐述了篆书及印学的各种常识。后世学者在研究时，有些人会将《三十五举》作为《学古编》的代名词。其中，"一举"至"十八举"叙述了篆、隶书体的来源和分类，具体地剖析了篆法的利与弊，描述了篆体的特征,并揭示了篆书的精妙之处。例如,"隶书人谓宜匾,殊不知妙不匾","汉有摹印篆其法,只是方正篆法与隶相通"。

"十九举"至"三十五举"则介绍了有关朱白文印章之结构和布局。介绍用白文印时,都用汉篆字体,且字体平方正直,字也可以圆,虽然有斜笔,也能取巧写过;三字印右边一个字,左边两个字时,写两个字和一个字用的地方是一样大小的,并且两字不能中断,又不能挨得太近;四字印如果前边两个字略有空白的地方,后面两个字就无须再有空白;白文印用崔子玉写张平子碑上面的字和汉器上的印章等字,是为最好;朱文印用一些不常见的字体会有点奇怪,选择近乎人们熟知的,这样就不用长篇大论去解释它。这都是一些经验之谈。

《合用文集品目》共分为8类,46则。8类分别为"小篆品"5则、"钟鼎品"2则、"古文品"1则、"碑刻品"9则、"附用器"9则、"辨缪品"6则、"隶书品"7则、"字源八辩字"7则等。《合用文集品目》大概描述了篆刻学中的书文、碑刻、器版本、字体等各个方面的知识,作为篆刻理论分类阐述的书籍,说《合用文集品目》是首创毫不为过。

最后的《附录》介绍了5种应用于治印的基本方法,分别为洗印法、印油法、世存古今图印谱式、取字法和摹印四妙等,这些可供初学刻印者借鉴和参考。

阅读指南

《学古编》被后世学者认为是印学史上最早的一部篆法与章法并举的经典著作,其提出的"篆法优先于印法"理论及其基本内容和结构形式,具有开创性的历史意义。《学古编》对后世篆刻理论和实践的发展,不仅具有上承秦、汉古玺的作用,更有下启明、清流派的枢纽作用。

后世亦对《学古编》有续作,例如,何震的《续学古编》,有二卷;清朝的姚觐元《三十五举校勘记》也是仿照其内容;桂馥的《续三十五举》《再续三十五举》及《重定续三十五举》各有一卷。黄子高和姚晏也分别各有《续三十五举》及《再续三十五举》。这些作品都对我国印学理论体系的建立和发展起到了积极的推动作用。

作者介绍

吾丘衍（1272年—1311年）印学奠基人，元代学者、诗人、书法家、金石学家、音律家，浙江开化县华埠镇孔埠人。其原来的名字为吾丘衍，后来清初为了避孔丘讳，改为吾邱衍，字子行，号贞白，又号竹房、竹素，别称真白居士、布衣道士，世称贞白先生。

吾丘衍性情豪放不羁，虽然其左目失明，右脚痞跛，但是行动仍然颇有风度。吾丘衍爱好研究古学，不仅精通经史百家语言，而且知晓音律，他的书法以隶和小篆见长，圆润秀劲。吾丘衍著有《周秦石刻释音》《闲居录》《竹素山房诗集》《学古编》等。

考古图

内容概要

《考古图》编成于宋哲宗元祐七年，也就是1092年，书中全面系统地记载了当时宫廷和私家所收藏的古代铜器、玉器。《考古图》是一部金文著录，全书共有10卷。鼎、鬲、簋、爵等商周铜器记载在卷一至卷六中，今本列表中记载238器，实际只收143器，包括数量较多的同铭器。卷七记录的是钟、磬等乐器，列表中记载10器，实际收15器。卷八记录的是玉器，列表中记载13器，实际收9器。卷九、卷十为秦汉器，列表中记载63器，实际收67器。总列表中共有224器，实际234器。

阅读指南

《考古图》对每件器物都绘制了图形，精致生动，由此可以推测出作者的绘画功底极深厚。还有各器物的款识、尺寸、容量、重量等都有详细记录。所记录器物的出土地可考者为 90 多个器物，多半是出自陕西各地。在编排上，作者也非常注意器物之间相互的共存关系。例如，卷三中收录的河南河清的一件器物，同时附录一起出土的有五件器物。

此外，作者也能够根据器物的形状、上面的文字和出土的地方推断该器物的年代，卷一中的"乙鼎"，作者即根据"形制文字及所从得"推断为商代时期的器物。尽管所定的器物名称还是有可以商榷的地方，但是《考古图》的正确之处以及其学术价值仍然不容置疑，实为我国最早而有系统的古器物图录。在著录古器物的体例上，《考古图》具有开创性的功绩。

作者介绍

吕大临（1040—1092 年），中国宋代金石学家，字与叔。其先汲郡（今河南卫辉）人，后移居京兆蓝田（今陕西蓝田）。

吕大临的三个兄长吕大忠、吕大防、吕大钧皆登及第，唯独吕大临气质刚强，尊横渠先生教诲，"不留连科举"，更无心仕途，一生追求学术研究。当时，关中地区涌现出以张载为首的博学鸿儒，被后人公认为"关学派"。吕氏兄弟也被公认为关学大家。吕大临与他两个兄长吕大忠、吕大钧投入张载门下求学，潜心研究《六经》尤其是对三礼（即《仪礼》《周礼》《礼记》）的精研与实践。晚年开始专注于青铜器的收集与研究和文字注解。

宋元祐七年（1092），范祖禹以其学行和人品出众，向朝廷举荐他为太学博士讲官，但还没来得及任用，他就去世了。

◎ 杂家

墨子

内容概要

《墨子》原书71篇，现存53篇，由墨子的门徒及再传门徒记录、整理、编纂而成，收录了墨子一生的言行，是一部阐述墨家思想的名著。该书共分两大部分：一部分是记载墨子的言行，阐述墨子的思想，主要反映墨家前期的思想；另一部称为《墨辩》或《墨经》，包括《经上》《经下》《经说上》《经说下》《大取》和《小取》等内容，是墨家思想的核心内容。

值得一提的是，墨子主张尚贤、尚同、兼爱、非攻、节用、节葬等理念，基本反映了广大底层民众的心声，因而墨子又被誉为"劳动人民的哲学家"和"平民圣人"。客观来讲，在当时的学术界，尤其是普通大众之中，墨子的知名度甚至要高过孔子。

阅读指南

《墨子》一书的逻辑性很强，作者甚至建立并阐述了系统的逻辑思想，这也让本书成为先秦时期逻辑思想史的开山之作。当然，除了逻辑思想之外，本书还阐述了诸多思想，包括政治思想、伦理思想、哲学思想和军事思想等，都具有极其重要的学术地位。

关于政治思想，本书主张"用人唯贤"，坚决反对"用人唯亲"（见《尚贤》、《尚同》《非攻》《节用》《节葬》《非乐》等篇）。在墨子看来，统治阶层应该为被统治阶层服务，因而从最高位置的君主到最底层的官员，都必须从下往上推举贤人来担任。对于各国之间的战争，墨子进行了严格的正义与非正义界定，对于正义的战争坚决维护，对于非正义的战争则坚决抵制。此外，对于统治者奢靡的物质生活，墨子也提出了严厉批判，尤其反对统治者大兴土木地修建陵寝。

关于伦理思想，本书主张"兼爱、互利"，即"人不分高低贵贱，都要互利互爱"，坚决反对恃强凌弱和以智诈愚等不良现象（见《兼爱》《亲士》和《修身》等篇）。比如，国君要爱护贤臣，慈父要爱护孝子，一个人在贫困的时候要独善其身，在富有的时候要兼济天下，这样社会就会走向大同。应该说，墨子的伦理思想抹杀了阶级限制，说出了广大底层民众的心声，但是这一思想基本脱离了社会现实，带有一定的空谈主义色彩。

关于哲学思想，墨子提出了"认识论"的概念，主张把知识分为"闻知"、"说知"和"亲知"三个阶段（见《非命》《贵义》《尚同》《天志》《明鬼》和《墨经》诸篇）。其中，"闻知"是书本和老师讲述的知识，"说知"是学习者通过分析思考得到的理论知识，"亲知"是学习者通过实践得到的应用经验。

关于军事思想，墨子提出了"兼爱"和"非攻"等观念，即"人人互爱互利"和"戒除相互攻击"（见《备城门》《备高临》《备梯》和《备水》等篇）。由于墨子反对侵略战争，同时又不得不防备别国攻击，所以他的军事理论以积极防御为主，这虽然契合了广大底层民众对战争的厌恶心理，以及对和平的渴望心理，但是从客观事实来讲，未免显得有些片面，结果往往给底层民众带来更加深重的苦难。

关于逻辑思想，墨子提出了"辩"、"类"、"故"等概念，同时这也是墨家学派后期的主要思想（见《经》上下、《经说》上下、《大取》和《小取》等篇）。墨家学派建立了极为严谨的逻辑理论，在我国逻辑思想发展史上具有开天辟地的意义，直到今天仍然是人们学习中国逻辑思想史的重要材料。

总而言之，《墨子》一书蕴含的思想极其丰富，是我国思想发展史上不可替代的学术巨著。时至今日，当我们运用现代化的分析方法审视本书，它仍然经得起反复推敲，同时给予我们大量的智慧启发。随着人们对《墨子》一书的深入研究，在"取其精华，去其糟粕"的原则之下，其蕴含的强大能量和魅力将逐渐绽放开来。

作者介绍

《墨子》一书现在一般认为是墨子的弟子及其再传弟子对墨子言行的辑录。

墨子（生卒年不详），名翟（dí），春秋末期战国初期宋国人，一说鲁阳人，一说滕国人。墨子是宋国贵族目夷的后代，生前担任宋国大夫。他是墨家学派的创始人，也是战国时期著名的思想家、教育家、科学家、军事家。

墨子是中国历史上唯一一个农民出身的哲学家，墨子创立了墨家学说，墨家在先秦时期影响很大，与儒家并称"显学"。他提出了"兼爱"、"非攻"、"尚贤"、"尚同"、"天志"、"明鬼"、"非命"、"非乐"、"节葬"、"节用"等观点。以兼爱为核心，以节用、尚贤为支点。墨子在战国时期创立了以几何学、物理学、光学为突出成就的一整套科学理论。在当时百家争鸣的时代背景下，有"非儒即墨"之称。墨子死后，墨家分为相里氏之墨、相夫氏之墨、邓陵氏之墨三个学派。其弟子根据墨子生平事迹的史料，收集其语录，完成了《墨子》一书传世。

慎子

内容概要

《慎子》现存有《威德》《因循》《民杂》《德立》《君人》五篇，《群书治要》里有《知忠》《君臣》两篇。清朝时，钱熙祚合编为7篇，辑入《守山阁丛书》。此外，还有佚文数十条。

阅读指南

慎到、申不害和商鞅都是先秦法家学派的代表人物，但是在继承了法家思想的同时，他们又分别提出了自己的主张，即"势"（慎到）、"术"（申不害）和"法"（商鞅）。本书作者慎到所讲的"势"居于首要地位，主要指"权势"在政治活动中的作用，以及君主如何运用"权势"。在作者看来，君主想要推行法治的前提，是必须重视权势，相关论述如下：

首先，慎到主张"民一于君，事断于法"，即"百姓、百官完全听命于君主，而君主则完全以法律为行事依据"。此外，立法的权力归属于君主，各级官吏只能严格遵守和执行法律，文曰："以死守法。"至于百姓，更要遵守法律的规定，文曰："以力役法。"在具体的执法过程中，慎到主张"公平执法（即法治）"，反对"偏袒徇私（即人治）"。在立法方面，慎到主张"一切为公"，反对"结党营私"，文曰："官不私亲，法不遗爱，上下无事，唯法所在。"在慎到看来，"法治"的优越性要远远高于"人治"，甚至最坏的"法治"也要优于最好的"人治"。

其次，慎到认为法律就是权势的具体化，同时也是天地意志的体现。只要重视法律，君主就可以掌握权势，同时根据权势的需要修改和增补法律。在书中，慎到还打了一个形象的比喻，即君主就好像飞龙，而权势就如同云雾，飞龙凭借云雾可以高腾，云雾有了飞龙才能发挥威力。为了突出权势的重要性，慎到还进一步指出，只要手中握有权势，即使像夏桀那样的昏庸残暴之君，命令也能得以执行；如果没有权势，即使像尧那样的贤德之君，也不会有人听从他们的命令。因此，慎到坚决反对儒家的"德治"，同时这也是法家思想的核心内容。

最后，慎到还提出"无为而治"，在这方面他和申不害主张相似，只是论述的角度不同而已。他认为，如果国君什么事都自己亲自去做，不但会筋疲力尽，还会使大臣旁观，不积极做事。等一旦有了过失，大臣会把责任推到君主身上，君臣矛盾的激化甚至会导致谋反篡位的事出现。

作者介绍

慎到（约公元前390年—公元前315年），战国时期赵国邯郸（今河北邯郸）人，后人尊称其为"慎子"。他最初学习道家思想，后从道家学派中分离出来，成为法家学派的代表人物。齐宣王到齐湣王时期，慎到在稷下（齐国最高学府）游学，后又于此讲学多年，对于法家学派的思想传播贡献巨大。后来，由于渐渐积累起一定的名气，跟随慎到学习的弟子越来越多，他也由此被齐王聘为大夫。

众所周知，道家讲求"无为而治"，法家则主张"依法治国"，二者实际上是一对矛盾体。但是经过慎到的改造，道家的因循自然和无为而治得到保留，同时又将这些原则揉入了法律规定，简言之可以认为是将道家思想进行了法律化。由此可见，慎到的思想虽然以法家为衣冠，核心内容却仍然以老庄学说为主，这与由儒家学派分流出来的法家人物有所不同。

对于慎到及其学说的评价，学术界向来存在分歧，而且这种分歧大致上也和慎到的思想渊源有关。比如道家学派的庄子，其思想和慎到多有相通之处，他对于慎到的评论和分析以褒扬为主。而出身儒家学派的荀子，其思想和学说则多与慎到相悖，他对于慎到及其学说则以贬斥为主。应该说，慎到忽略了人的主观能动性，单纯强调"法"的作用，存在一定的片面性。但荀子对于慎到及其学说的评价，又完全以儒家思想为审定标准，无疑也存在一定的片面性。

客观来讲，慎到的主张确实存在"重法轻贤"的缺陷，在整合道家思想和法家思想的问题上，也存在技巧过高的问题，以至于普通学者根本无法调和这一矛盾。但是，慎子作为横跨一个时代的大学者，无论是对于道家思想的总结和改良，还是对于法家思想的开创和指引（慎到是法家的开创者），都做出了不容忽视的贡献。

公孙龙子

根据《汉书·艺文志》记载来看，全本《公孙龙子》应有14篇，但留存下来的只有6篇了。根据各篇语言分析来看，除其中第一篇《迹府》为后人记述的有关公孙龙的事迹生平之外，其余五篇则被公认为公孙龙的作品。作为名家的代表人物，他以"白马非马"论和"离坚白"而著名，他的这些思想分别见于《白马非马论》和《坚白论》中，这是公孙龙名辨思想的核心内容。在这本书中，作者主要论述了概念的内涵和外延，以及事物的共性和个性所具有的内在矛盾，他的特点就是夸大这种矛盾，并否认两者的统一，所以最后得出违背常理的结论。即白马不是普通所说的马，颜色中的白色和质地的坚硬他也人为地分裂开来论述。

另外，在《指物论》中他还着重论述了指与物的关系。"指"即事物的概念或名称，"物"是具体的事物，它们的关系也就是物质与意识的关系，《通变论》则论述了对运动变化的看法，《名实论》讨论名与实的关系。上述的五篇组成了一个完整的学说体系。

阅读指南

《公孙龙子》最大的价值在于逻辑学成就巨大，堪称是《老子》之后中国古代哲学最杰出的一部著作，其"论证命题"的形式，对"认识论"和"逻辑学"各个环节的思维规则作出指导，被誉为我国古代的"真理格式"。只是受汉字属性制约，公孙龙无法用清晰的文字表述相关内容，而只能通过命题的结论，告诉人们如何清晰和准确地把握"名"与"实"的内在联系，文曰："名实当。"

众所周知，"具象"和"抽象"分离是"辩证逻辑"与生俱来的难题，公孙龙为了解决这一难题，创造性地提出了"狂举法"（又称"正名正位法"），就是将特定的汉字与认识形式、认识属性联系在一起，以便通过不同的逻辑专用文字进行表达。如此一来，人们只要通过逻辑判断法，对某个文字所处的认识结构进行定位，就可以准备把握语句中隐含的认识逻辑。

这一特点贯穿于公孙龙提出的五个命题，即"白马论"、"坚白论"、"同变论"、"指物论"和"名实论"。在我国古代思想发展史中，认识结构被划分为三个阶段，分别称之为：达名、类名和私名。在西方逻辑思维中，有概念内涵和外延的区分，从而对认识事物的过程进行了"精雕细刻"。而公孙龙所提出的"名实论"，对于汉语的逻辑和语法规则同样作出精细化处理，这无疑丰富了我国古代思想发展史的逻辑组成元素，同时也对西方文化的引入奠定了民族基础。

公孙龙的另外一个著名观点，是"个体存在于大众之中"的普遍真理有误，在他看来二者（即个体与大众）是绝对分离的，任何情况下都不会融合。同时，公孙龙提出了系统的论证逻辑,甚至开辟了全新的逻辑领域。客观来讲,公孙龙的观点虽然过于绝对化,但是其逻辑价值却令人称道,直到今天仍然被很多学者推崇。此外,在百家争鸣的当时社会,公孙龙的观点只是为世人提供了一个全新的思考视角,从而为百家争鸣锦上添花。

作者介绍

公孙龙(公元前 320 年—公元前 250 年),字子秉,战国时期赵国人,著名思想家、哲学家,名家"离坚白派"代表人物,曾经做过平原君的门客。《公孙龙子》是他的代表作,其中最重要的是《白马论》和《坚白论》,文中提出"白马非马"和"离坚白"等著名论点,"离坚白"一篇更是成为名家学派的代表著作与核心思想。

另一位名家代表人物惠施,提出"合同异"学说,主张人类对事物的认知完全脱离感性,而全面建立在逻辑分析上。针对这种"形而上"的哲学观点,公孙龙提出"实"是相对的、变化的,而"名"是绝对的、不变的,对于名家思想的发展作出了巨大贡献。

鬼谷子

内容概要

《鬼谷子》,又名《捭阖策》,全书共有 14 篇,其中第 13、14 篇已失传。据传是由鬼谷先生后学者根据先生言论整理而成。该书侧重于权谋策略及言谈辩论技巧。

从主要内容来看,《鬼谷子》是关于谈判、游说等语言活动的著作。不过,又因为里面涉及大量的谋略问题和军事方面的内容有密切的关联,所以也被称作兵书。

本书讲述了一无所有的纵横家们,身为弱势群体的他们,如何运用谋略口才进行游说，进而让自己成为强者，从而对掌握国家政治、经济、军事大权的诸侯国君主进行控制。

 阅读指南

《鬼谷子》是各思想名家的集大成者，先秦时期的思想是以纵横思想为主的纵横家、兵家、道家、阴阳家、法家等。其中，本书与各家既有共同性，又有自己的特殊性。鬼谷子其人被后世学者们普遍认为是纵横家，但是作为一部思想著作，《鬼谷子》和纵横家的思想还是有一定区别的，纵横家的代表有苏秦、张仪等。

作为战国时期纵横家代表人物的苏秦、张仪，他们的理论见于《战国策》。在《战国策》和《鬼谷子》的对比中，就会发现一些不同，苏秦、张仪的言辞是完全结合战国政治实际的外交言辞，是一套有名有姓的政治实际的外交辞，《战国策》不仅与道、兵、阴阳、法家等思想没有相同的地方，在内容上也没有很强的理论色彩；而《鬼谷子》一书的内容也讲言谈方面的艺术，但是书中只是较为抽象地讲理论和技巧，却不涉及当时的任何事物，而在这些理论中同时包含了纵、横、道、兵、法等思想的因素。也就是说，苏、张是鬼谷学说的实践者，是外交家、辩论家，而鬼谷子才是包含丰富思想的思想家、理论家。

鬼谷子不但是战国兵家之鼻祖，而且也是纵横家之鼻祖。例如，著名军事家孙膑就是鬼谷子的学生。实际上，《鬼谷子》的很多论述都具有原则性、普遍性、抽象性等特点，这些论述既可用以言谈、也可以用于军事上。例如，《揣篇》中有这样的记载："度于大小，谋于众寡，称财货之有无，料人民之多少、饶乏、有余不足几何，辨地形之险易，孰利孰害，谋虑孰长孰短，君臣之亲疏孰贤孰不肖，与宾客之知睿孰多孰少，观天时之祸福孰吉孰凶，诸侯之亲孰用孰不用，百姓之去就变化，孰安孰知。"这就是军事家做基本准备，因此才能"知己知彼、百战不殆"。

《鬼谷子》和道家的关系也多有微妙之处。如果把道家的代表作《老子》和《鬼谷子》进行一些思想上的比较，就会发现二者有极相似的地方。关于老子和鬼谷子，他们是谁都有不同的说法，他们的理论都不具体地涉及人世间的人和事，可以为所有国家、所有人士所用，而且他们都主张顺应自然和人世规律来处世，都有超脱、抽象

的特点。

除此之外，他们的理论都有朴素辩证法的观点，例如，《老子》书中有"祸者福所倚，福者祸所伏"，提出很多对立的名词，认为对立物在一定条件下可以转化，而《鬼谷子》书中也提出了开合、行止、背向、先后、短长、智愚、勇怯、进退、贱贵、虚实、同异、离合、始终、安危、亲疏、难易、好恶、动静、益损等对立的观点。

《鬼谷子》一书培养出了苏秦、张仪等纵横家，本书是鬼谷子教徒授业的教材。因此，正是由于纵横家们的精湛游说技巧，才促进了社会大一统，以及历史的前进及不断发展。从这点来看，《鬼谷子》也间接地参与了先秦的政治舞台，客观来讲，本书也促进了中国的统一进程，加速了社会前进的步伐。

《鬼谷子》的策略内容具有普遍的指导意义和应用价值，对于从政治民、军事作战、经营管理、公关谈判等都可以运用。书中蕴含了丰富的朴素辩证法哲理，这些哲理是鬼谷子针对现实问题，而紧密结合实际提出的解决办法，他的理论不仅对研究中国古代哲学思想源流提供了文献资料，而且对日常交往和现实生活也有很强的适用性。

作者介绍

鬼谷子（约公元前400年—公元前320年），名王诩，又名王禅，道号鬼谷子。春秋战国时期楚国人，相传祖籍朝歌（今淇县）城南。春秋战国时期著名的思想家、谋略家、兵家、教育家，是纵横家的鼻祖，是中国历史上一位极具神秘色彩的人物，被誉为千古奇人。鬼谷子精通数学星纬、兵学韬略、游学势理、养性修身及纵横术，长于持身养性，精于心理揣摩，深明刚柔之势，通晓纵横捭阖之术，独具通天之智。周游四方，广交朋友。曾到过扶风池阳（今陕西省泾阳）、颍川阳城（今河南登封告成）、太白山（今陕西宝鸡眉县、太白县）等地，后到云梦山（朝歌城西15公里）水帘洞隐居讲学，创建中国古代第一座军事学校——"战国军庠"。他的弟子有兵家：孙膑、庞涓、尉缭子；纵横家：苏秦、张仪、毛遂；被誉为商圣的范蠡等。

吕氏春秋

内容概要

《吕氏春秋》是一部以道家思想为主体,同时又兼具阴阳、儒家、墨家、法家、兵农等诸家学说的著作。此书共有12卷,160篇,分为十二纪、八览、六论,总计20多万字。

本书成书于秦始皇统一中国前夕,是在秦国丞相吕不韦主持下,集合门客们编撰的一部道家名著。此书是在战国末期,秦国即将完成大一统的历史背景下创作的,全书以道家思想作为主干,取各家学说之所长,意在为统一后的国民指导思想观念。不幸的是,秦始皇统一中国后尊奉法家,不久就发生了焚书坑儒的历史悲剧,使得当时的诸子百家全部受挫,道家自然也不能幸免。

阅读指南

《吕氏春秋》是诞生于先秦时期的一部道家名作,大约完成于公元前239年。作者吕不韦因在秦昭王立嫡一事中出资立功,后被任命为秦国丞相。在战国时期,魏、楚、赵、齐各国纷纷出现一些广结宾客的名士,他们通过蓄养贤才、著书立说而名闻天下,这让吕不韦十分羡慕。于是,他也想要效仿此法,以求青史留名。但是,与当时有名的"四公子"不同的是,吕不韦极不欣赏那些头脑简单的勇夫猛士,在他的门下,招揽的都是一些可以舞文弄墨、并且擅长谋略的才辩之士。

吕不韦命这些门人将自己的见闻和思想撰成文章,经过严格的甄别筛选最终汇集成《吕氏春秋》一书。由于招揽的这些贤才没有学派的限制,文章也没有任何题目的限定,所以呈交上来的内容五花八门,士农工商、天地万物、古今兴衰之事无所不包。因此,《吕氏春秋》一书可谓是汇集了各家之说、内容丰富多彩,吕不韦曾自诩本书是涵盖了"天地、万物、古今"的奇书,他也因此书的巨大影响力实现了自己的抱负。

从艺术特点来说，《吕氏春秋》因为汇集各家之说，出自多人之手，文章风格自然也不尽相同。不过基本达到了扬长避短的成效，是取各家学说的精髓，去掉糟粕之后汇集而成，这也正体现了道家思想的包容性。

关于道家，主要吸取虚静无为之说，提倡无为而治的为政之道："君也者，处虚素服而无事，故能使众智也。智反无能，故能使众能也。能执无为，故能使众为也。无智，无能，无为，此君之所执也。"

关于儒家，主要吸收仁义之说，认为儒学中的孝悌之道应该被认同和发扬，并且赞同父慈子孝是人之本性的说法："孝子之重其亲也，慈亲之爱其子也，痛于肌骨，性也。"而法家所主张的严刑厚赏则与此相悖，因此《吕氏春秋》中对此说进行了大肆批判，认为这应该被归为"衰世之政"。然而，本书并没有对法家的重要性全盘否定，并且肯定了法家学说中的变法之道："故治国，无法则乱，守法而不变则悖，悖乱不可以持国。事易时移，变法宜矣。"这充分体现了《吕氏春秋》博采众长的特点。

此外，大量丰富多彩的寓言也是《吕氏春秋》的一大特点，据统计，本书中包含寓言故事达二百多则。这些寓言故事有的来自古代神话传说和故事，有的则是作者为了论证事理创造而成的。这些精彩生动又寓意深刻的寓言故事，在后世广为流传，在中国寓言史上占据着举足轻重的地位。

作者介绍

吕不韦（公元前292年—公元前235年），卫国濮阳（今河南安阳滑县）人，祖籍阳翟（今河南禹州），战国末年杰出的商人、思想家、政治家。在往返各地经商期间，吕不韦运用自己灵敏的商业头脑，很快便使自己的家产成倍增长，成功积蓄起千万家资。

公元前249年，吕不韦被封为文信侯，食邑河南洛阳十万户，门下有食客3000人，家僮万人。后来，庄襄王去世，年幼的太子政立为王，吕不韦担任相国，协助其专断朝政，号称"仲父"。

任职期间，吕不韦攻取了周、赵、卫的土地，立三川、太原、东郡，对秦王政兼并六国的事业有重大贡献。后因嫪毐集团叛乱受牵连，吕不韦的相国职务被免除。不久后，秦王政下令让吕氏全家迁往蜀地，吕不韦担心被诛杀，于是饮鸩自尽。

淮南子

内容概要

《淮南子》，又名《淮南鸿烈》《刘安子》，原书内篇21卷，中篇8卷，外篇33卷，但后来大部分亡佚，至今存世的仅有内篇。

本书是由西汉皇族淮南王刘安及其门客集体编写的一部哲学著作，为道家作品。该书在继承先秦道家思想的基础上，糅合了阴阳、墨、法和一部分儒家思想，但主要的宗旨属于道家。

阅读指南

《淮南子》一书成书于汉景帝与汉武帝之交时，自汉初文景以来，黄老之学就被奉为官学，因此本书虽然是由道学、儒学及阴阳学各家思想精华汇集而成，但主要是以道家之学为宗旨的。

《淮南子》在宇宙观本体论方面继承了道家思想，认为在天地未成形以前，宇宙是浑然一体、虚无定型的："所谓无形者，一之谓也；所谓一者，无匹合于天下者也。卓然独立，块然独处，上通九天，下贯九野，圆不中规，方不中矩，大浑而如一。"

对于先秦道家"无为而治"的思想理论，本书也持肯定态度，并且对此做出了更加积极的阐释。即"无为"并不是"无为者，寂然无声，漠然不动，引之不来，推之不往"式的完全无所作为，而是根据时势的变化做出相应的改变，主动进行顺应的做法。

本书在儒、法两家学说中吸取的思想营养与《吕氏春秋》有些类似，主要是儒家的仁义之道："国之所以存者，仁义是也。"以及法家的变法之说："圣人制礼乐而不制于礼乐。治国有常，而利民为本。政教有经，而令行为上，苟利民主，不必法古；苟周于事，不必循旧。"这些观点不完全是照搬挪用，而是在原有理论的基础上有所延伸有所升华，例如引用法家变法思想时，提出的变更法度应当基于民心所向的前提，这就是相比先秦法家思想的进步之处。

此外，本书中涉及的一些医学内容，也很值得后世借鉴。对疾病的形成，《淮南子》中提出两个推论。一个是四季气候的变化对人体产生影响而引起疾病："季春行夏令则民多疾疫。"因此书中告诫人们积极适应自然节气的变化，可以适当预防疾病。

另一个则是环境心境的影响，是导致疾病形成的一大原因："山气多男，泽气多女，风气多聋，林气多癃癃（lóng）……暑气多夭，寒气多寿。""薄云发，惊怖为狂，忧悲多恚（huì），病乃成积。"这一理论一直影响着后世的临床学，尤其是关于情志致病的重要认识，不仅在后来得到充分证实，而且在目前也备受医学界的肯定和重视。

除了疾病成因之外，本书医学内容中对于养生和制药的观点也很独到，这些都为丰富医学理论做出了极大贡献。

作者介绍

关于《淮南子》的作者，有两种说法，一种比较含混，一种比较明确。

比较含混的说法是，本书是由淮南王及其门下宾客所作，但是查阅史料便知，淮南王的宾客有数千人之多，显然，这本书的作者不可能包括他的全部宾客。

另一种说法则明确很多，几个确切的名字在高诱的《淮南鸿烈解序》中被指出，分别是苏飞、李尚、左吴、田由、雷被、毛被、伍被和晋昌。据书中记载，淮南王刘安与此8位门人，以及诸儒大山、小山之徒在一同讲经论道之时著得《南淮子》一书。这8个人是刘安数千门客中才华最出众者，后来被统称为"八公"，因此，确切地说本书作者就是淮南王刘安与八公了。

刘安（前179年—前122年），是汉高祖刘邦的孙子，也是西汉著名文学家、思想家。其父淮南厉王刘长因谋逆造反被削爵流放，自尽于流放途中，刘安便在16岁的时候，以刘长长子的身份袭封为淮南王。

刘安自幼便聪明慧智，他很早就对读书鼓琴产生了浓厚的兴趣，对于弓马骑射则表现得兴趣索然。由于刘安向来潜心于读书论道，并且广招门客，经常同他们探讨治国安邦之道，使得他逐渐成为学识最高的皇亲贵族之一。在这种情况下，当时的淮南国都迅速发展成为一个文人贤士争相汇聚的文化中心，《淮南子》一书便是他们长期进行学术探讨的成果。无论以史料价值衡量，还是从文学角度考量，该书都取得了很高的成就。

此外，刘安还是豆腐和豆浆的创始人。据史料记载，刘安在其母患病期间，每天用泡好的黄豆制成豆浆呈到母亲面前。由于豆浆味道鲜美，深得母亲欢心，病也很快痊愈了。后来，此法传到民间引起百姓竞相效仿，豆浆便随之流行了起来。

颜氏家训

内容概要

《颜氏家训》是一部引用个人经历和思想学识来告诫教育子孙后代的古书，也是我国汉民族历史上第一部体系宏大且内容丰富的家训，同时也称得上是一部学术著作。该书由七卷组成，共20篇。具体来说，第一篇序致、第二篇教子、第三篇兄弟、第四篇后娶、第五篇治家、第六篇风操、第七篇慕贤、第八篇勉学、第九篇文章、第十篇名实、第十一篇涉务、第十二篇省世、第十三篇止足、第十四篇诫兵、第十五篇养心、第十六篇归心、第十七篇书证、第十八篇音辞、第十九篇杂艺、第二十篇终制。

阅读指南

《颜氏家训》是一部内容丰富的古代文化作品，它在家庭教育、道德修养方面为后人起到了很好的借鉴作用，同时也是体现汉民族优秀文化的一部重要古籍。这不仅表现在该书的文章风格和文章内容上，更重要的是体现在讲授立身治家的方法原则，以及纠正当世弊俗的现世精神上。颜氏家族世代以此为训诫子孙之法典，回望历史，颜氏子孙的确在品德与才学方面都有不俗的表现。

单从唐朝一代来看，就有为《汉书》作注的颜思古，开创颜体楷书的杰出书法家颜真卿，忠贞不渝、以身殉国、精神流传千古的颜杲（gǎo）卿等。这些杰出人才的培养可以说与颜氏家族的家训传承不无关系，作者颜之推虽无赫赫功绩，也未列显官之位，却因一部《颜氏家训》而享千秋盛名，由此可见其家训的影响深远。

在《颜氏家训》一书中，作者具体阐述了当时的社会风俗、政治得失和学风特点，一些颇有价值的历史文献也因此被保存下来，使后人得以赏鉴。在本书中他选取一些南北朝时期的文学作品进行评论，从中表述了自己的文学主张。对于当时一些鄙视文学为雕虫小技的观点，作者给予了严厉批判，并且阐述了文学在提高个人修养方面的重要作用。

作者认为，优秀的文学作品，不仅可以服务于政治、教化等方面，提供现实意义，而且可以使人赏心悦目、陶冶情操，培养审美情趣。这一点也表现在他自己的写作实践中，他的文章不仅内容丰富真实，而且风格平易质朴，受到后人的广泛推崇。

在修身处世方面，作者极为鄙视那些不学无术、整日只沉浸在吃喝享乐中的纨绔子弟，认为他们一旦遭逢乱世，便会因为毫无立身之本而走向穷途末路。相反，作者高度提倡学习，并且认为学习的知识要广泛，最好工农商贾各方面都有所了解。不仅如此，还要杜绝空泛之学，要学以致用，在读书学习后能够把所学的知识应用到现实中。

在教育方面，作者建议树立一个贤德之人作为自己的人生偶像，在仰慕贤人的同时领会他们的非凡精神，并且努力向其学习靠拢。除此之外，家长也要在日常行动中做好子女的楷模，为他们作出正确的示范："夫风化者，自上而行于下者也，自先而施于后者也。是以父不慈则子不孝，兄不友则弟不恭，夫不义则妇不顺矣。"

应该说，《颜氏家训》的内容基本涵盖了封建儒士教育子孙的所有正统纲要，而且书中提供的一些教育的具体实施方法也有很好的借鉴作用，很多教育理念和方式对于当代社会依然适用。这也是本书自成书以来，一直被尊奉为家教范本，流传不衰的原因所在。

作者介绍

颜之推（531年—约595年），字介，琅琊临沂（今山东临沂）人，古代著名的文学家，教育家。颜之推出生在一个官宦之家，他的祖父颜建元官至南齐治书御史，父亲颜协之为南梁咨议参军。这样的家庭背景使他从小受到了良好的教育，12岁已经开始研读老庄之道，但他认为这一学说内容空泛，与实际生活相去甚远，因此也就很快对此置之不理了，转而投身到《礼》《传》的学习中。从此他博览群书，逐渐积累起渊博的知识，并且善于文辞，因而在19岁的年纪就得到了梁湘东王的赏识，被任命为国左常侍，可谓年轻有为。

不幸的是，颜之推生逢乱世，一生中竟三次经历亡国之痛，尝尽了国破家亡的人间悲苦。他从南齐转仕北齐，又由北齐黄门侍郎转为北周御史上士，后来，北周为隋所亡，他又转而成了隋廷学士。也许是经历了太多的人间沧桑离合，他养成了嗜酒的习惯，性情也比较豪放任纵。但这些丰富的阅历也使他对世事的洞悉比较灵敏，对生活的感悟更加透彻，从而得到了更多的写作灵感，著有《颜氏家训》《还冤志》和《集灵记》等传世名作。

长短经

内容概要

《长短经》,又称《反经》,共9卷,64篇。本书记述了上起尧舜,下迄隋唐这段时期的历史。在书中,内容都是围绕权谋政治和知人善任这两个重心展开,探讨了经邦济世的长短纵横之术,品评了前哲先贤的智勇奇谋,行文方面引经据典,雄辩滔滔,可谓是集历代政治权谋与驭人术大成之作。

由于本书引用大量唐代以前的历史素材,较为生动地讲述了政治、外交、军事等领域的纵横谋略之术,内容深入浅出、引人深省,受到了历代思想家、政治家、军事家和实业家的青睐。它将诸子百家的学说融为一体,汇集了儒、道、兵、法、阴阳、农等诸家思想的精华,从而著成一部文韬武略无所不包的谋略全书。可以说,本书既是一个战略权谋的智慧锦囊,又是汉族传统文化的瑰宝,因而它还被赋予了小《资治通鉴》的美称。

阅读指南

"论王霸机权,正变长短之术"是本书的核心,它糅合了儒、道、兵、法诸家思想,汇集了王权谋略,从而形成的这么一部文韬武略的著作。

本书中涉及君臣德行、霸略权谋、酌情查势等内容,叙述风格方面采取了夹叙夹议、史论结合的方式。对那些胸怀大志,追求卓越的现代人来讲,无论奉上御下、结盟御敌,还是公关游说,为人处世等均有极强的借鉴意义。

就整体框架而言,《长短经》是以谋略为经,历史为纬,交错纵横,蔚然成章,加上译注者深厚的古今汉语功底,使《长短经》行文有如流水、通俗易懂。

作者介绍

赵蕤(ruí)(约659年—742年),字太宾,梓州盐亭(今四川盐亭)人,唐代道家与纵横家。他从小就对帝王理政,执掌政权方面的知识颇感兴趣,因而阅读了很多此类书籍。经过长时间的研究和总结，他在战术谋略方面积累了丰富的知识。为了将这些智慧传播于世，《长短经》一书应运而出。正如书中所言："博学韬衿，长于经世"，赵蕤很快以善为纵横之术而名声大噪。当他的名声传到唐玄宗的耳中，征召的诏书也随之而来。不过，赵蕤向来淡泊名利，因而朝廷虽然多次敦请，他却一直不为所动，始终过着隐居的生活。

后来，著名诗人李白与他结识，一度痴迷于向他学习帝王学和纵横术，并由此而深受影响，继承了赵蕤的思想风范和豪侠性格。两人还因此被并称为"蜀中二杰"，不仅如此，当时还流传着"赵蕤术数，李白文章"的佳话。

白虎通义

内容概要

《白虎通义》，又称《白虎通》，共4卷。它是我国汉代历史上讲论五经同异，统一今文经义的一部重要著作。

此书的作者是班固。汉章帝建初四年（79年），班固等人根据经学辩论的结果撰集而成。"白虎"之名也是因为辩论的地点在白虎观而得。

本书继承了董仲舒以后今文经学神秘的唯心主义思想，它以神秘化了的阴阳、五行为基础，解释自然、社会、伦理、人生和日常生活的种种现象，对宋明理学的人性论产生了一定影响。

阅读指南

自古文经学出现以后，在文字、思想等诸多方面对今文经学发起了挑战，西汉武帝时期，今文经学在斗争中逐渐占据了主导地位。今文经学派为了进一步巩固地位，急需利用皇帝至高无上的权威将自家理论制成定论，而这些义理恰恰能够服务于封建专制统治，封建君主自然也乐于出面支持和提倡。汉章帝建初四年（79年），仿照汉宣帝在石渠阁议经的旧法，以讲论五经异同为目的，召集诸儒百家于洛阳白虎观进行一场声势浩大的集会讨论。由诸位参会的儒生纷纷发言陈述见解，最终讨论的经义经过章帝亲自裁决甄别后制成定论，并撰为《白虎通义》一书。

实际上，《白虎通义》中大部分的经义来自于董仲舒的学说，有些是原封照搬，有些则是稍加演绎，总之继承了一套"天人感应"唯心主义神学体系。

《白虎通义》中通过阐述"三纲"、"六纪"的伦理，把封建社会中的伦理等级制度说成了合乎天理、不可违背的自然关系。其中"三纲"就是"君为臣纲、父为子纲、夫为妻纲"，"六纪"则是由"三纲"延伸而来，即"诸父、兄弟、族人、诸舅、师长、朋友"，这里"三纲"中的"父子、夫妻"又从属于"君臣"。

也就是说，君臣关系可以理解为父子关系的升华，臣子事君上，犹如儿子服从于父亲，并且在君命与父命发生矛盾时，必须以遵从君命为先。至于夫妻关系，又是由君臣、父子关系延伸而来，即妇事夫应该兼有臣事君、子事父之道。这种儒家社会秩序观被尊为天道，极大地强化了中央集权专制统治，目的就是把封建君主的权威推向了坚不可摧的至高点。

《白虎通义》认为，宇宙间的万事万物都是由天这位至尊之神创造的，当然也包括人在内，既然这样，人就该事事遵循天命。天子就是受天神之命来管辖天下万民，天子事天神等同于子事父，至于天子如何向天神表达孝心，按照书中所说，最主要的办法就是定期举行庄严盛大的祭天活动，除此之外，天子每次进行领兵征伐、出行巡视等重大政治活动之前，都要恭敬地向天神报告。在天子和天神之间，还存在着灵验的感应，即天子如果治民有方，天神就会降下祥瑞之兆，相反，天子如果治理有过，天神则降各种怪异现象以示惩戒。

此外，尊师重道也是《白虎通义》中提倡的义理之一。书中一方面宣扬有"生而知之"的圣人存在，一方面又大举圣人尊师求教的事例，用以说明"虽有自然之性，必立师傅焉"的道理。对于遵循此道，即便贵为天子，也不能例外，不允许把自己的老师视为臣下。

这也反映出《白虎通义》对儒家重礼教的治国纲领的大力倡导，不过，对于与礼相背的刑罚它也并没有给予贬斥，反而同样进行肯定。《五刑》篇中说道："礼为有知制，刑为无知设。"意思是对于无知的人群采取刑罚措施，有助于帮助他们识礼。如此就把礼和刑从对立关系转化为相辅相成，显然，这也是为了迎合封建统治阶级的需要。

综上所述，《白虎通义》不但承继了董仲舒天人感应的理论，并且在此基础上进行延伸，最终把经学神学化，强调君权神授的神学思想，从而达到为封建统治者服务的目的。

作者介绍

班固（32年—92年），字孟坚，东汉时期杰出的史学家、文学家。由于父亲和伯父都是著名的儒家学者，班固从小就深受他们的影响，9岁便能够撰写文章。并且由于父亲名噪一时，很多慕名的学者前来探讨学问，这也给班固带来了很大的影响，不仅开阔了视野，而且学业也随之日益长进。到了16岁的时候，班固为了继续深造，来到洛阳太学。在这里学习期间，班固潜心于各种经书典籍的研读，力求能够贯通其中的大义。一段时间下来，他不仅在文化修养上得到很大的提升，而且成功培养了自己的著述能力。

光武帝建武三十年（54年），父亲去世，家道中落，班固从京师搬回乡下居住。也正是从这个时候开始，他利用家中丰厚的藏书，开始了编撰《汉书》的生涯。后来，在他的努力争取下，得到了汉明帝的赏识，遂被召进宫中任兰台令史一职，从此他的修史工作也变得更加名正言顺。

班固一生著作宏富，在史学方面，著有成就颇高的《史记》；在辞赋方面，著有开创京都赋范例的《两都赋》；而作为经学理论家，他著有集经学大成的《白虎通义》行世。

可惜，这些突出贡献并没有给他带来善终，最终因受窦宪擅权之事株连死于狱中，时年61岁。

容斋随笔

《容斋随笔》是一部古代文言笔记小说，由5集组成，分别是《随笔》《续笔》《三笔》《四笔》和《五笔》。全书共74卷，根据作者自述，本书写作时间长达近40年。事实上，直到作者去世，《容斋随笔》依然没有彻底完成，这也是本书前4集各为16卷，而第5集仅有10卷的原因。这本书涉猎范围极广，内容包括经史百家、文学艺术、宋代掌故及人物评价等诸多方面，以颇为丰富的资料展现了古代汉文化的方方面面。从中不仅可以看到经史诸子百家、诗词文瀚，还能够了解历代典章、医卜、历算、星历等内容。

无论是繁富广泛的内容资料，还是精妙恰当的议论点评，以及颇有见地的观点，都使《容斋随笔》备受后人称赞。除此之外，作者还对前朝史实进行了严密的考订，更正了史书在有关政治制度、事件、年代、人物等诸多方面产生的一些谬误，其中不乏流传很久的讹误。这使得本书在文化方面意义重大的同时，还对中国历史文献产生了深远的影响，以至于《四库全书总目提要》将它推介为南宋最有价值的笔记小说。

阅读指南

在《容斋笔记》中，不仅可以透过其丰富的内容了解到关于宋代的典章制度、官场见闻、社会风俗，还可以从中领略前朝历代的王朝兴衰、掌故轶事以及制度沿革等。甚至很多官方史志中遗漏的资料，都见诸于此，再加上作者颇有见地的议论总结，使这本书一经刊行，就在当时引起了不小的反响。

此外，后人根据本书中有关诗歌的部分，辑成《容斋诗话》一书，并全部被收录在《永乐大典》诗韵之下。

值得一提的是，《容斋笔记》还是毛泽东生前非常喜欢的一本笔记书，出行时，虽然他可以随行携带的书目非常有限，但本书依然被指名在列。不仅如此，他还将此书推荐给身边的同事以及赠予同学中的知交,直到他去世的前一天,仍然由身边的人为他代读书中内容,使得本书成了他生命中所读的最后一本书。

《容斋随笔》一书得到了历史学家的一致认可,在他们的评定中,该书与《梦溪笔谈》和《困学纪闻》同时位列宋代最具学术价值的三大笔记。

作者介绍

洪迈(1123年—1202年),字景卢,号容斋,又号野处,南宋时期著名文学家。洪迈出身于官宦家庭,是洪皓的第三子,自幼天资聪颖并且喜好读书。据说,他小时候坚持每日读书千言,而且涉及的范围很广,就连小说野史、佛道旁门等也包括在内。后来出仕为官,他清正廉洁,一心为民,做出了突出的政绩。

与此同时,洪迈依然坚持读书治学,在博览群书的同时,养成了做笔记的习惯,《容斋随笔》一书就是几十年间这样一点一滴集腋成裘而来。除此之外,他还有多本著作流传甚广,至今不衰,包括《野处类稿》《夷志史》和《万首唐人绝句》等。

日知录

###

《日知录》是一部内容宏富的古代政治学术论著。顾炎武在几十年的治学过程中,通过考察古代事迹,辨别其中的是非得失,将自己的心得体会及总结出来的经验教训,以随笔记事的形式记录下来。经年累月之后,汇集而成此一大型学术札记。本书内容涉及广泛,包括经史、诗文、训诂、名物、典章制度、天文地理、吏治杂事等。可以说,这是囊括了作者全部学术,以及政治思想的一部沥血之作。

本书中有很多发人深省的经世言论和警世名句,例如"礼义廉耻、是谓四维"和

"保天下者,匹夫之贱,与有责焉耳矣"等都是流传千古的名言。另外,曾经激励过无数中国人,甚至现在依然常被我们挂在嘴边的"国家兴亡,匹夫有责"也是出于《日知录》。

阅读指南

在《日知录》中,顾炎武阐述了自己在多年治学和游历中总结的一些经世思想。例如"目击世趋,方知治乱之关,必在人心风俗",意思就是国家兴亡与社会风气的好坏有着密切的关联,他在书中列举了大量因为世风奢靡浮华,最终导致国家走向败亡的事例,有理有据地论证了自己的这一观点。正是基于这一点,他认为社会风气的好坏应该作为评判君主政绩好坏的主要标尺:"论世而不考其风俗,无以明人主之功。"

对于如何整顿社会风气,作者从政治和经济方面分别指明方略。首先,在政治上要强调修炼品行的重要性,弘扬厚德,抑制奢靡之风,注重培养清廉俭约的品性。其次,在经济方面,作者认为民不聊生的年景最易导致世风恶化。百姓如果生活在贫病交加的困窘中,就会为了生存而无奈做出一些伤及风化的事情,因此要保证其衣食无忧的物质条件:"今将静百姓之心而改其行,必在治民之产,使之甘其食,美其服,而后教化可行,风俗可善乎!"

除此之外,作者还提出了加强以法治世的观点,以严厉的刑罚惩治奸臣贪官,以达到惩恶扬善、整顿世风的目的:"法不立,诛不必,而欲为吏者之勿贪,不可得也。"

在本书中,作者还从明道救世的角度出发,为淡化君权做出了重要贡献。他通过列举历史上众多"称臣下为父母"、"人臣称人君"、"人臣称万岁"的例子,对至高无上的专制君权提出质疑。作者认为,无论是天子、公、侯、伯、子、男,还是布衣百姓,都只有社会分工的不同,并不存在身份上的高低贵贱之分。天子治理国家,受百姓之禄,一样是靠劳动吃饭,和天下黎民并无本质上的区别。以此为依据,作者提出反对独治,提倡众治的观点:"人君之于天下,不能以独治也。独治之于刑繁矣,众治之于刑措矣。"这也正是早期民主思想的萌芽。

从治学态度和方法上来讲，顾炎武提倡重视第一手资料，他用"采铜于山"来比喻这种精神。意思是说，古人直接在山上采铜铸钱，而现在的钱币则是直接取用作废的旧铜钱锻造而成，这样就必然毁坏了古人留下来的传世之宝，而做学问也是同样的道理。这种严谨扎实的作风不仅开辟了有清一代的新学风，而且对后世也影响深远，直到现在，"采铜于山"的说法和精神仍然被广泛应用着。

作者介绍

顾炎武（1613年—1682年），字忠清、宁人，明朝南直隶苏州府昆山（今江苏省昆山市）人，明末清初著名思想家、经学家、史地学家和音韵学家。顾炎武的家族为当时的江东旺族，因此他的童年过着衣食无忧的生活，只是后来由于堂伯去世，他便被过继了。

不过，这也没有给他造成很大的影响，他的寡母不仅为夫守节、终身未嫁，而且勤劳好学、知书明理。可以说，这位母亲在独自抚养顾炎武的过程中，给他带来了很积极的影响。不仅以自己的言行影响着他，而且经常向他讲述古代先贤的忠义之事，这使顾炎武受到了很大的启发，坚守忠信和气节成了他一生都分外注重的事情。

顾炎武虽然一生博览群书，在治学方面从未松懈，但遗憾的是，他始终与功名擦肩而过。后来，他在无奈中放弃了科考之路，开始了边读书边游历的生活。由于知识和阅历越来越丰富，顾炎武有了著书立说的欲望和能力，于是各种学术著作开始在他耕耘不惙的笔下盛开，主要有《日知录》《天下郡国利病书》《肇域志》《音学五书》《韵补正》《古音表》《诗本音》《唐韵正》《音论》《金石文字记》和《亭林诗文集》等。

后来，清军入主中原，明朝覆灭，顾炎武将全部余生献给了反清复明之大计。尽管明朝大厦将倾，微弱的复明势力孤木难支，但顾炎武却直到生命最后一刻都未损节。

第四卷・集部

◎ 楚辞类

楚辞章句

内容概要

《楚辞章句》是《楚辞》的注本。楚辞最初指的是战国时期楚地的歌辞，后来演变为以屈原为代表的楚国人创作的诗歌，成为继《诗经》三百篇后的一种新诗体，即楚辞体。汉武帝时刘向搜集整理古籍，便把屈原、宋玉等人的这些作品编辑成书，并将其定名《楚辞》，从此，"楚辞"便成为一部诗歌总集的名称。因为楚辞中以屈原的《离骚》最为出名，后人又将其称之为"骚体"，这和《诗经》被别称为"风"有着异曲同工之处，虽然有些名不副实，却把楚辞和汉赋这两种文体很好地区别开来。

刘向编辑的《楚辞》最初为16卷，后来王逸又将自己的《九思》作为1卷加入其中，改编为17卷，成为现在的通行版本。《楚辞章句》这本书对《楚辞》的各篇文章都作了文字注解，详细记述了每一篇的创作由来和作者经历，是《楚辞》最早的完整注本。

《楚辞章句》这本书的底本依据，其实就是刘向搜集整理的本子。《汉书·艺文志》中记载屈原有25篇作品，而王逸在《楚辞章句》中归到屈原名下的25篇，是《离骚》《九歌》（11篇）《天问》《九章》（9篇）《远游》《卜居》《渔父》。另外，还将宋玉和其他一些汉代作家的作品也收入其中，即：《九辩》《招魂》《大招》《惜誓》《招隐士》《七谏》《哀时命》《九怀》《九叹》《九思》。其中《九思》是王逸自己的作品，然而这一篇当中也有注解，很多人因此而认为不合情理，便怀疑这一篇是后人增入的。

阅读指南

王逸给《楚辞》作注释采用的体例是逐句解释，其中大多都引用训诂，多数都有据可循。他所做的工作，在当时其实就是将分散的内容集中起来，起到了一个集大成的作用。这部书不仅凝结了他个人的勤奋努力，还将他之前以及与他同时期的许多汉代学者的辛勤与智慧也收入其中。比如当时的刘向、贾逵、班固、马融等这些大师前辈的遗说中，有相当一部分是通过《楚辞章句》而保存下来的，可谓是贡献颇大。虽然王逸是个很有独立见解的人，却并不固执己见，在书中他总是用"或曰"将别人的观点阐述出来。

《楚辞章句》还有一个特点，即每篇文章前面都写有序文。尤其在《离骚》《天问》这两篇的后面还各有一序。这些序文主要说明了每篇文章的作者和写作时间，并阐释题目的含义和作者的创作意图。这些序文都是王逸对《楚辞》的理论认识和心得，王逸个人比较崇尚儒家文化，因此王逸采用了汉代儒家经学的研究方法来研究楚辞，使得屈原独特的人格精神和诗歌艺术都带有儒家经学的味道。

《楚辞章句》可以说是楚辞学史上一个重要的里程碑。在王逸之后的很长时间之内，都没有再出现如此优秀的《楚辞》注本。

王逸（生卒年不详），东汉时期文学家，字叔师，南郡宣城（今属湖北）人。安帝时为校书郎，顺帝时官侍中，他所著的《楚辞章句》是《楚辞》最早的完整版注本，后世学者所重视。其代表作有赋、诔、书、论等21篇，又作《汉诗》123篇，如今大多都已失传。其哀悼屈原的作品《九思》便存于《楚辞章句》之中。

《九思》的创作时间大约是在汉顺帝时期。在写作艺术上，王逸善于运用比喻和象征的表现手法来深化主题，具有较强的艺术感染力。全诗一共由9个短篇组成，主要是抒发屈原内心的忧愤之情。

楚辞补注

内容概要

洪兴祖研究《楚辞》的著作,共17卷。这本书对王逸所作的《楚辞章句》进行了补充和修正。其体例是先将王逸的注释列出,再通过"补曰"标识出本书作者所要说明的内容,这种体例不仅可以将王逸注释不够详细的地方加以补充,还能纠正王逸某些疏误的地方。补注中除了采用大量的训诂名物之外,还旁征博引历史传说、神话故事,可以说注释的颇为详赡。王逸的《楚辞章句》中虽然大量引经据典,但大多都没有列出书的名字,而本书在引用时,都将典籍的名称一一列出,使得注释更加有据可查。

阅读指南

王逸之后还出现过很多旧注,遗憾的是大多都没能流传下来。其中比较著名的有郭璞的《楚辞注》和徐邈的《楚辞音》等,在本书的征引中可窥一斑。比如《七谏》中的补注,引用了郭璞的:"鹅,野鹅也。"《离骚》中补注的"求索"的"索"字下则是引用的徐邈读作"苏故切"等。通读全书,虽然存在不少错误疏漏之处,但其态度还算得上严谨细致,辨析精密。《四库全书总目》中,对此书的评述是"于《楚辞》诸注中,特为善本",算是相当肯定的了。因此本书问世之后,《楚辞章句》的单行本便越来越少了。

作者介绍

洪兴祖(1090年—1155年),字庆善,号练塘,丹阳人,南宋初期曾官至秘书省正字。年少的时候精读《礼记》《中庸》等经典著作,对理学之道的理解有很深的见地。宋政和八年(1118年)上舍及第,初为湖州士曹,后寻改宣教郎。建炎三年(1129年)春,高宗驻跸扬州之时,被召试秘书省正字,专掌图书及校勘典籍,后来升迁太常博士。这时期正值金兵攻破徐州,洪兴祖进言上疏,道:"乞收人心,纳谋策,安民情,壮国威。"又说:"国家再造,一宜以艺祖为法。"鉴于他的这种广开贤路,扶危掖倾的真心,深得高宗的赏识。

楚辞集注

内容概要

《楚辞集注》总共分为8卷。另附有《楚辞辩证》2卷和《楚辞后语》6卷。

此书前面题署的时间是庆元五年（1199年），因此此书在1199年完成。书的一至五卷是依据王逸的《楚辞章句》来编写的，其中屈原的作品有25篇，属于《离骚》类，《离骚》以外的各篇则以"离骚"二字为名。其编写顺序依次为：卷一《离骚经》、卷二《九歌》、卷三《天问》、卷四《九章》、卷五《远游》《卜居》《渔父》。卷六至卷八则是《续离骚》类，在各篇之上以"续离骚"三字为名。其编写次序依次为：卷六《九辩》、卷七《招魂》和卷八《惜誓》《吊屈原》《鵩鸟赋》。

阅读指南

《楚辞集注》采用的注释体例多以四句为一章，也偶尔有六句、八句作为一章的，一般先注释词的音义，继而解释章的大意。而且在每一篇的题下都会有一段小序作为题解，其内容包括对作者、题意、写作背景、创作意图等各方面的信息做一个简明的阐述。虽然书中的内容大多都来自《楚辞章句》中的观点，但同时也阐明了自己的观点。

本书还模仿《毛诗》的体例，很多章节中，都运用赋、比、兴的手法进行诠释。

《楚辞集注》是在《楚辞章句》和《楚辞补注》的基础上重新撰写的，它在肯定《章句》和《补注》关于训诂方面成就的同时，还指出了某些释义上的不足之处。

单纯地从学术价值方面来讨论，其主要包含三个方面的内容：

第一，指出了王逸、洪兴祖存在的误解，并对其加以辩证。比如《九章》中，王逸说："《九章》者，屈原之所作也。屈原放于江南之野，思君念国忧心罔极，故复作《九章》。章者，著也、明也，言己所陈忠信之道甚著明也。"这里，洪兴祖并没有提出其他的观点，而朱熹却提出了自己的观点："《九章》者，屈原之所作也。屈原既放，思君念国，随事感触，辄形于声。后人辑之，得其九章，合为一卷，非必出于一时之言也。"他认为王逸对《九章》的理解属于简单的望文生义,并没有真正理解其中的含义。仔细通读《九章》各篇诗文,从内容上看,朱熹的观点还是比较符合实际情况的,后人相对都比较支持他的观点。

第二,朱熹在本书中,又提出了一些新的见解。比如《招魂》中,朱熹认为不仅可以招死人的魂魄,还可以招生人的魂魄。"后世招魂之礼,有不专为死人者,如杜子美《彭衙行》云:暖汤濯我足,剪纸招我魂,盖当时关、陕间风俗。道路劳苦之余,则皆为此礼,以祓除而慰安之也。"这里所表达的观点的确别具一格。

最后,本书善于将作者的言外之意深入挖掘,阐发弦外之音。比如在解释《离骚》中关于"屈心而抑志兮,忍尤而攘诟"这一句时这样解说道:"言与世已不同矣,则但可屈心而抑志,虽或见尤于人,亦当一切隐忍而不与之校。虽所遭者或有耻辱,亦当以理解遣,若攘却之而不受于怀。"

因此,《集注》作为继《章句》《补注》之后又一部影响较大的《楚辞》注本,深受到广大文学爱好者的青睐,并得以广泛流传。

作者介绍

朱熹(1130年—1200年),字元晦,号晦庵,晚年称晦翁,谥文,世称朱文公。出生于南剑州尤溪(今属福建省尤溪县)。5岁时,朱熹便进入小学,并能诵读《孝经》,他在书额上题字自勉道:"若不如此,便不成人。"果然18岁那年,朱熹通过建州的乡试考取贡生。后来,朱熹曾就任过江西南康、福建漳州知府、浙东巡抚,为官清正廉明,并大力促进书院建设。在就任焕章阁侍制兼侍讲时,还为宋宁宗皇帝讲过学。

朱熹可谓是宋朝时期著名的理学家、思想家、哲学家、教育家和诗人,其声名远近闻名,深受后人的敬仰和尊崇。相传,朱熹是唯一一个非孔子亲传弟子却享祀孔庙的人,位列大成殿十二哲者之中。

朱熹一生的著述颇多,《四书章句集注》《太极图说解》《通书解说》《周易读本》《楚辞集注》等都出自朱熹之手,后人将他的这些作品整理后编辑为《朱子大全》《朱子集语象》等。其中的《四书章句集注》成为朝廷钦定的教科书,并将其作为科举考试的考核标准。

离骚图

内容概要

《离骚》是战国时期楚国的爱国诗人屈原的代表作品，《离骚图》则是《离骚》诗集的清代插图版。明末清初是我国木刻版画艺术的鼎盛时期，这段时间出现了一批专业画家，专门对戏曲、小说、诗集等内容进行刻画，清朝初期的萧云从是其中的佼佼者。《离骚图》便是萧云从为《离骚》《九歌》《天问》等诗歌所作的插图。其中《离骚》作有1图，《九歌》作有9图，《天问》有54图，《远游》有5图，令人遗憾的是《远游图》已经失传。

阅读指南

《九歌图》共有9图，单从构图和人物的形象塑造上看，融合了李公麟、张渥、陈洪绶等诸位大师想象丰富、生动传神的特点，在深刻领会屈原诗歌的内在精神之后，又增加了许多创新之处，使得图中的人物形象个个"诡奇生动"。因此，萧云从与上述几位画家同类题材的画作相比，有许多不同之处，最典型的代表便是他与前辈画家对屈原部分诗歌作品的艺术表现有着不同的见解。比如前人画出的"山鬼"，容貌比较怪异，很像古代那个头发又多又乱、外形丑陋凶恶的神像蒙俱。他对此有着不同的见解，感叹道："写山鬼如蒙（棋）〔俱〕者，谬矣。"在深刻领会《九歌·山鬼》的精神实质以后，毅然将山鬼描绘成年轻貌美的女子，使之"含睇宜笑"，尽力将原著的本意展示出来。

《天问图》在萧云从之前，很少有画家涉及。因为想要淋漓尽致地展示出《天问》的内容，需要作图者具有超人的想象力、丰富的历史知识以及扎实的艺术功底，否则是难以做到的。而萧云从所作的《天问图》，可以算得上是空前的大手笔。54幅图画基本上将屈原的《天问》中涉及的内容涵盖全面。山川与神灵，奇闻和异说，都在画家的笔端活跃展现。从艺术表现方面来看，萧云从是一位追求完美的大师，他对每一图的构思都做了精心的准备，图画的布局可谓是错落有致、左右掩映，疏密相间，简约空灵。人物的神态也各不相同，服饰器物皆因人而异，各不相同。画面中的人物场景也安排的得体到位，在瞬息变化之中给人留有审美的快感。如"女岐九子"将主人公女岐布置在画面的中央偏右，九子则高低不同地环绕她周围，给人一种安逸祥和的氛围。又如"平胁曼肤"则表现了一代昏君商纣在美人和随从簇拥下的呆肥神态，令人忍俊不禁。

萧云从（1596年—1673年），字尺木，明末清初人。年轻时候的萧云从曾参加过多次科考，一直未能如愿，直到崇祯十五年（1642年），才考中了当年的壬午科副榜。在金陵应试期间，深刻感受到阉党专权、政治黑暗，便加入复社，与东林党人互通声气。后来碍于铨选制度等的因素，萧云从开始进行读书绘画，他的大部分时间都在芜湖城外自家的"梅筑"里度过。1645年初，清兵攻占扬州，三月进驻芜湖，萧云从满怀亡国之痛，不得已而避走他乡。就在清兵侵入芜湖的这一年，他与著名的徽派版画刻工汤复合作，刊刻了他一生中最为重要的版画作品之一《离骚图》，这绝对不是偶然为之。套用他自己的话来说，是"取《离骚》读之，感古人之悲郁愤懑，不觉潸然泣下"。可以说，面对当时国破家亡的这一敏感时刻，他与屈原可以说一脉相通、感同身受。

古诗纪

《古诗纪》,最初成书时名为《诗纪》,在我国现存的古诗总集中,它是最早的一部。此书一共有 156 卷,包括 4 个部分,分别是前集、正集、外集和别集。

其中前集共有 10 卷,内容是先秦时期的古逸诗,按体裁分为歌、谣、杂辞、诗、逸诗等 13 种,作者一一考订了这些诗作的具体出处及写作背景并在书中将其注明。正集作为本书的主要部分,共占 130 卷,按朝代先后顺序收录了汉魏到隋朝的诗歌。同一朝代中则按身份不同进行排列,具体顺序为帝王、诸家、爵里无考者、方外、闺秀、无名氏,并在每朝每代诗歌后面附录当时有名的民歌乐府。

接下来的外集共有 4 卷,专门收录一些古代小说、笔记中关于仙鬼一类的诗歌。至于最后的别集,共 12 卷,包括 1 卷志异和相关的一些诗歌评论,以及一些韵语不能成篇的残句。此外,那些无法考证年代的诗歌,则按照先乐府,后四、五、六、七言诗的顺序被收入到了本书的附录中。

由此可见,作为我国最早的古诗总集,本书对于古代诗歌的收集不仅内容丰富,而且非常全面翔实。在后人编写诗歌专集的过程中,很多都是以此为蓝本,大量考据引用其中的内容。比如明代张溥的《汉魏六朝百三家集》,近代丁福保的《全汉三国晋南北朝诗》,就都是从本书中取材编纂而成的。更近的则有逯钦立的《先秦汉魏晋南北朝诗》,也是以本书为基础,通过一定的考订增补编写而成的。在这些文献中,《古诗纪》无疑起到了堪称详备的素材作用。

阅读指南

唐代是我国诗歌发展的巅峰时期,这一阶段,名家名篇辈出,宋代以来,诗坛刮起一阵奇异的风,诗风诗路较之前朝,都发生了明显的变化。这就引发了唐、宋诗争锋对峙的局面,而到了明朝之后,尽管文学的辉煌之处已经不在诗歌,但这种流派纷争却没有因此停休，反而朝着愈演愈烈的趋势去了。

在此二者之间，由于一时难辨雌雄，使得当时的诗风也随之出现了变幻莫测的情况。在这种情况下，多数文人的目光始终游离在唐诗和宋诗之间，探知风向成了他们最为热衷的事情，对于盛唐之前的古诗则全然不加理睬。这个时候，作者则敏锐地感知到时代赋予的使命。与其在这种对垒中左右摇摆，不如将目光放得高远一些，重新回到遥远的汉魏六朝时期，追溯考察诗歌的源流演变。

出于这一目的，冯维讷在众多师友的帮助下，编纂了这部大型诗歌总集《古诗纪》。他把从上古时期直到隋朝的诗歌，几乎全部收录于本书中，这种贡献在当时是前无古人的。可以说，无论是在诗篇辑佚、文字校勘、还是在作者考订方面，这部书都取得了非同小可的成就。最重要的是，它把诗歌的起源和流变过程以清晰的脉络呈现出来，给诗坛提供了很有价值的借鉴意义。

作者介绍

冯惟讷（1513年—1572年），字汝言，号少洲。山东临朐人，明嘉靖年间，即1538年考中进士，官至江西左布政使，以光禄卿身份离职。他比较擅长文学研究和古籍整理，在临朐冯氏文学府库中算得上独树一帜，其著作主要有《青州府志》8卷，《光禄集》10卷。如今，他编辑的《古诗纪》156卷和《风雅广逸》8卷被有幸保存下来，收入到《四库全书》，时人将其与《昭明文选》称为并辔之作。

《四库全书提要》中记载："其上薄古初，下讫六代，有韵之作，无不兼收。溯诗家之渊源者，不能外是书而别求。"另外，他还有《楚辞旁注》《杜诗删注》《文献通考纂要》等著作，遗憾的是都已失传。

古诗源

内容概要

《古诗源》是唐代以前的古诗集最常用的选本,其作者是清代沈德潜,全书共有14卷。本书就是依据明代冯惟讷的《古诗纪》等旧籍整理编纂,共收录先秦至隋代的诗歌约700首。作者的编纂宗旨就是为了探寻诗歌的源头,因此取名《古诗源》。他提出"诗至有唐为极盛,然诗之盛非诗之源也",而"古诗又唐人之发源也"。于是,他便"溯陈、隋而上,极乎黄轩,凡三百篇、楚骚而外,自郊庙乐章讫童谣里谚,无不备采","于古逸存其概,于汉京得其详,于魏晋猎其华,而亦不废夫宋、齐后之作者。既以编诗,亦以论世。使览者穷本知变,以渐窥风雅之遗意"。

阅读指南

作者的本意虽然重在复古,而且还通过选诗、注诗和评诗等形式对"诗教"进行阐扬,并以此倡导"风雅",表现出陈旧保守的诗学观念,但单从他选诗的标准来看,其艺术见解还算是比较高明的,他非常客观地将诗歌发展的真实面貌展现给世人。

首先,为了"渐窥风雅之遗意",为了方便学诗者可以很好地了解诗歌的源头,作者选录了不少古代歌谣和汉魏六朝乐府。对于文人的创作,作者还是比较重视一些和社会生活有关的作品,尤其是在知人论世方面。对作品的评论方面,他极力寻找诗歌的内容、风格与时代、与作家人品胸襟直接的联系。比如对阮籍《咏怀》一诗的评论为:"阮公咏怀,反复零乱,兴寄无端,和愉哀怨,杂集于中,令读者莫求归趣。此其为阮公之诗也。必求之时事以实之,则凿矣。"又比如对陶渊明本人的看法为:"渊明以名臣之后,际易代之时,欲言难言,时时寄托,不独《咏荆轲》一章也。六朝第一流人物、其诗有不独步千古者耶!"他的评论算得上透彻精辟,恰如其分了。

其次,鉴于作者本人比较雅正,因此比较重视诗歌的风骨。他提倡自然恬淡,反对精雕细琢。他对曹操诗歌的评述为"沈雄俊爽,时露霸气",对左思诗歌的评述则是"拔出于众流之中,丰骨俊上",评庾信诗为"悲感之音,常见风骨"。其中最为推崇的是陶渊明的"无意为诗,斯臻至诣"。他是这样解说的:"陶诗合于自然,不可及处,在真在厚;谢(灵运)诗追琢而返于自然,不可及处,在新在俊。"对颜延之诗却大加批评,认为"雕镂太甚",最不满意的是以陆机为代表的绮靡萎弱的诗风,其评述为:"士衡诗亦推为大家。然意欲逞博,而胸少慧珠,笔又不足以举之。遂开出徘偶一家。西京以来,空灵矫健之气,不复存矣。降自梁、陈,专工对仗,边幅复狭,令阅者白日欲卧,未必非士衡为之滥觞也。"他的评论足以满足治文学史者参考。

作者介绍

沈德潜(1673年—1769年),前清诗人、诗论家,字确士,号归愚,长洲人,即今天的江苏苏州市。

沈德潜在23岁的时候便继承父业,一心授学长达40余年。乾隆四年(即1739年)时中进士,后官至内阁学士兼礼部侍郎。在朝期间,他的诗颇受乾隆皇帝赏识,时常出入禁苑,陪伴乾隆皇帝唱和论诗。因此,他的诗论和作品曾风靡一时,影响巨大。除本部作品之外,还编有《唐诗别裁集》《明诗别裁集》《清诗别裁集》等。

沈德潜一生潜心诗学,造诣很高,是康乾时期以来拟古主义诗派的代表。他编选的《五朝诗别裁》《古诗源》等流传也非常广泛,影响颇大。

玉台新咏

内容概要

《玉台新咏》是一部诗歌总集，收集了东周至南梁大量诗歌。6世纪时由南朝徐陵编辑而成，是继《昭明文选》之后的又一部上至《诗经》《楚辞》下至南朝梁代的诗歌总集。本书共收入诗歌769篇，其中五言诗8卷，歌行1卷，五言四句诗1卷，总共10卷。本书第九卷中的《越人歌》据传作于春秋战国时期，其余9卷都来自汉代到梁时期。其内容大多收录的是男女感情方面的诗歌，也包括日常生活等方面的内容，细致地刻画出古代女子丰富的感情世界，同时也将当时的社会背景和汉文化内涵深入地展示出来。

阅读指南

《玉台新咏》的前一部分为"往世名篇"，这一部分的取材可谓相当丰富。不仅有描述古代妇女婚姻变故的故事（如古诗《上山采蘼芜》），还有描述对远行丈夫无穷思念的情节（如古诗《冉冉孤生竹》）；既有令人心动不已的爱情表白（如古《越人歌》），也有缠绵悱恻的爱情故事（如《古诗为焦仲卿妻作》）；既有不贪慕荣华富贵、坚决反抗压迫的颂歌（如辛延年《羽林郎》），也有不惜用宝贵生命来痛斥丈夫背叛负心的壮举（如颜延之《秋胡诗》）……

总之，在这部作品当中，不论女子的天生丽质、精巧装扮、华美服饰，还是缠绵的情思、悲情的婚姻，以及日常生活中的方方面面，都有着详细生动的描述。

本书中的女子形象都不尽相同，身份、遭遇都具有一定的代表性，因而涵盖了广阔的社会背景，并深刻反映出当时的人文内涵，为我们展示了古代妇女真实的生存状况以及丰富的情感世界。本书主要反映的是女性生活，因此着重表现女性的情思，展示女性的柔美，吐露女性的心声，同时有男性对女性欣赏、爱慕的表现，反映男女之间的爱慕与相思。因此《玉台新咏》又可以说是一部关于女性的诗集，一部爱情的宝典,一部唯美的乐章,它对文学史和审美发展史有着重要的价值贡献,其影响不同寻常。

《玉台新咏》虽然都是情诗,但却具有反对封建礼教、崇尚婚姻自由的积极主义思想。其中展现真挚爱情和妇女痛苦的作品也不在少数。比如《上山采蘼芜》《陌上桑》《羽林郎》等作品,都是对当时社会现实的一种反衬;《孔雀东南飞》则是详细地描写了一个爱情悲剧的全部过程,表现了封建礼教对于美好爱情的摧残。这些作品也说明《玉台新咏》收录的诗作并非全是艳情诗。

作者介绍

徐陵(507年—583年),字孝穆,东海郯人,南朝时期梁代的文学家。徐陵自幼聪明好学,8岁的时候就能独写文章了,长大后更是博览史经,善于雄辩。梁代时期,徐陵做过东宫学士,期间两次出使北朝。到陈朝之时,徐陵又历仕尚书左仆射、丹阳尹、中书监等,主持朝廷重要文书的草拟。他的诗赋风格基本都淫靡绮艳,与庾信同为宫体诗的代表作家,并称"徐庾"。

乐府诗集

《乐府诗集》是我国历史上一部关于中国古代乐府歌辞的诗歌总集,编者是北宋时期的郭茂倩。如今流传下来的有100卷,是目前为止收集乐府歌辞最完备的一部,可以说《乐府诗集》涵盖了古代民歌的全部精华。书中涉及的内容丰富多彩,非常广泛地反映了当时的社会生活,主要辑录了汉魏到唐、五代的乐府歌辞,还收集了先秦至唐末的歌谣,总共5000多首。本书虽然搜集的范围很广,却分类清晰,且各类有总序，每曲也都配有题解。

乐府原本是汉朝建立的专门管理音乐的宫廷官府。乐府早在秦代就有了，其名一直被汉朝沿用。公元前112年，即汉武帝时正式设立乐府，其主要职责就是掌管音乐，还要负责采集各地的民歌，并对其谱曲，这样朝廷在宴饮或祭祀的时候就可以进行演唱了。后来，人们便把乐府收集配乐的诗歌称为乐府诗，或直接简称乐府。据不完全统计，当时收录的诗歌大约有138首，但是流传下来却不到36首，到唐代时，乐府诗歌的乐谱就失传了，但这种形式却被沿用下来，成为一种不要求格律、形式与五七言古体诗相近的新诗歌体裁。《木兰诗》便是乐府诗中的名篇。

阅读指南

《乐府诗集》的最大价值就是按其曲调将历代的歌曲进行收集分类，使许多作品被编辑成书，这对后人整理和研究乐府诗歌给予了很大的方便。例如，汉代的优秀民歌《陌上桑》《东门行》等出于《宋书·乐志》，《孔雀东南飞》则出自《玉台新咏》，还有一些出自《艺文类聚》等书，不知名的典籍中也搜集了不少，这些诗歌都被编者收集并进行著录。尤其收集了被前人忽视的各类史书和学术作品中的古代汉族民间谣谚、杂歌谣辞等，杜文澜的《古谣谚》便是在本书的基础上编纂的。

本书的编次是把按曲调分类的"古辞"，即较早的无名氏作品放在前面，后人的模仿作品放在后面，这样可以让读者了解那些文人的诗作是在民歌或者前代文人的影响下完成的。例如，在《宋书·乐志》中，"相和歌辞"中的《薤露》和《蒿里》，仅记载了曹操的拟作，而《乐府诗集》中却还记录有汉代的古辞。虽然曹操的拟作在思想层次和艺术技巧方面都高于"古辞"，但是要透彻地了解这种曲调的来源及其本意，就不如古辞表现的明显了。

《乐府诗集》是根据音乐曲调对诗歌进行分类编录的，还将一些已经失传的，但后人对其曲调还有印象的诗歌作了相关说明。比如"汉横吹曲"中的《梅花落》、"杂曲歌辞"中的《行路难》，都只有最早期鲍照的拟作，但编者却将《梅花落》放入"汉横吹曲"，并在《行路难》的说明中引证了《陈武别传》，指出这个曲调早在魏晋以前，就已经在北方牧民中广泛流行了，由此说明此曲在汉代以前就已经出现了。

《乐府诗集》还对各类乐曲的起源、性质作了详细的介绍,甚至演唱时所使用的乐器等都有详细的说明。书中的这些介绍大都征引了业已失传的著作,比如刘宋张永的《元嘉正声伎录》、南齐王僧虔的《伎录》、陈释智匠的《古今乐录》等书,完整地将这些珍贵史料保存了下来,这对文学史和音乐史方面的研究都有极其重要的价值。当然,其中也有一些未经考证的传闻,还需进一步考察。

郭茂倩(1041年-1099年),字德粲(《宋诗纪事补遗》卷二四),《宋史》卷297《郭劝传》中记载为宋代郓州须城,即今天的山东东平人,是当时的莱州通判郭劝之孙,太常博士郭源明之子。《苏魏公集》卷59《郭君墓志铭》中记载宋神宗元丰七年(1084年)时,任河南府法曹参军,作品有《乐府诗集》百卷传世,凭自己的解题考据之精博,受到学术界的重视。

古谣谚

《古谣谚》是一部收集上古时期至明代的歌谣谚语的专著,可以说是宋代以来同类书中的集大成之作。其内容主要是关于农业生产活动、气象占卜、地方风土,以及各种社会生活经验等的作品。

全书共分为100卷,书中搜集的谚语大部分是作者从古籍中搜集整理出来的,从上古到明代总共3300余首,引用的著作大约有860种。书中对每一首谚谣都注明出处,并适当介绍当时的相关史实。本书所收的部分谚语和大部分民谣,都与当时的历史人物或历史事件有直接的关系,有的赞美颂扬,有的讽刺揭露。童谣的内容则多是关于预言或直接揭露历史朝代的兴亡、历史人物的成败，以及社会战乱、自然灾变的前兆或经验等等。

阅读指南

《古谣谚》专门编辑收录古代的歌谣谚语，其收录的主要标准是作品最初作成时是否发乎语言。古代时歌谣分为徒歌与合乐，本书中收录了只属于徒歌的歌谣，谚语方面，则收录"彦士典雅之词"和"传世通行之说"两种。

《古谣谚》的作品正文之外还编写有异文，列在附注中。异文主要是对本书中收录的每一作品进行详细说明，比如该作品产生、流传的原因，引用原文时的上下文，以及某些作品曾有过的"应验"情况等，逐一进行叙录，或者再对其进行考辨。比如关于明末李自成起义的民谣，其异文产生和传播的经过，与两广瑶族反对官府歌谣有关的地理情况，苏州民众颂扬清官况钟的始末，汉末荧惑星降为小儿传出童谣的情形，《芝麻谚》有关的民俗观念等等，都有所记载，为后人研究文学和历史提供了大量有用的资料。

本书的序言是刘毓崧所作，他对谣谚颇有自己的见解，其中不少都相当精辟。《古谣谚》"凡例"17则，主要论述了古代谣谚的本义，并将古籍中谣谚的种种名称和创作时的复杂情况作了详细分析，确定了严格的辑录标准和编选原则。其中一些分析和论述对于了解古代谣谚的真实面貌具有丰富的参考价值。该书的第一百卷辑录了古人关于谣谚的论述，共有80多则，内容主要包括谣谚的定义、特点、谣谚的科学价值及政治作用、古代关于采风的记述，以及统治阶级对歌谣的诋毁等等，是研究歌谣谚语的重要文献资料。

作者介绍

杜文澜（1815年—1881年）字小舫，浙江秀水人。官至江苏道员，署两淮盐运使。极其有才，曾被曾国藩所称赞。文词方面著有《宋香词》《曼陀罗华阁琐记》《古谣谚》《平定粤寇记略》及《词律校勘记》，这些作品都得以流传至今。

全唐诗

《全唐诗》是清朝康熙帝安排编纂的一部唐代诗歌总集。清康熙四十二年（1703年），康熙帝便有意编纂此书，四十四年（1705年）三月，在他第5次南巡到苏州时，将修订此书的任务交给了当时的江宁织造曹寅，同时将内府珍藏的季振宜的《唐诗》拿出来，作为修订此书的底本。这一年的五月，曹寅便在扬州开局主持修书，参与修订此书的有彭定求、沈三曾、杨中讷、潘从律、汪士紘、徐树本、车鼎晋、汪绎、查嗣瑮、俞梅等10人。康熙四十五年十月（1706），全书便修订完成，共计900卷，目录12卷，收录2200余位诗人的诗作48000首，是中国规模最大的一部诗歌总集。

全书以将《帝王》《后妃》的作品放在首位，《乐章》《乐府》第二，又以年代为序，将唐代诗人一一排列，并附加作者的小传。接着是《联句》《逸句》《名媛》《僧》《道士》《仙》《神》《鬼》《怪》《梦》《谐谑》《判》《歌》《谶记》《语》《谚谜》《谣》《酒令》《占辞》《蒙求》，最后为《补遗》《词缀》。

隋朝和唐朝初期是我国诗歌史上的过渡时期。到唐朝时达到诗歌史上的全面繁荣，成为我国古典诗歌发展的黄金时代。仅《全唐诗》所收录的诗人就有2200余人，诗作48900余首。这些诗人当中就包括了李白、杜甫、白居易等独具风格的著名诗人，他们代表着中国古典诗歌创作的高峰。隋朝的诗歌受齐梁的影响很深，但隋朝初期的诗人卢思道、杨素、薛道衡等作了一些比较优秀的边塞诗，真实地反映了远征将士的生活体验和思想感情，这些诗作中带有清新刚健的气息，显示出新的气象。隋朝诗歌在形式格律上也有了进一步的发展，像卢思道的《从军行》、薛道衡的《豫章行》，已经初步具有初唐七言诗歌的规模。隋炀帝作的《江都宫乐歌》也已接非常接近唐代的七律诗歌了。而无名氏的《送别诗》，在声调韵律方面早已是很成熟的七言绝句了。

阅读指南

盛唐诗歌的发展可称得上空前绝后了，其体裁和形式多种多样，风格流派也众多，达到了诗歌方面的全面繁荣。除李白、杜甫外，还出现了以写山水田园生活为主的山水田园诗人和以写边塞征戍生活为主的边塞诗人。山水田园诗人的代表人物有孟浩然、王维、储光羲、常建等，其语言清新干练，意境深幽秀雅，值得欣赏，但从思想内容上看，却带有逃避现实的消极因素。边塞诗人的代表人物有高适、岑参、李颀、王昌龄等，他们将边塞的奇丽景色与将士们建功立业的英雄豪情结合在一起，气势上宏伟雄大，情调上悲壮炽烈，散发出独特的艺术魅力。

《全唐诗》将唐代的诗歌汇集成书，为专业的研究人员提供了很大的方便，这是毋庸置疑的，但这样一部如此全面浩繁的诗集，仅仅凭靠10人的力量，历时1年多就编纂而成，肯定存在不足之处。当时的朱彝尊就提出了"业经进呈，成书不说"的感叹。本书的不足之处主要有以下几个方面：

一、没有广泛检阅群书，存在的缺漏还是比较多的。

二、考订时粗疏大意，误收数量不少，被后人发现的误收其他朝代的诗歌高达数百首之多，而且张冠李戴、重复收录的作品也不在少数。

三、小传相对粗略紊乱，作者先后次第也比较混乱。

四、每首诗都没有注明出处，引用者都难以覆按。

五、校勘校对不精确，诗题及诗句的错误较多。

以上这些不足之处其实也都是当时官修书的通病。

作者介绍

彭定求，康熙十五年（1676年）的状元，是今天的苏州吴县人，学人称为"南畇先生"。6岁的时候，彭定求进入小学读书识字，11岁的时候父亲便开始给他讲解程朱理学，后来又让他拜著名的理学家汤斌为师，研习理学。在父亲和老师的谆谆教导下，彭定求对理学产生了浓厚的兴趣，开始潜心研究理学。16岁的时候，为了参加科举考试，他开始学习八股文。考中状元之后，便进入翰林院做了修撰，专门掌修国史。因为从小爱好理学研究，再加上对官场钩心斗角的厌倦，他萌生了辞官回家的念头，但是又怕辜负父母，便常常请假。父亲百年以后，他断然辞官回家，潜心研究理学去了。

康熙五十七年的时候，彭定求身患重病，于是自撰墓志，铭曰："翳冯虚之妙躬，乘一气之鸿蒙，知生死如昼夜，乃原始以反终，唯循理而顺命……"第二年四月，彭定求因病去世，享年75岁。

唐诗三百首

内容概要

《唐诗三百首》是一部流传很广的唐诗选集。诗歌是我国古典文学宝库中的瑰宝，而建于618年到907年灭亡的唐朝是我国诗歌发展的黄金时代。这289年之间，唐诗的发展可谓云蒸霞蔚、名家辈出，诗歌数量多达5万余首。

因此《唐诗三百首》的选诗范围就相当广泛了，本书收录了77位诗人的作品，共311首，其中五言古诗有33首，乐府有46首，七言古诗28首，七言律诗50首，五言绝句29首，七言绝句51首，每首诗都配有注释和评点。五言古诗简称五古，算是唐代诗坛比较流行的体裁了。唐人的五古笔力豪纵，气象万千，一般都直接进行叙事、抒情、议论、写景，功能方面可以说是得到了空前的发挥，代表作家有李白、杜甫、王维、孟浩然、韦应物等。七言古诗简称七古，最早起源于战国时期，也有可能更早。现在公认最早的、最完整的七古是曹丕的《燕歌行》。

阅读指南

中国是一个诗的国度，人们洋溢在诗的海洋，而唐朝是中国诗歌发展的巅峰时期。那时候，诗歌是当时文学的最高代表，是中国传统文学最为重要的组成部分，也是展示中华文明的一道靓丽的风景线。唐诗与宋词、元曲并称，题材的选择宽泛，众体兼备，格调高雅，成为中国诗歌发展史上的奇迹。唐诗对中国文学的影响是相当深远的，历朝历代的文人都将唐诗视为圭臬，将唐人奉为典范。公元 7 世纪的时候，孙季良便开始编纂唐诗选本，从唐代到辛亥革命的这 1200 余年之间，平均每二年便有一本唐诗选本问世。《唐诗三百首》在众多的选本中流传最广、影响最大，海内外都很风行，而且对于读者没有任何要求，算得上老少皆宜，雅俗共赏，因此而成为最经典最畅销的选本之一。《唐诗三百首》正是运用了成功务实的编法、简易适中的篇幅、通俗大众的观点、入选的精美诗歌将读者的心打动，尤其对于儿童，是最成功的文学启蒙教材，还是了解中国文化的模范读本，对中国诗歌选编学、中国人的心理构成都有着莫大的影响。有句老话说道："熟读唐诗三百首，不会作诗也会吟。"可见《唐诗三百首》的影响有多大。

作者介绍

孙洙（1711 年—1778 年），字临西，号蘅塘退士，江苏无锡人，祖籍安徽休宁。孙洙小时候家境贫寒，但他聪明好学，冬天读书的时候，常常手里握着一根木头，寓意木材能生火可敌寒。乾隆九年（1745 年）时，他考中顺天举人，进如景山官学教习，并出任上元县教谕。乾隆十六年（1751 年）时考中进士，任过卢龙、大城的知县。后来受人逸陷罢官，平反以后任山东邹平知县。乾隆二十五年（1761 年）、二十七年（1763 年）时两次主持乡试，推掖名士。孙洙此人一生清廉如水，爱民如子，加上自己勤勉好学，书法胜似欧阳询，诗歌可比杜工部，著有《蘅塘漫稿》。乾隆二十八年（1764 年）春，孙洙与他的继室夫人徐兰英商量之后，开始编选《唐诗三百首》。他之所以编选本书是认为《千家诗》的选诗标准不严，体裁也不完备，体例更是不规范，于是希望可以有新的选本取而代之，成为家喻户晓，流传不废的家塾课本。

宋诗钞

内容概要

《宋诗钞》是一部宋代诗歌总集，由《宋诗钞初集》和《宋诗钞补》两部组成。其中《宋诗钞初集》有106卷，由清代吴之振、吕留良、吴自牧编选；《宋诗钞补》由清代管庭芬、蒋光煦编选。

阅读指南

众所周知，唐诗注重情致韵调，大多诗句有情景交融、蕴藉空灵的特点。唐诗发展到了极致，则宋人在诗歌领域难以为继，于是求新求变，独辟一条蹊径。因此宋诗不再于情韵上大费周折，转而在理趣丰富和字句精巧上下功夫，力求出奇制胜。

其实，在宋诗中并不是全无芳草美人式的风韵之作，例如"春阴垂野草青青，时有幽花一树明。晚泊孤舟古祠下，满川风雨看潮生"（苏舜钦作），再比如"梨花淡白柳深青，柳絮飞时花满城。惆怅东栏一株雪，人生看得几清明。"（苏轼作）。这两首诗作同样具有唐诗般声情并茂的特点，但不同点就在于一个"清"字，也就是虽然神韵优美动人，但相比唐诗所蕴含的雍容之态，风格还是比较清新的。

既然唐诗与宋诗风格迥异，各成一家，必然会出现支持和反对的声音。实际上，批评宋诗的声音一直存在，影响最大的就是明朝弘治时期的"前七子"，这是一个以李梦阳、何景明为首提倡复古文风的组织。由于几个人都是进士出身，在当时造成的影响很大，他们喊着"诗必盛唐"的口号，在文坛上掀起了一股猛烈的复古旋风。到了嘉靖时期，同样高举复古旗帜的"后七子"又步前者后尘而来，其中之一的李攀龙甚至提出了"宋无诗"的说法，并且在他接续所注的《古今诗删》中公然跳过宋诗，唐诗之后直接以明诗。这场持续了近百年的复古之风，致使尊唐黜宋的思想愈加盛行，对宋诗形成了很大的打击。

在这种情况下，相比唐诗，宋诗的地位落得很低，直到清朝，"尊唐黜宋"的势力还有部分星星之火在燃烧。吕、吴二人有感于此，遂不惜耗时多年，亲手编选了卷帙繁多的《宋诗钞》。这也是首次有人为宋诗编纂总集，在此之前，概无此类专选。

吴之振（1640年—1717年），石门（今浙江）人，清代著名诗人，字孟举，号橙斋。自幼读书，天资聪慧，尤其在文学方面才智不凡。13岁即参加童子试，期间结识了吕留良，并且发展为终身挚友。及第秀才后，因成绩优异而被举为贡生，入国子监读书，后来官至内阁中书。由于性情豪放，淡泊名利，吴之振逐渐厌倦了混迹官场的生活，遂辞官隐居。回到故乡后，他买下一处园区，筑起一座别墅，因偏爱苏轼名句"家在江南黄叶区"，将其命名为"黄叶村庄"，并自号"黄叶村农"。乡居期间，他常与友人相约在自家园内，或饮酒论诗或挥毫泼墨。因为他的书法亦很有造诣，友人常常攫来收藏。进入晚年之后，吴之振便愈发深居简出，他的诗文也在这一时期更加精妙，题材上多是关于写景、酬赠之类，著有《黄叶村庄诗集》《德阴堂琴谱》等。

吕留良（1629年—1683年），崇德（今浙江桐乡崇福镇）人，字庄生，别号晚村，又名光伦，字用晦，明末清初著名思想家、文学家，学者及文学评论家。吕留良出身官宦世家，祖上数代都是明廷官员。在良好的教育环境下，他8岁时便可作文，10岁时，兄长愿良建澄社于故里，引千余士子争相往来论文议政。吕留良深受影响，文学造诣与日长进，13岁时便以诗文佳作入社。后来，他追随祖辈的脚步，参加科举入仕，曾经做过繁昌知县，但最终因病辞官归乡。在明朝灭亡之际，吕留良依然心向故明，千金散尽以求光复大明王朝。直到明朝气数将尽，复兴无望，他才无奈放弃斗争，开始在家中讲经授业，以宣泄心中愤懑不平之气。雍正时期，由于在文字狱中受到牵连，惨遭开棺戮尸，著作尽数焚毁，现存仅有《吕晚村先生文集》及《东庄诗存》。

千家诗

 内容概要

《千家诗》是我国旧时一部非常适合儿童启蒙教育的诗歌选本。书中所选的诗歌大多是唐宋时期的名家名篇,并且都是一些通俗易懂,朗朗上口的作品。虽然名为《千家诗》,但实际收录的作品只有 122 家,主要以唐宋时期为主,其中包括唐代 65 家,宋代 52 家,另外还有五代 1 家,明代 2 家,以及无法考证年代的无名者 2 家。全书共 22 卷,所选诗歌皆是七言律诗或五言绝句,共计 1281 首。其中唐代诗人杜甫和李白,是各家中选诗数目最多的两位,前者 25 首,后者 8 首。此外,宋代朱淑真的两首七绝,是《千家诗》的所有诗篇中仅有的女诗人笔下之作。

《千家诗》的题材种类很多,可以说涵盖了唐宋时期社会的方方面面,从山水田园、思乡送别到吊古伤今、咏物题画、再到侍宴应制无不涉及。没有题材的限制,使这些诗作非常全面地反映出当时的社会风貌,也由此成为影响深远的作品。并且由于这些题材都取材于普通大众生活,比较通俗易懂,很快就在民间流传开来。到了明清时期,这本书的热度更是有增无减,曾一度被视为儿童启蒙的必备读物。应该说,即便现在用它来作为一本诗词的启蒙读物,依然不失为一个很好的选择。

由于本书传播甚广,"千家诗"的书名也随之受到广大读者的青睐。可以为证的例子不胜枚举。比如清代的《国朝千家诗》和《续千家诗》,再如民国的《醒世千家诗》。这种影响直到现在依然不熄,反而呈现愈燃愈烈之势,当代作品《宫廷湖畔千家诗》《岭南千家诗》《当代江苏千家诗》《五朝千家诗》《少儿现代千家诗》《中国现代千家诗》《中日友好千家诗》和《外国千家诗》等都是很好的例证。

阅读指南

《千家诗》有好几种体裁和版本。最早是南宋刘克庄编选的集子,总名为《分门纂类唐宋时贤千家诗选》。康熙四十五年(1706 年),江宁织造曹寅刊行的《楝(liàn)

亭十二种》中就收录了刘克庄的《分门纂类唐宋时贤千家诗选》，署作"后村先生编集"，这里的"后村先生"指的就是南宋的刘克庄，字潜夫，自称后村居士。不过这种说法也不准确，有人认为诗集可能是坊间选家假名而作。

后坊间又出现了两种千家诗，一种是署作宋谢枋得选、明王相注的《重定千家诗》，本书所选的诗作都是七言律诗，另一种便是王相选注的《新镌五言千家诗》，所选作品都是五言律诗。后来，书坊将两者合为一体，便出现了现在的通行版本《千家诗》。

千家诗可谓是雅俗共赏、老少咸宜的读本，直到现在仍然是大家学习中国传统文化的优秀读物。

作者介绍

谢枋得（1226年—1289年），南宋著名诗人。字君直，号叠山，信州弋阳人，即今天的江西省上饶市弋阳县。谢枋得的一生可以说是充满了传奇色彩，他本人是一个蔑视权贵，疾恶如仇的正直之人，而且热爱国家和人民，他用自己的生命和行动谱写了一曲壮丽的爱国诗篇。作为南宋著名的爱国文学家和诗人，他的诗文可以用豪迈奇绝来形容，诗风自成一家。

谢枋得在诗作中表现出来的思想和精神境界主要由三个方面内容构成：一是爱国主义思想，这一思想是他精神世界中的主色调，也是最为后人敬仰的部分；第二，程朱理学对他的影响颇深；第三，道教思想也对他有着较深的影响。他的诗作大都是在民族存亡的关键时刻，或者是同南宋奸臣、蒙古贵族统治者进行斗争时所作，所以具有强烈的爱国主义精神。

刘克庄（1187年—1269年），南宋著名诗人。曾用名灼，字潜夫，号后村，莆田县人，最早时担任过靖安主簿，后来长期游幕于江、浙、闽、广等地。他的诗作属江湖派，作品数量丰富，内容开阔，大部分都是言谈时政，反映人民生活的作品，早年学晚唐体，晚年时诗风趋向江西派。他的词深受辛弃疾的影响，多为豪放之作，散文化、议论化的倾向也比较明显，著有《后村先生大全集》。

刘克庄可以算得上是江湖派诗人中年寿最长、官位最高、成就最大之人。他晚年致力于辞赋创作，提出了很多革新理论。他是最早版本《千家诗》的编选者，他的《分门纂类唐宋时贤千家诗选》曾作为《四库全书》的未收书而编入《宛委别藏》。

花间集

内容概要

《花间集》是编纂于五代十国时期的一部词集，也是我国文学史上的第一部词选集，编纂者是后蜀人赵崇祚。本词集收录了晚唐及五代的温庭筠、韦庄、皇甫松、牛峤、孙光宪等18位花间派词人的经典作品500首，集中反映了我国文人在早期的词创作中表现出的主体取向、审美情趣、体貌风格及艺术成就等。

全书共收录词作500首，分为10卷。18位词人中除了温庭筠、皇甫松、和凝三位与蜀没有关联之外，其余的15位都是五代十国的后蜀时期的著名词人。他们或者是生在蜀中，或者是在蜀任过官职，分别是韦庄、薛昭蕴、牛峤、张泌、毛文锡、顾敻、牛希济、欧阳炯、孙光宪、魏承班、鹿虔扆、阎选、尹鹗、毛熙震、李珣。他们这些人的作品大都刻意模仿温庭筠香软绮靡的词风，以描绘闺中妇女的风花雪月之情及日常生活情态为特点，互相唱和，形成了花间词派。填词风气到了晚唐五代时就已经十分普遍了。唐末的文人逃避战乱，来到后蜀，于是填词的风气也被他们从中原带了过来。因此，后蜀成了唐末五代填词风气最盛、成就最高的地方。

阅读指南

《花间集》中的作品在内容上大多描写上层贵妇美女的爱情及日常生活和装饰容貌，古人一般将女子与花相比，于是便将这本专写女子之媚的词集称为"花间"。这些词作都是文人贵族为了满足歌台舞榭和享乐生活的需要而作的。其中描写了绮筵公子、绣幌佳人之间眉眼传情,当筵唱歌,辞藻极尽媚艳香软之能事。

《花间集》是我国的第一部词集,花间派也是我国的第一个词派。虽然《花间集》在内容上格调不高,题材狭隘,却是我国词发展史上的一块里程碑,它的问世,标志着词体已正式登上文坛,准备与诗歌分享天下。

《花间集》算是一部比较典型的反映我国早期词史时期文人创作的主体取向、审美情趣、体貌风格和艺术成就等的词集,真实地反映了早期词作从民间状态向文人创作的转换、发展过程。花间词使"词"的文学体裁和美学特征趋于规范,并确立了"词"的文学地位,对以后宋元明清时期的词人创作有着深远的影响。《花间集》在文学艺术上的价值、作用、贡献和地位同样不能忽视和否认,其内容虽然主要描述的是风花雪月,但也包含史事古迹、风物人情、边塞旧事和山水花鸟等。

《花间集》的咏史怀古词中,有些描写的是故事传说,这其中又以吴越西施的题材为多。作者描写了吴越美景,西施美貌,抒发历史兴替、物是人非的感叹。这些作品当中,晚唐侍郎薛昭蕴作的《浣溪沙》其七是最出色的。"倾国倾城恨有余,几多红泪泣姑苏,倚风凝睇雪肌肤。吴主山河空落日,越王宫殿半平芜,藕花菱蔓满重湖。"这里描写的是美女西施卷入帝王争霸中的历史故事,由此感叹晚唐时期社会动乱衰败的末世情形。

赵崇祚,五代时期后蜀人,字弘基,甘肃天水人,乃是后蜀开国功臣中书令赵廷隐的儿子,也是我国历史上第一部词选集的编纂者。

◎ 诗文评

文赋

内容概要

《文赋》是晋代文学家陆机写的一部文艺理论作品。此赋在序言中就将自己的创作缘由和意图表达出来，提出"意不称物，文不逮意"的困惑，他认为写作虽然可以借鉴前人的经验，但更主要的还是要靠个人在实践中去探索。"意物文"与"知能"的各自关系，是写作之人需要处理的两大难题。然后讲述在创作前要做的准备以及开始进行写作之后，要保持精神意念的高度集中，排除各种杂念干扰，全心全意进行构思，充分发挥大脑的想象和联想，以此来写出形象准确的语言，这是极为艰难的，需要自己日积月累，慢慢寻求能够表达自己情志的新颖文辞。再就是创作立意，要从思想、语辞两方面，说明写作的旨趣，还对文体多样性的成因进行论述，分析了十种文体特征，论作文时需要注意处理四个问题，并说明创作的艰难，最后是讨论艺术灵感及文章的作用。

阅读指南

两汉时期，汉武帝采纳董仲舒"罢黜百家，独尊儒术"的建议，专尊儒家文艺思想，促使儒家思想成为整个社会的主导。儒家学派在论诗方面，重视诗的教化作用，重点指出"诗可以兴，可以观，可以群，可以怨"。比如《毛诗序》中说道："故正得失，动天地，感鬼神，莫近于诗。先王以是经夫妇，成孝敬，厚人伦，美教化，移风俗。"曹丕也在《典论》中提出文章乃是"经国之大业"。

不难看出，这些文艺思想有一个共同点，就是它们单纯地强调了文艺的社会作用，却忽视了文艺的艺术特色。直到魏晋时期，这种情况才有所改变，使文学走进了自觉的时代。后来，儒家思想的渐渐衰落，人的思想得到解放，人文价值重新被肯定，文学的地位渐渐提高起来，文学理论方面，弥漫两汉沉闷凝滞的空气也得以驱散。人们开始深入地去认识文学的本质特征，并开始全面研究文学艺术的规律。《文赋》的出现，正是文学挣脱经学的附庸地位而得到独立发展之后，并在大量创作实践的基础上产生的理论结晶。

早期的时候，经史是不分家的，也就是说，在魏晋南北朝之前根本就没有所谓的纯文学说法，就算是《诗经》，也被注上"言志"的标签来表示道德教化。纯文学之中的形式注重、审美观念等艺术特征，在以前都未受到重视。曹丕的《典论·论文》使得文学在历史上开始具有独立地位，但从"盖文章，经国之大业，不朽之盛事"来看，曹丕的认知角度也仅仅是停留在杂文学的范畴，后来，陆机的《文赋》对审美的观点及技巧上的要求，不仅对曹丕的文体分类加以沿袭，还对其进行了改良，他的观点甚至影响到刘勰的《文心雕龙》这本批评专著，从而建立起一套完整的文学批评系统。单从这一点上看，陆机的《文赋》确实起到了承上启下的作用。

从《文赋》的本文内容来看，其讨论的主题就是与文学创作有关的种种问题，而且是第一次将创作经验、创作过程、写作方法、修辞技巧等问题写进文学批评的议题，然而最特别的就是他的以赋论文，因为这些文学问题，尤其是在具体的文学创作中，必须要留有一定的空白及模糊的空间，所以陆机便将赋论这两个文体结合起来，这应该是陆机有意而为之，他想将这篇文章当成是一个范本，通过以文释文这个举动，来强调纯粹的、审美的文学，以及追求文学独立的思想。钱志熙在《论文赋体制方法之创新及其历史成因》中说道："作者以赋作论，将论的功用寄于赋的体制之内，只是增强了赋体的功能，所以多体最后仍然落实于一体。"

从艺术技巧方面来看，《文赋》提倡"其会意也尚巧，其遣言也贵妍"，意思即要求文章的构思必须巧、妍，这就是他所极力推崇的形式美的思想依据，将魏晋文学的发展趋势及其特征很好地展示出来。当然，《文赋》也有一定的不足之处，具体表现在陆机本人的思想局限，他想在一篇简短的文章中，就将创作中的问题全部解答，显然是不可能的。如果说到形式主义的发展，有其历史上的因素，某个人的某篇文章也许能够对整个趋势产生或多或少的影响，但绝对不是决定性的要素。

作者介绍

陆机（261年—303年），字士衡，吴郡吴县人，即今天的江苏苏州。西晋著名的文学家、书法家，与其弟陆云合称"二陆"。任过平原内史、祭酒、著作郎等职，世称"陆平原"。后来因受"八王之乱"的牵连，被夷三族。《晋书·陆机传》中评述他"少有奇才，文章冠世"，和弟弟陆云都是我国西晋时期著名的文学家，陆机本人还是一位杰出的书法家，他的《平复帖》是我国古代存世最早的名人书法真迹。

诗品

内容概要

《诗品》是我国古代一部关于诗歌评论的美学著作，作者是南朝时期的钟嵘。本作品是继刘勰的《文心雕龙》之后出现的一部品评诗歌的文学品评名著。这两部作品能够相继出现在齐梁时代绝不是偶然的，主要原因是它们都是在反对齐梁时期形式主义文风的斗争中产生的。另外还有司空图著的《诗品》。《诗品》对后代诗歌的批评产生了很大的影响，比如唐代的司空图，宋代的严羽、敖陶孙，明代的胡应麟，清代的王士祯、袁枚、洪亮吉等人的论诗，在观点、方法或词句的形式上都或多或少地受到它的启发和影响。

阅读指南

在钟嵘生活的时代，诗风已经严重衰落。《诗品·序》中记载，写诗成为当时的士族社会风靡的时髦风气，就连那些"才能胜衣，甫就小学"的士族子弟也都开始忙着写诗，因此导致当时的诗坛"庸音杂体，人各为容"，可谓严重混乱。而王公搢绅之士也在谈论诗歌，更是"随其嗜欲，商榷不同。淄渑并泛，朱紫相夺。喧议并起，准的无依"。在这种社会背景之下，钟嵘便模仿汉代"九品论人，七略裁士"的著作先例写出了这部品评诗人的著作，其目的就是想借此来清理当时诗坛的混乱局面。

《诗品》议论的范围主要是五言诗。全书共品评了两汉至梁代的诗人122人，其中被评为上品的有11人，中品39人，下品72人。在《诗品·序》中，作者指出了自己对诗的一般看法："故诗有三义焉，一曰兴，二曰比，三曰赋。文已尽而意有余，兴也；因物喻志，比也；直书其事，寓言写物，赋也。宏斯三义，酌而用之，干之以风力，润之以丹采，使味之者无极，闻之者动心，是诗之至也。若专用比兴，患在意深，意深则词踬。若但用赋体，患在意浮，意浮则文散，嬉成流移，文无止泊，有芜漫之累矣。"从这段话中不难看出，他对诗的观点一是强调赋和比兴的相济为用，一是强调内在的风力与外在的丹采要同等重视。这与刘勰的看法是大体相近的，两者只是在对比兴的解释和重视程度上有所不同。

钟嵘在论诗时还坚决反对引用典故。他在序中说："若乃经国文符，应资博古；撰德驳奏，宜穷往烈。至乎吟咏情性，亦何贵于用事？"还列举出许多诗歌的名句来说明"古今胜语，多非补假，皆由直寻"。他甚至非常尖锐地斥责宋末诗坛因受颜延年、谢庄的影响而出现的"文章殆同书抄"的风气。然而刘勰在用典的态度上就不是特别反对，他在《事类篇》中指出，创作应该以"才为盟主，学为辅佐"，典故要用得恰如其分、准确扼要。当然钟嵘和刘勰议论的对象不同，钟嵘是论诗，刘勰则是兼论文笔，它包括钟嵘所说的"经国文符""撰德驳奏"等各种文体，因此也很难界定刘钟两人在引用典故方面的看法存在多大的出入。

钟嵘论诗还有一个很大的特点，就是他善于概括诗人独特的艺术风格。他概括诗歌的风格主要是从以下几方面着眼：一是论赋比兴，例如论阮籍的诗"言在耳目之内，情寄八荒之表"；说左思的诗"得讽谕之致"；说张华的诗"兴托不奇"，都是着眼于比兴寄托的。二是论风骨和词采，例如说曹植的诗"骨气奇高，词采华茂"；说刘桢的诗"真骨凌霜，高风跨俗，但气过其文，雕润恨少"；说张协的诗"雄于潘岳，靡于太冲"，"词采葱倩，音韵铿锵"；都是风骨和词采相提并论。三是重视诗味，在序中他就认为五言诗"是众作之有滋味者也"，又认为诗应该使人"味之者无极，闻之者动心"，反对东晋玄言诗那种"淡乎寡味"的风格。在议论诗人的时候，他又说张协的诗"使人味之亹亹不倦"；应璩的诗"华靡可味"。四是注意摘引和赞美诗中的佳句，在序中他曾经摘引"思君如流水"，"高台多悲风"等名句，并将其称之为"胜语"；论谢灵运的诗，则称其为"名章迥句，处处间起"……其用语还是非常新鲜贴切的。

钟嵘论诗一方面是反对某些形式主义的现象，而另一方面却也受到南朝形式主义潮流的影响。他在品评诗人的时候，总是把词采放在第一位，很少去评论诗人及其作品中的思想成就。正因为如此，他才把"才高词赡，举体华美"的陆机称为"太康之英"，并将其放在左思之上；把"才高词盛，富艳难踪"的谢灵运称为"元嘉之雄"，而放在陶潜、鲍照之上。在分列等级的时候，甚至把开建安诗风的曹操列为下品，把陶潜、鲍照列为中品。从这些地方可以看出，这和他序中所提出的风力与丹采并重的观点并不一致。他摘句论诗的批评方式，虽然折射出当时创作上"争价一句之奇"的倾向，同时也开了后代摘句批评的不良风气。

作者介绍

钟嵘（约468年—518年），是我国南朝时期著名的文学批评家，字仲伟，颍川长社人，即今天的河南长葛。曾担任过参军、记室一类的小官。梁武帝天监十二年（513年）以后，模仿汉代"九品论人，七略裁士"的著作先例，著成诗歌评论专著《诗品》。全书主要以评论五言诗为主，将两汉至梁代的作家122人，分为上、中、下三品进行评论，因此得名为《诗品》。《隋书·经籍志》又将其称之为《诗评》。在《诗品》中，钟嵘提倡风力，反对玄言；主张音韵的自然和谐，反对人为的声病说；主张"直寻"，反对用典，提出了一套在当时相对系统的诗歌品评的标准。

文章流别论

内容概要

《文章流别论》是我国古代的一部文学理论专著。书中对各种文体的性质、源流做了详细的专论,对文章的作用和文章的评述也有所论及。其中论到的文体有颂、赋、诗、七、箴、铭、诔、哀辞、哀策、对问、碑铭等 11 种,作者详细追溯这些文体的源流,考证其发展变化,大大推进了此理论研究的进步。

《晋书·挚虞传》中记载挚虞"撰古文章,类聚区分为三十卷,名曰《流别集》,各为之论,辞理惬当,为世所重"。后人把《流别集》中所作各种体裁文章的评论,集中摘出,成为专论,即《文章流别论》。如今原文早已失传,只在《北堂书钞》《艺文类聚》《太平御览》等类书中找到些许零星片段。

阅读指南

挚虞,遵循儒家的传统文艺思想,强调文章的人伦与王泽的教化作用,主张诗要以"四言为正","颂之所美者,圣王之德也"等等。他本人比较反对浮夸侈靡的文风,曾指出"今之赋,以事形为本,以义正为助",犯了"假象过大"、"逸辞过壮"、"辩言过理"、"丽靡过美"四过,这些内容都是可取的。

挚虞采用的评论方法,与梁代刘勰《文心雕龙·序志篇》中所讲的"原始以表末,释名以章义,选文以定篇,敷理以举统"的著述纲领有着异曲同工之处。基于此,明代的张溥在《汉魏六朝百三家集·挚太常集》的《题辞》说道:"《流别》旷论,穷神尽理,刘勰《雕龙》,钟嵘《诗品》,缘此起议,评论日多矣。"这些都说明本书对南朝的文学理论专著有着重要的影响。

作者介绍

挚虞(250年—300年),字仲洽,京兆长安人,也就是现在的陕西西安。他是西晋时期著名的谱学家。史料记载,挚虞是三国时期魏国的太仆卿挚模之子,曾拜皇甫谧为师，在治学方面深受其影响，通博多闻，对阴阳礼律及天文之学都深有造诣。泰始年间举贤良，担任中郎，后又担任过太子舍人、闻喜县令、尚书郎。元康年间，入吴王之幕，后历任秘书监、卫尉卿、光禄勋、太常卿。老年时因为战乱惨被饿死。

挚虞曾一度认为死生有命，富贵在天。上天所保佑的是道义，世人所帮助的是诚信，讲信用是顺从天命，是求得福泽的办法，如果违背这些，就会引来祸患。

挚虞还撰写了《思游赋》《太康颂》《族姓昭穆》10卷，《文章志》4卷，注释《三辅决录》。又编撰古代的文章，分类编为30卷，名叫《流别集》，即《文章流别论》，作者在书中逐一加以评论，评论公允中肯，一直被后世所推崇。

明朝时张溥辑其诗、赋、文、论近60篇为《挚太常集》。

文心雕龙

《文心雕龙》是由我国南朝著名的文学理论家刘勰创作的一部文学理论专著，成书于公元501年—502年，大约是南朝齐和帝中兴元年至二年间。可以说是中国文学理论批评史上第一部理论系统、结构严密、论述细致的文学理论专著，章学诚在《文史通义·诗话篇》中评述本书是"体大而虑周"。本书表现出来的文学思想是传统观念与时代思潮的集合。作者著作本书的目的，主要是为了反对南朝盛行的"浮诡"、"论滥"的文风，并有意于纠正文论"各照隅隙，鲜观衢路"的严重缺点。

《文心雕龙》共10卷，分上下两编，每编25篇，包括总论、文体论、创作论、批评论和总序等5部分，是刘勰在江苏省镇江市南山写成。上编，是从《原道》至《辨骚》的5篇，这是全书的纲领，其核心篇目是《原道》《徵圣》《宗经》这3篇，文中提到一切事物要本之于道，稽诸于圣，宗之于经。从《明诗》到《书记》这20篇，则以"论文序笔"为中心，对各种文体的源流及作家、作品逐一进行研究和评述。在以有韵文为对象的"论文"部分中，《明诗》《乐府》《诠赋》等是较为重要的篇章；在以无韵文为对象的"序笔"部分中，则《史传》《诸子》《论说》等篇章的意义较大。下编，是从《神思》到《物色》的20篇（《时序》不计在内），本部分以"剖情析采"为中心，重点研究创作过程中有关的各个方面的问题，属于创作论。《时序》《才略》《知音》《程器》等4篇，则主要是文学史论和批评鉴赏论。下编的这两个部分，才是全书重要的精华所在。以上4个部分共49篇，最后一部分只有1篇，是讲述作者的写作动机及态度原则的，共50篇。

阅读指南

刘勰在《文心雕龙》中提出的"辞约而旨丰，事近而喻远"，"隐之为体义主文外"，"文外之重旨"，"使玩之者无穷，味之者不厌"等说法，虽不完全是自己提出的，但他对文学语言的有限与无限、确定性与非确定性之间相互统一的审美特征，给出了比前人更为具体恰当的说明。刘勰还指出，诗文所要反映的内容不是一般意义的道与理，而是和理、志、气相联系的"情"，所要表达的形式也不是一般意义的言，而是和"象"与"文"相结合的有"采"之言。两者之间的关系是："情者，文之经；辞者，理之纬。经正而后纬成，理定而后辞畅。"它们之间相辅相成，共同形成了质文统一完美的艺术。

书中提到"夫神思方远。万涂竟萌，规矩虚位，刻镂无形；登山则情满于山，观海则意溢于海，我才之多少，将与风云而并驱矣。"这里提到的观点是语言文学既再现着客体的物貌，又抒发着主体的情与理、志与气。所以，刘勰侧重的是从"体性"上来划分文学的风格，也就是所谓的"才情异区，文体繁说"。刘勰也非常重视文学的形式，他从语言文学的角度总结了平衡、对称、变化统一等形式美的规律。

贯穿《文心雕龙》全书的基调是儒家思想的中庸之道。刘勰提出的主要美学范畴都是一对对的，虽然矛盾的双方有一方是占主导地位的，但他却两面都强调，不偏执任何一端。文中他提出"擘肌分理，唯务折衷"，在对道与文、情与采、真与奇、华与实、情与志、风与骨、隐与秀的这些论述中,都严格遵循这一准则,体现了把各种艺术因素和谐统一起来的古典美学理想。刘勰特别强调的是同儒家思想有关的阳刚之美,表现了他试图对风靡齐、梁时期柔靡文风进行矫正的想法。书中他对"风骨"的论述便集中地体现了这一点,对后世的文学发展产生了重要的影响。

《文心雕龙》的思想核心是儒道思想。虽然作者也有受到某些思想的影响,但主要构成它的文学思想纲领及核心的,就是儒家道家的思想。书中的观点虽然承认物质世界存在的真实性,但还认为在客观现实世界之外,早在天地形成之前就已经出现了"道"或"神"。作者认为,这里所说的"道"或"神"是决定客观世界所有变化的无形的、最终的依据。

在本书中,作者还把超自然的、人格化的"神"及现实中的代理人帝王,都看成是理所当然的最高权威。为了证明自己的这一见解,书中不仅对荀子以及扬雄以来的"原道""宗经""徵圣"的观点作了进一步发展解释,还将它贯穿到本书重要内容的方方面面,以至于成为他立论的根本依据,使他的文学理论染上了一层厚厚的经学色彩,因此具有了许多的局限性。例如,他认为所有类型的文章都是经典的"枝条"。书中对当时出现的各种应用文都设有专目论述,然而却对当时正在形成的小说不屑一提。

当然《文心雕龙》在论述具体的文学创作活动时,并没有接受经学家的抽象说教,它所表现的是朴素的唯物主义文学观;而且,对文学创作和文学批评、文学特点及其规律等等这些问题,都提出了精湛透辟的见解,具有相当的独创性。因此它在中国文学理论批评史上还是占据着十分重要的地位。

刘勰(约465年—520年),字彦和,南北朝时期的南朝梁代人,是中国历史上著名的文学理论家、文学批评家。他生于京口,即今天的镇江,祖籍是山东莒县(今山东省莒县)东莞镇大沈庄(大沈刘庄)。曾任过县令、步兵校尉、宫中通事舍人等官职,以清廉闻名。晚年时在山东莒县的浮来山创建定林寺。刘勰虽然担任过多种官职,但他扬名却不是因为显赫的官职,而是以自己的文学才华彰显,他的这部《文心雕龙》便足以奠定他在中国文学批评史上的重要地位。

刘勰在很小的时候就成为孤儿，但是他发愤图强，热爱学习。就因为家里太穷的原因他没有娶妻结婚，便和沙门的僧人在一起生活，十多年后，他对那些经文已经非常精通，并作了详细整理，分门别类地抄录下来不说，还给经文都写了序言。如今定林寺里面收藏的经文，都是刘勰编写修订的。天监初年，刘勰开始担任奉朝请，兼职做中军临川王宏的秘书，后来升职担任车骑仓曹参军。在他担任太末县县令时，为官清正廉洁。后又兼任东宫通事舍人，这期间，他向皇上建议佛教和道教及其他的宗教祭祀都应该进行全面改革。于是皇上便下诏书讨论本提案，最终刘勰所提的建议被通过。后来他又升任步兵校尉，并奉皇上命令和慧震在定林寺撰写订证经文。再后来他请求出家，待皇上允许后，他剃度后释名慧地，不久之后去世。

二十四诗品

《二十四诗品》是晚唐诗人司空图作的一部探讨诗歌创作的理论专著，本书主要探讨的是诗歌美学的风格问题。在我国古代的文学理论批评中，"风格"多被称之为"体"。作者主要是在前人探讨的基础上对其进行综合归纳，将诗的风格细分为二十四种，即：雄浑、冲淡、纤秾、沉著、高古、典雅、洗炼、劲健、绮丽、自然、含蓄、豪放、精神、缜密、疏野、清奇、委曲、实境、悲慨、形容、超诣、飘逸、旷达、流动。每一种都用十二句四言诗来加以说明，可谓形式整齐统一。

本书不仅形象地概括和描述了各种诗歌风格的特点，还从创作的角度深入探讨了各种艺术风格的形成原因及过程，对诗歌的创作、评论与欣赏等方面都做出了相当大的贡献。因此，本书在当时的诗坛很受重视，对以后的影响也很大，是中国文学史上的经典名篇。

《二十四诗品》讨论风格的最大特点，就是从各种风格的意境着手，却忽略了它们形成的要素与方法。作者用诗的语言，将各种风格描绘成一幅幅的意境之画，并对这种风格的创作方法在行文中稍加点拨。有的通篇都是感性的形象画面，未作理性的逻辑分析。如"清奇"："娟娟群松，下有漪流。晴雪满汀，隔溪渔舟。可人如玉，步屟寻幽。载瞻载止；空碧悠悠。神出古异，澹不可收。如月之曙，如气之秋。"这里就是只给读者一种"清奇"的意境而不完全说破，为的就是让读者自己去揣摩、体悟、把握，真可谓是"不着一字，尽得风流"。

书中的大部分篇章只有寥寥几句是对表现方法与特点的理性点拨，然而也是尽量保持其具有形象性与诗意，争取与整篇的意境相一致、相融会。如论"纤秾"中："采采流水，蓬蓬远春。窈窕深谷，时见美人。碧桃满树，风日水滨。柳阴路曲，流莺比邻。乘之愈往，识之愈真。如将不尽，与古为新。"诗中描绘了一幅幽远、静谧、明丽的春日画面，这便是所谓"纤秾"风格。"乘之愈往，识之愈真"等句，便是对此风格的理论分析，表达的是越深入体验观察这自然风光，便越不能认识它、把握它，这样才能在表现方法上避免与古人雷同，才能做到新意无穷。这里无意之间也证明了客观世界是诗的源泉。但"乘之愈往，识之愈真"，在这里还可以理解为诗中的那位主人公在深入探胜寻幽，这里在形象上仍然与前面的诗句保持着一致。

阅读指南

《二十四诗品》虽然是一部"诸体毕备，不主一格"的探讨诗歌风格专著，实际上却是作者世界观的完全体现，体现了自己作为一名悉心释道、笃敏好学、淡泊名利、郁郁寡欢、内心悲凉的隐者的内心倾向与情感。他通过意境来说明风格，其中"意"反映的多半是"幽""独""淡""默"，其中的"境"则往往是荒凉空旷，是空虚寂寞，也可能是月夜，是夕照。即使那些"雄浑""豪放""劲健""旷达"的风格，也没有鼓舞人向上的精神力量。在哲学层次上表达这些意境的，则是"道""真""素""虚"等庄老和玄学常用的概念术语。所以严格说来，它们并不是"不主一格",总体上还是比较倾向于冲淡。

"诗品"的"品"可以理解为"品类",即分为二十四类;也可理解为"品味",即对各种风格加以品味。司空图就喜欢以"味"来论诗。他在《与李生论诗》中说:"愚以为辨于味而后可以言诗也。"他认为诗应有"味外之味"。所谓的"味外之味",便是"韵外之致""象外之象""景外之景"等含义,也就是具体的艺术形象所引发出的联想、想象、美感的无限性。《二十四诗品》论风格中也贯穿着这种艺术好尚。比如"雄浑"中的"超以象外,得其环中","含蓄"中的"不着一字,尽得风流","形容"中的"离形得似,庶几其人",等等。因为作者受老庄思想的影响,因此对诗的要求即:诗自然而不做作,真纯而不虚矫,随兴而不勉强。这些贯穿了全书的思想,也是对诗艺的贡献。

作者介绍

司空图 (837年—908年),晚唐著名诗人。字表圣,河中虞乡人,即今天的山西永济。早在少年时期就已经流露出超强的才华,然而生不逢时,出生在战乱动荡的唐末时代,以至于他的志向没有放在舞文弄墨之上,而是济世安民,为李唐王朝效尽犬马之劳。

司空图在唐懿宗时期考中进士,然后便随恩师王凝做了幕僚,唐僖宗时做了礼部员外郎。黄巢起义后,司空图无奈流落于兵荒马乱之中,后来逃亡。

之后,司空图便长期隐居,过着"一局棋,一炉药,天意时情可料度,白日偏催快活人,黄金难买堪骑鹤"的清淡生活。但是,他始终不能忘情于李唐王朝,只是迫不得已才隐居,因此他的心情是无奈凄苦的,便只能从佛老的思想中去寻求精神上的安慰与解脱。

文镜秘府论

内容概要

《文镜秘府论》是日本高僧遍照金刚编撰的一部中国诗文论著作。全书包括序言、天卷（声韵调声说）、地卷（体势论）、东卷、南卷、西卷、北卷7个部分。其内容包括了四声说、调声说（天卷）、十七式、十四例、十体（地卷）、对属论（东卷和北卷）、病犯论（西卷）、创作论（南卷）等方面。

全书以天、地、东、南、西、北的形式进行分卷。6卷中的大部分内容是讲述诗歌的声律、词藻、典故、对偶等形式技巧问题的。比如天、东、西、北4卷的《调四声谱》《诗章中用声法式》《论对》《论病》《论对属》等等。本书还有一部分内容是专门介绍创作理论的。如地、南两卷的《十七势》《六志》《论文意》《论体》《定位》等，就不全部是讲诗文声病的了。本书引用了南北朝至唐代的许多重要文献，其中大部分都已失传，就是依靠此书才得以保存下来，所以保存了不少中国古代文论的史料，具有很高的艺术价值。书中论到的"文二十八种病""文笔十病得失"等，对研究南北朝至唐代的古近体诗律学、文学批评、修辞学等均有很高的参考价值。

阅读指南

日本高僧遍照金刚编撰的《文镜秘府论》，收录了中国南北朝直至中唐时期的许多诗歌作法和诗歌理论著作，它的珍贵之处在于其中引用的许多材料在我国早已失传，所以在转抄回国之后，受到我国文学批评史研究者尤其是魏晋南北朝隋唐文学理论研究者的极度重视。

很多研究者经常会将空海与刘勰相提并论，认为两人的人生经历、佛学背景以及文学造诣等方面都很相似，因此我们在研究空海时，自然就会提到刘勰及其《文心雕龙》，本书就是在这样的背景下展开论述的。《文镜秘府论》中确定是空海所作的篇章有《天卷序》《东卷·论对》和《西卷·论病》。这三篇序文篇幅虽然不长，但文学方面的几个基本问题却都有所论及。关于文学的起源问题，空海将之归结于"名教"，并把文学起源与天地自然联系了起来，这一点与《文心雕龙·原道》中的文源论是非常相似的，因此，很多学者和研究者都认为《天卷序》就是《原道》的翻版。但又有学者通过对《文心雕龙》在《文镜秘府论》中出现的情况进行考察，并依据《文镜秘府论》将刘勰称为"古人"的事实，以及对照《文心雕龙》在日本的流传时间等几方面来看，空海应该并未过目《文心雕龙》一书。造成两者极为相似的原因就有以下几个方面：首先，空海深受汉文化影响，尤其受到《易》的影响最深，而《易》中对天地万物的解释正好是《文心雕龙》文源论形成的思想背景，这个背景也同样适用于空海；其次，自《文心雕龙》问世之后，尤其是唐代的文论，对文源论的关注和论断深受《文心雕龙》的影响，这些因素也对《文镜秘府论》的文源论产生了间接影响。

因为空海身为佛门弟子，很容易被认为是以释为尊，对其他思想一概排斥。但是《天卷序》中却充满了释、玄、儒掺杂的色彩，这也成为空海论述文学起源、文学功用和写作动机时的基调。

作者介绍

日本僧人遍照金刚（774年—835年），俗姓佐伯，名空海，法号遍照金刚。921年被追封为弘法大师。他是日本平安朝前期人，对佛学以及文学、语言、书法、绘画均有很深的研究，著作更是繁多。1910年日本祖风宣扬会汇编成《弘法大师全集》十五卷。空海于唐贞元二十年（804年）至元和元年（806年）来到中国留学。3年间，他与中国的僧徒、诗人友好交往甚多。本书是在他回日本之后应当时日本人学习汉语和汉文学的要求，依据当时带回的崔融《唐朝新定诗格》、王昌龄《诗格》、元兢《诗髓脑》、皎然《诗议》等书排比编纂而成，对中日文化的交流做出了卓越贡献。

六一诗话

内容概要

《六一诗话》是北宋文学家欧阳修所撰,全书共 1 卷,由 28 个条目组成。早期名为《诗话》,后来又衍生出《六一诗话》《六一居士诗话》《欧公诗话》《欧阳永叔诗话》和《欧阳文忠公诗话》等名称,其中前两者是因作者晚年自号"六一居士"而得名。

正如作者所注:"居士退居汝阴而集,以资闲谈。"本书内容多是由其即兴随感而发得来,因此书中各则条目之间,没有固定逻辑的排列顺序。主要内容不仅涉及诗歌探究、佳句赏析、社会奇闻掌故等多个方面,而且对于一些前人遗留的谬误,作出了修补更正。虽然所作篇幅不大,却不失精彩之处。可以说,作为我国第一部以诗话为名的著作,《六一诗话》不仅为后代诗歌理论作品开创了新题材,而且为诗歌研究奠定了颇具价值的理论基础。

此书在北宋时期就已广为流传,主要版本有《历代诗话》本,人民文学出版社出版的《六一诗话》《白石诗说》《滹南诗话》合订本。

阅读指南

纵观《六一诗话》全书,主要围绕语言与意义两个基点,阐述了作者关于诗歌品评的观点。

首先,在"意义"方面,欧阳修极力反对为求语句优美而置事理于不顾的写作方式。他认为诗歌艺术取材于生活,如果内容偏离真实事理,便会毫无意义可言。例如"袖中谏草朝天去,头上宫花侍宴归"一句,虽然读起来对仗工整,朗朗上口,但进呈言事须用章疏却是铁打不变的事理,断无启动稿草之理。

再比如唐诗中的"姑苏台下寒山寺,半夜钟声到客船",虽为佳句,但从真实生活的角度衡量,夜半三更不是敲钟之时,又何以"钟声到客船"呢?对于这种偏离事理的诗句,作者如是评论:"诗人贪求好句而理有不通,亦语病也。"这也就是他所主张的"事信"观点。

在本书中,作者反复举例阐述这一观点,并摘用诗人贾岛之优劣诗句,来阐明遵循事理的必要性。也正是基于这一点,作者提出诗歌的纪实性,可以使它具备证经补史的作用,也就是通过研究诗歌,可以使一些在经传中被遗漏的人物重新得以垂名青史。

其次,在"言语"方面,欧阳修认为很多诗句之所以被人曲解,多是由于其遣词作句过于粗浅所致。因此他主张联诗作赋要有精雕细琢、反复推敲的精神,避免因语句浅俗而造成歧义。这类例证也有很多,例如书中所引"尽日觅不得,有时还自来"。原是形容佳作难寻的诗句,却被歪曲视为"失猫诗"。

而另外一个例证就更加令人啼笑皆非了,吕文穆公因其所作诗句"挑尽寒灯梦不成"遭人讥笑,竟被视作"一渴睡汉耳"。诸如此类,皆是因言语粗俗浅陋、不加修饰所产生的误解。

综合以上两点,作者在言语与意义、事理与好句的关系中展开思考,最终提出了"意新语工"的核心观点。所谓"语工"正是上面提到的造语用词要精工雕琢、免于流俗,而关于"意新",一方面是指语意之新,另一方面则指其深度。

对此,作者引用北宋著名现实主义诗人梅圣俞的话加以论述,即"诗家虽率意而造语亦难。若意新语工,得前人所未道者,斯为善也。必能状难写之景如在目前,含不尽之意见于言外,然后为至矣"。具体来说,诗作语意之新之深,是否能够达到"前人所未道"及"不尽之意见于言外",重点还要取决于"语工"是否到位。基于这一论诗之基本宗旨,本书用去近乎一半的篇幅,重点推介品评了那些符合炼意新奇而造词精巧的绝妙诗篇。

作者介绍

欧阳修(1007年—1072年),字永叔,号醉翁,晚年自号六一居士,庐陵(今天江西吉安)人。他是北宋时期古文运动的倡导者和领袖,称得上是北宋诗坛的盟主,为唐宋八大家之一。

欧阳修对创作中的酸甜苦辣深有体会,他的诗话多能点到艺术的奥妙之处,其中对人物典故的记叙,可以说是非常珍贵的历史资料;对诗人的品评,也能做到准确中肯,足资借鉴。欧阳修的词作婉丽,承袭了南唐余风,与晏殊的风格较为接近,当然也有不同之处。比如他的作品包括述怀、咏史、写民情风俗等方面的内容,题材上比晏殊的词要广泛,文风上与晏殊的散文近似,语言流畅自然。

他本人在散文方面也很有建树,是当时著名的散文家,其散文风格可谓是说理畅达,抒情委婉。著有《欧阳文忠公集》。

石林诗话

《石林诗话》,又名《叶先生诗话》,是南北宋之交时期的一部诗论著作,作者叶梦得。主要记录了北宋诗坛的掌故、轶事,同时也蕴含了作者的诗歌美学思想及审美评述,其中有一些诗歌见解在宋代诗学思想中具有代表意义,在宋代的诗话发展中也有不容忽视的作用。虽然本书中作者的理论构思不够系统,但他论诗比较精当,透露出诗话由"论诗及事"向"论诗及辞"转变的消息。传本有一卷本、三卷本两种,《直斋书录解题》作一卷,至《百川学海》最早是分作三卷,南宋时期已有一卷、三卷两种刊本。《石林诗话》说:"诗语固忌用巧太过,然缘情体物,自有天然工妙,虽巧而不见刻削之痕。"

《石林诗话》中关于诗歌的论述问题有三方面值得注意:一是"浑"的境界;二是精工;三是生活真实和艺术真实。叶梦得将诗境的"浑"看作是诗歌的最高境界,并在此基础上形成自己的诗歌理论,他的观点反映了两宋交接之际诗学观的一个特点。《石林诗话》中有许多关于王安石、苏轼、黄庭坚的论述,这些论述不仅体现了当时的文学风尚,还从一个层面上体现了宋人的诗学审美趣味。

阅读指南

《石林诗话》是宋代诗话中的一部重要著作。诗话提倡自然清新的诗歌风格,对于炼字也不排斥;主张"意与境会"的"自然"美学趋向,继承发展了王昌龄、苏轼等的美学思想,反对江西诗派那种片面讲究"法度"、炼字与刻板模拟的倾向;喜欢含蓄的诗歌意境,对"以文为诗"的宋诗倾向进行了清算;它这种以禅喻诗的方式,便于人们深入、形象地领悟诗歌的意境,具有重要的意义。强调"诗之用事,不可牵强,必至于不得不用而后用之"(《石林诗话》卷上)。

《石林诗话》提倡自然美的艺术传统,其特点主要表现在:鲜明的现实性,模糊的自然风格,自然的"作诗根本"。黄子思在《跂溪诗话》中说:"诗话杂说行世者多矣,往往徒资笑谈之乐,鲜有益于后学。"《石林诗话》中作者本人推崇王安石,但否定苏轼。

《石林诗话》的整体特色主要表现在:

第一,倡"自然"。《石林诗话》提倡诗风自然清新:"池塘生春草,园柳变鸣禽。"苏轼曰:"'采菊东篱下,悠然见南山',因采菊而见山,境与意会,此句最有妙处。"

第二,重"含蓄"。其曰:七言难于气象雄浑,句中有力,而纡徐不失言外之意。自老杜"锦江春色来天地,玉垒浮云变古今",与"五更鼓角声悲壮,三峡星河影动摇"等句之后,"尝恨无复继者。韩退之笔力最为杰出,然每苦意与语俱尽。"《和裴晋公破蔡州回诗》所谓"将军旧压三司贵,相国新兼五等崇",非不壮也,然意亦尽于此矣。不若刘禹锡《贺晋公留守东都》云,"天子旌旗分一半,八方风雨会中州",语远而体大也。

第三,禅"喻诗"。《石林诗话》卷上中说道:禅宗论云间(按:"间"应为"门"。"门"字诸刻本均误作"间",《苕溪渔隐丛话》前集卷九,《诗人玉屑》卷十四均作"门")有三种悟:其一为随波逐浪句,谓随物应机;其二为截断众流句,谓超出言外；其三为函盖乾坤句，谓泯然皆契。

作者介绍

叶梦得（1077年—1148年），宋代词人，字少蕴，苏州吴县人，就是今天的江苏苏州。绍圣四年（1097年）进士及第，任过翰林学士、户部尚书、江东安抚使等官职。晚年时隐居在湖州弁山玲珑山石林，故号石林居士，所著的诗文大多以石林为名，如《石林燕语》《石林词》《石林诗话》等。绍兴十八年（1148年）去世，享年72岁。死后被追赠检校少保。北宋末年到南宋前半期的这段时间内，宋词的词风开始变易，叶梦得起到了先导和枢纽的重要作用，并开拓了南宋前半期以"气"入词的词坛新路，词中的气主要通过英雄气、狂气、逸气三方面来表现。基于叶梦得自身的诗评观，他对北宋中后期诗坛代表作家的评述是不同的，主要是当时的文坛现状和政治背景以及两宋交接之际士人的精神面貌都或多或少地影响了叶梦得的诗评观。叶梦得是一个意识到宋诗特征的诗人，他中肯的艺术批评和精当的美学鉴赏在当时多重审美范式并存的宋代具有特别的价值。

沧浪诗话

内容概要

《沧浪诗话》是我国古代的一部关于诗歌理论和诗歌美学的著作。成书时间大约在南宋理宗绍定、淳祐年间。它提出了非常系统的诗歌理论，是宋代最负盛名、对后世影响最大的一部诗话。

本书由《诗辨》《诗体》《诗法》《诗评》《考证》五册组成。《诗辨》部分阐明了作者的诗歌理论及评判标准，是整本书的核心纲领；《诗体》则是根据诗歌体制和流派的不同进行分类探讨；《诗法》是对诗歌写作方法的专门研究；《诗评》部分用以发表对历代诗人佳作的品评赏鉴，主要表达作者对诗歌的基本观点看法；最后则是《考证》部分，这一部分内容最为烦琐，是作者对一些诗篇的文字、写作年代及诗者身份的考证。

这五部分相辅相成，形成一套体系严密的前所未有的诗歌理论专著，因此一直备受世人重视，其中阐述的文学思想也一直影响着后世学者的诗词研究。

阅读指南

《沧浪诗话》是宋代最负盛名、对后世影响最大的一部诗话，是我国著名的诗歌理论专著，在我国诗歌批评史上的地位极其重要，对后世的诗歌批评也有着极大的影响。明朝的胡应麟在《诗薮》中曾说："严羽卿崛起烬余，涤除榛棘，如西来一苇，大畅玄风。"高棅编撰的《唐诗品汇》在理论和唐诗初、盛、中、晚的分期体例上也明显受到此书的影响。王世桢提出的"神韵"说，袁枚提出的"性灵"说等等，都是从此书中得到灵感受到启发，然后直接演绎或派生出来的。

当然，历史上也有反对的声音出现，比如清初的钱谦益等。冯班的《严氏纠谬》一书就是专门为批驳该诗话而作，书中认为"以禅喻诗"说，"但见其漫漶颠倒耳"，又以为"不涉理路，不落言筌"是"似是而非，惑人为最"。虽然该诗话确实存在轻内容重艺术的一面，导致诗评有脱离现实的倾向，但也不得不承认，它在诗歌理论方面的确有着不可磨灭的开拓和建树。

在本书中作者把对宋诗的研究分为三个阶段。

第一阶段为早期沿袭唐代诗风，从风格上讲并未发生明显变革。第二阶段则是以江西诗派为代表，开辟的以文字、才学、议论为诗的时期，著名诗人苏轼、黄庭坚都隶属于这一派系。然而对于这种流变，作者不仅不认可，并且将其归为宋诗的弊端，认为这种注重典实、而轻神韵情致的作风违背了诗学的传统，大大削弱了诗歌的艺术价值。至于第三阶段，是指南宋中晚期，这一时代的诗风又开始向晚唐时期靠拢，不过作者认为并没有承继到唐诗的真正门法。

在此情况之下，作者以强调诗歌的艺术性为主要目的，提出了"别才"和"别趣"两个中心口号。所谓"别才"，是指作诗的才能与一般读书穷理不尽相同，需要一定的艺术悟性，可以将自己的性情融于诗歌之中，产生蕴藉深沉、余味曲包的美学效果。而这种效果，就是作者所说的"别趣"，也正是诗歌作品与一般学术著述的主要区别所在。

正如《诗辨》中所道："夫诗有别材（才），非关书也；诗有别趣，非关理也。然非多读书，多穷理，则不能极其至。所谓不涉理路，不落言筌者，上也。"也就是说，具备了"别才"才能创作出具有"别趣"的诗作，二者之间密切相关，且共同特点在于"非关书"、"非关理"，这就是严氏论诗的主旨。关于一篇诗作是否可被评为佳品，能否达到"言有尽而意无穷"的艺术标准，是最主要的评判条件。

遗憾的是，由于过分强调艺术性，从根本上忽略了现实生活对文艺创作的推动作用，使本书不免存在着以流代源的缺陷。又因为本书影响较大，导致明清两代出现拟古思潮的不良风气。

然而，《沧浪诗话》还是值得肯定的，从诗歌理论方面来讲，仍然是一部体系完密且建树颇多的诗歌理论专著。它对古代诗歌的历史演变，尤其是唐诗和宋诗所提供的正反两方面的经验，作了深入的探讨和总结，为读者能够很好地把握这一时期的文学思潮提供了丰富的素材。在诗歌创作、诗歌批评、诗体辨析、诗歌素养等方面提出的理论，使它成为后世学者研究诗词的重要资料。

此外，它从艺术形象和形象思维的基本属性等方面，对诗歌艺术和审美意识的特殊规律性提出了独到观点，从而为传统美学理论的推进做出有力的贡献。这些意义重大的贡献，都为其奠定了在诗歌探究领域不容忽视的地位。

作者介绍

严羽，南宋后期著名的诗论家，字仪卿，一字丹邱，号沧浪逋客，邵武 (今福建) 人。生卒年没有准确考证，大约生活在宁宗和理宗统治的这段时期，应该是1195年到1264年之间。因为他居住在邵武樵川的言溪，是与沧浪水合流的地方，便自称为"沧浪逋客"。

后人只知道，他一生未曾应举入仕，长期隐居在乡里，因此性格清高自许、不喜随俗。然而虽然终身过着归隐避世的生活，但和很多饱读诗书的知识分子一样，他依然不时流露出感时伤世的情怀。因此在他的作品中，不仅有描述隐逸生活的诗词，同样也有一部分表达出对南宋朝廷的不满与失望。

在他生活的后期，他曾有过两次较长时间的出游。一次是为了躲避家乡变乱而出行，主要游历了江西、湖南一带，包括豫章（今江西南昌）、浔阳（今江西九江），以及洞庭潇湘等地。另外一次则是于端平初年游访吴越，足迹踏遍建康（今江苏南京）、扬州、吴中（今江苏苏州）、临安（今浙江杭州）等地。

第二次出游之前，他偶然结识了一位家乡的老诗人戴复古，虽然年纪相差悬殊，但二人却常相约煮酒吟诗、切磋学艺，并很快发展成为莫逆之交，由此造就了一段引人艳羡的诗坛佳话。他一生所作诗篇数目宏大，如今留存下来的共有146首。

唐才子传

内容概要

《唐才子传》,是一部关于唐五代诗人的简要评传汇集,是现今流传于世的唯一一部为唐代诗人作传的书籍,被列为国学入门的必读书目。著名文学家鲁迅先生对此书评价颇高,曾在一次向青年学者介绍文学读物时,大力推介此书。本书以年代先后为序,同代则以诗人登科顺序为据,记载了五代到晚唐时期大量诗人的生平,其中中晚唐时期的记述尤为详尽。此外,书中每篇传记后面,作者对诗人逐一加以品评,内容主要围绕传主的艺术造诣和得失。由于很多资料来自民间传说,有些更是作者根据诗篇臆想而来,因而谬误失实之处在所难免。

本书写成于元成宗大德八年(1304年),当时即已刊行,广泛流传于世,后于明代被收录于《永乐大典》中。可惜的是,《永乐大典》中"传"字一韵散佚,本书不幸随之失传于世。还好,清乾隆年间整编《四库全书》,负责编修的书官发现其余各韵之中,亦多有引用其文之处,遂逐一摘拾出来,重新编录,共得243人,附传44人,共计287人。此辑本最终编为8卷,残失条目始终无从稽考,直到清嘉庆年间,早前流于日本的元刊10卷足本重回中土。国内学者将此二者进行矫正比对,后来又刊刻若干版本,其中以钱熙祚所刊《指海》最为精准,为后世学者钻探研究助益较大。

直到20世纪80年代,国内专业学者对《唐才子传》的补充订正仍未停止,并且取得了一些令人振奋的成果。随着多个补订注释版本被刊载出版,《唐才子传》的研究进入较为完备的阶段,但由于这些版本多以史实考证为主,注释工作为辅,语言仍然比较晦涩难懂。对于一般读者而言,想要了解此书,由李立朴校注的《中国历代名著全译丛书》,不失为一个合理的选择。

阅读指南

中国是一个诗的国度,诗文化在我国有着源远流长的历史,唐代则是这一文化发展的巅峰时期，因此我们常以"唐"字作为"诗"的前缀惯称为"唐诗"。在《唐才子传》一书中，作者也以很多具体事例阐释了诗歌在当时，无论是官场朝廷还是村野街巷的重要地位。例如《王湾传》中，讲述的是当朝宰相张说十分欣赏王湾的诗句"海日生残夜，江春入旧年。"于是亲笔题写此文句，并将其高悬于政堂之上。再比如《李涉传》中，讲述了一个盗不取财而索诗的民间奇闻，令人感到惊异的同时不禁联想出诗歌对于时人的意义之大。

书中另外一个显示诗歌地位的描述是"行卷"，这是在诗歌盛行的背景下形成的一种社会风气，也是古代科举考试的产物。"行卷"就是准备参加科考的士子，择一得意之作书于卷轴之上，然后呈送至主考官抑或显要官宦处，用以为自己顺利登第铺路的行为。如果应试者的诗作被考官看中，或得到某朝廷大员的称颂，一篇佳作很可能成为他走上仕途的入场券。当然，如果应试者在科考前就已诗名远扬，这也是顺利登第的一条绿色通道。在本书的《白居易传》中，作者就记述了关于"行卷"的事迹，当时的白居易由于年纪尚幼，虽然颇有诗歌天赋，但尚未显名于诗坛。白居易最初以一首诗作向顾况行卷，这首诗正是今天老少皆知的千古绝唱《赋得古草原送别》。但当时的考官并没有立即给予重视，直到他读到"离离原上草，一岁一枯荣，野火烧不尽，春风吹又生"的绝妙诗句，立即大为叹服，对白居易的天赋给予极大的肯定。

另外一点引人注目的是，本书作传虽然以传主的生平趣闻轶事为主，关于功业德行的记述极为简略。但凡涉及参加过科举的诗人，无论是具体及第之年，还是主试官员，甚至当年榜首之姓名，均详细记录于书中。可见科举考试在当时受重视的程度之高，它不仅是出仕为官的唯一途径，更是一种荣誉，以至于缺少这一头衔，即便位极显列也是不尽美的。

然而本书作者并未完全受制于此，在《唐才子传》中收录的诗人，不分地位尊卑，不论男女有别。从官宦子弟到布衣百姓，再至风尘女子，只要有诗才者，无不在作者的涉猎范围之内。这就使许多史传无名的诗人事迹得以流传，更是保存了大量的诗歌评论资料，可谓意义重大。

此外，在论人方面，作者可谓不失公允，他极度鄙视那些显贵多金而庸碌无为的纨绔子弟，又对一些出身贫寒而奋发努力的有为之人大加赞赏，如"汪遵，泾之一走耳。拔身卑污，夺誉文苑。家贫借书，以夜继日，古人阅市、偷光，殆不过此。昔沟中之断，今席上之珍。丈夫自修，不当如是耶？"

作者介绍

辛文房，字良史，元代西域人。由于史料缺乏，具体经历已经无从考据。可以了解到的是他曾任过生郎，也曾游历祖国大江南北，其诗歌在当时与王执谦齐名。作为一个西域之人，能够不厌其烦地广采资料，为众多唐代诗人立传颂诗，可见作者是位名副其实的唐诗热衷者。除了本书之外，还著有《披沙诗集》，可惜的是已经失传。

文史通义

内容概要

《文史通义》是一部关于我国史学方面的理论著作。是清代著名学者章学诚的代表作，与刘知几的《史通》并称为古代史学理论的双璧。全书共8卷，包括内篇和外篇两部分，其中内篇5卷，外篇3卷。但是，该书版本很多，以至于内容有很多不一致的地方。1921年，吴兴刘承干所刻《章氏遗书》本，《文史通义》内篇增一卷。

关于历史的编纂学问题是该书的主要内容之一，散见于《史德》《说林》《书教》《答客问》《原道》《释通》《古文十弊》等诸篇中。章氏发展了刘知几的史学理论，在"才、学、识"之外，又提出了"史德"的问题。他说："史所贵者义也，而所具者事也，所凭者文也。"

阅读指南

章学诚撰写《文史通义》主要的目的是为了阐发史意或史义。他在《和州志·志隅自叙》一文中曾说:"郑樵有史识而未有史学,曾巩具史学而不具史法,刘知几得史法而不得史意。此予《文史通义》所为做也。"这里说的就是他通过与以上诸家作比较,明确地指出自己撰写《文史通义》一书的目的,就是为了阐发史意。他在《文史通义》的许多篇章中也谈到阐发史意的重要性,比如《文史通义·言公》篇中说:"做史贵知其意,非同于掌故,仅求事文之末。"《文史通义·史德》篇中说:"史所贵者义也。"《中郑》篇中说:"史家著述之道,岂可不求义意所归乎?"

可以说,阐发史意是《文史通义》一书的最高宗旨。这与当时的学术背景有很大的关系。清朝初年,顾炎武开创了考据学派,但是碍于清政府既高压又怀柔的文化专制主义政策,使得考据学派的学者将精力与才华都放在了埋头整理典籍之中,不问世事,成为无用的鱼虫之学。章学诚认为,这相当于是从明代无本空谈的极端又到了舍今求古的另一个极端,因此,考据学派应摒弃之前的态度,将自己的主观见解完全表达出来。他在《与汪龙庄书》一文中说:"今日学者风气,征实太多,发挥太少,有如桑蚕食时,而不能抽丝。拙撰《文史通义》,中间议论开辟,实有不得已而发挥,为千古史学辟其蓁芜。"这里就明确表达了自己撰写《文史通义》以史意为宗旨的用心,也有矫正当下考据学风的用意。

章学诚撰写《文史通义》的第二个目的,是为了著作之林校雠得与失。他在《与陈鉴亭论学》一文中明确地说出了这个目的。他还在其他一些文章中多次表达过这个意思。所谓"校雠",即不是仅局限于核对书籍、厘正错误等一般性质的校勘工作,更主要的是辨章学术、考镜源流。

章学诚撰写《文史通义》的第三个目的是为了经世致用。他是浙东史学的殿军,继承并发展了浙东史学经世致用的治学思想。他在《文史通义·浙东学术》中说道:"史学所以经世,固非空言著述也。且如六经,同出于孔子,先儒以为其功莫大于《春秋》,正以切合当时人事耳。后之言著述者,舍今而求古,舍人事而言性天,则吾不得而知之矣。学者不知斯义,不足言史学也。"由此可以看出他的观点,即记载历史如果不切合当时的人事便没有资格谈论史学。

 作者介绍

　　章学诚（1738年—1801年），字实斋，号少岩，浙江会稽人，即今天的绍兴市，是我国封建社会晚期一位杰出的史学评论家和教育家。章学诚在《文史通义》中，对过去的文学和史学进行了有力地批判，还提出自己关于编写文史的主张。对于编纂史书的具体做法，在他所修的诸多地方志中都有明显的体现。

　　章学诚在《文史通义》这部书中提出了"经世致用"、"六经皆史"、"做史贵知其意"和"史德"等著名的论断，自己的史学理论体系由此建立；同时他还总结前人修志的经验，在此基础上，提出了"志属信史"、"三书"、"四体"、"方志辨体"和建议州县"特立志科"等重要观点，建立方志理论体系，创立了方志学，这些都为章学诚在清代史学上占据重要的地位奠定了重要基础。

　　章学诚的一生都是贫穷的，他时常为了生计而四处奔波，这种生活处境影响到他不能安稳地专心进行学术研究，《文史通义》一书的创作过程就非常坎坷，进展十分艰难和缓慢。就在章学诚逝世的前一年，他就因为积劳成疾而导致双目失明，然而即便这样，他仍然笔耕不辍，其精神令人佩服。但终究天不假年，他早就列入计划的《圆通》《春秋》等篇章还没来得及动笔，便在遗憾中去世了。《文史通义》一书，章学诚从35岁便开始着笔，直到他64岁逝世之际，共历时29年，他精心探讨，竭思尽虑，积文而成，然而严格说来，却是没有写完的，但它却凝结了章学诚的毕生精力和思想精华，是章学诚的代表作。

饮冰室诗话

内容概要

《饮冰室诗话》是梁启超撰写的一部近代诗话著作，是梁启超前期诗学观点的代表作。戊戌政变后梁启超逃亡日本，于1902年初至1907年冬在横滨创办《新民丛报》半月刊，共出了96期。《饮冰室诗话》便是在该刊的第4——95期上连载的，中间偶有间断，一共有204条。后来编订成书，然而只是辑录到1905年底的第72期。1905年以后的两年间还有15期，共30条，没有辑入书中。

所谓诗话，就是用以评论诗歌、诗人、诗派等的一种文体，由于中国古代诗歌繁荣发展，逐渐形成了各种流派之间争芳斗艳的局面，此种品鉴赏析的文体应运而生。到了宋代，写作诗话之风发展到极点。明清两代虽然较前代次之，但附庸者依然不在少数，一些诗话作品还以讲唱的形式广泛传布于民间。

《饮冰室诗话》的普遍流行版本共有174条，在第一条中，梁启超讲述了写作本书的原因。作为资产阶级改良派的代表人物，梁启超与诸多政治同盟积极创作文学作品，以期为变法革新制造舆论，康有为、黄遵宪、谭嗣同、夏曾佑等人的诗文均为梁启超所推崇，其中又以黄遵宪为甚。本书主要内容就是品鉴各家的名篇名句，阐述改良后的新体诗的特点及优势。

阅读指南

《饮冰室诗话》是在封建制度即将瓦解的社会背景下创作出来的，成书于旧社会向新中国迈进的过渡时期。在向西方求索新思想的意识驱动下，为了启发尚未开化的国民，使他们尽快摆脱愚钝，走向明智，梁启超对诗歌提出了新的要求，那就是向西方靠拢，追求新意境和采用新语句。然而梁启超虽不提倡时人"薄今爱古"的观点，但思想深处也有着不可磨灭的国学意识，因而他所提倡的新体诗又以仿古风格为基础，目的是在宣扬新思想的同时，不失古代诗作蕴藉、隽美的传统。

本书之于论诗，最为看重的是"新意境"，而黄遵宪的诗作中多以资产阶级新思想和新事物为素材，梁启超对此倍加赞赏："意境无一袭前贤。"其中黄遵宪的组诗《出军歌》《军中歌》《凯军歌》，无论是壮阔恢宏的气势，还是救亡图强的精神，梁启超都给予了极高的评述，并且不无敬仰地通篇采录，甚至发出了"读此诗而不起舞者必非男子"的慨叹。而面对享誉"乐府双璧"之一的名作《孔雀东南飞》，梁启超给出的评述则不甚积极，他表示此诗虽奇绝，但只限儿女情长之语，于世运全无影响。

由此不难看出，本书的诗论标准与一般的诗话有所不同，最为重要的标尺并不是艺术造诣的高深，而是思想价值的体现。在诗文作品的选择上，也以谈论时事，弘扬维新主义者为主，并且此类作品由于深得作者之心，品评赏鉴中每每不惜赞扬溢美之词。人所共知的维新志士谭嗣同之狱中绝笔："望门投止思张俭，忍死须臾待杜根，我自横刀向天笑，去留肝胆两昆仑。"也被收录在本书中，诗中置生死于不顾的爱国热忱，对于教化和感染国民性大有作用。

除此之外，本书对于史料的补充也发挥了一定的作用，仍以《狱中题壁》为例，立宪派为改革牺牲的铮铮誓言，就由此写入史书记载中，并为后人所熟谙。

本书的不足之处在于，文学刊物被作为政治运动的附属品，主要以为时政服务的姿态呈现，从而削弱了文学艺术本身的秉性，并且难免具有一定的偏颇之嫌。如果忽略此点，主要从中品味那些为了力挽狂澜于既倒而披荆斩棘，勇于不断求索呼号的壮志豪情，还是颇有意趣的。

作者介绍

梁启超（1873年—1929年），广东新会人，字卓如，号任公，又号饮冰室主人、饮冰子、哀时客、中国之新民、自由斋主人等。梁启超幼时在母亲的教导下，熟读四书五经，后又师从于张乙星和周星吾两位先生，开始研习八股文，并表现出了极高的文学天赋。传统教育使他从小建立了孝悌忠信的儒学思想，并且在祖父的影响下，逐渐树立起精忠报国的意识和抱负。

17岁这一年，梁启超在乡试中中了举人，并于同年结识康有为，从此走上了变法图强的道路。时人将二者合称为"康梁",有志之士竞相投奔,很快在当时的社会形成了一股变法维新的势力。由于维新派的队伍是由榜上有名的知识分子组成,他们宣传变法的方式主要是刊发文章和设堂讲学,从而在社会中制造极大的舆论力量。可惜在袁世凯的阳奉阴违,陷害出卖,以及封建顽固派的无情打压下,戊戌变法最终功亏一篑。

为了躲避迫害,梁启超逃亡日本,在异国他乡过了一段颠沛流离的生活。然而梁启超报国救民的赤诚忠心并未因此磨灭,《饮冰室诗话》一书正是在克服重重困难的情况下,作于这一非常时期。可以说,无论是对封建民智的开启,还是对爱国志士的激励,都起到了一定作用。

辛亥革命胜利后,梁启超立即启程回国。在最后的政治生涯中,他为伐罪袁世凯和诛讨张勋复辟,贡献了重要力量。然而,政治道路的起起落落最终让他心灰意冷,开始转而投身文化救国,学术研究和著书立说占据了他大部分晚年生活。值得一提的是,梁启超晚年著述宏富,涉猎极广,尤其在史学方面建树颇高。但在长期伏案的过程中梁启超不幸积劳成疾,最终以56岁的年龄遗憾离世。由于梁启超一生踏足的领域较多,并且都取得了不小的成就,后人遂将其誉为"百科全书式巨人"。

图书在版编目(CIP)数据

国学文化经典导读 / 窦学欣编著. —北京:中国华侨出版社,2015.11

ISBN 978-7-5113-5797-7

Ⅰ.①国… Ⅱ.①窦… Ⅲ.①国学-通俗读物 Ⅳ.①Z126-49

中国版本图书馆 CIP 数据核字(2015)第282942号

国学文化经典导读

| 编　　著 / 窦学欣 |
| 责任编辑 / 文　喆 |
| 责任校对 / 志　刚 |
| 经　　销 / 新华书店 |
| 开　　本 / 787毫米×1092毫米　1/16　印张/22　字数/338千字 |
| 印　　刷 / 北京建泰印刷有限公司 |
| 版　　次 / 2016年2月第1版　2016年2月第1次印刷 |
| 书　　号 / ISBN 978-7-5113-5797-7 |
| 定　　价 / 36.00元 |

中国华侨出版社　北京市朝阳区静安里26号通成达大厦3层　邮编:100028
法律顾问:陈鹰律师事务所
编辑部:(010)64443056　　64443979
发行部:(010)64443051　　传真:(010)64439708
网址:www.oveaschin.com
E-mail:oveaschin@sina.com